北京报界先声

北京报界先声

20世纪之初的
彭翼仲与《京话日报》

彭望苏 著

创于1897 商务印书馆 The Commercial Press

图书在版编目(CIP)数据

北京报界先声：20世纪之初的彭翼仲与《京话日报》/彭望苏著.—北京：商务印书馆，2013
ISBN 978-7-100-09377-4

I. ①北… II. ①彭… III. ①彭翼仲（1864～1921）—生平事迹②报纸—新闻事业史—研究—北京市 IV. ①K825.42 ②G219.241

中国版本图书馆CIP数据核字（2012）第202031号

北京报界先声
——20世纪之初的彭翼仲与《京话日报》
彭望苏 著

商 务 印 书 馆 出 版
（北京王府井大街36号 邮政编码 100710）
商 务 印 书 馆 发 行
北京瑞古冠中印刷厂印刷
ISBN 978-7-100-09377-4

2013年6月第1版 开本 787×1092 1/16
2013年6月北京第1次印刷 印张 20¼
定价：46.00元

彭翼仲像

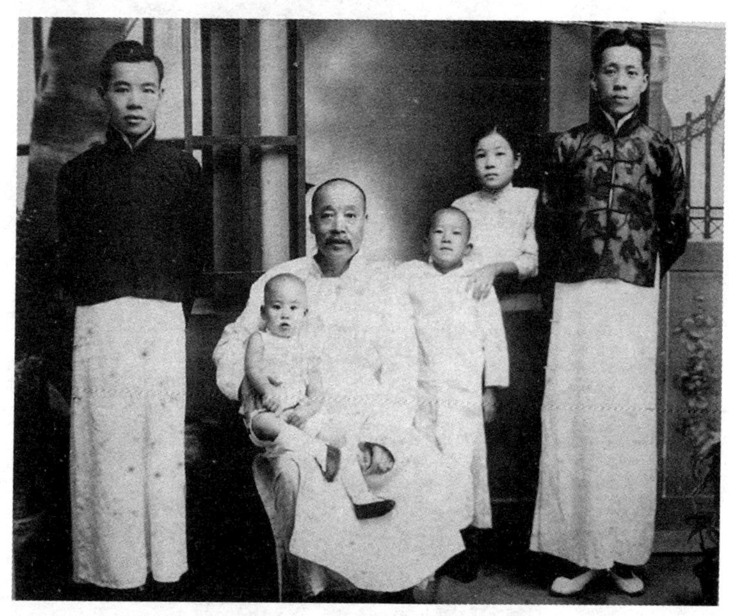
1915年，彭翼仲与子女

彭翼仲与亲友

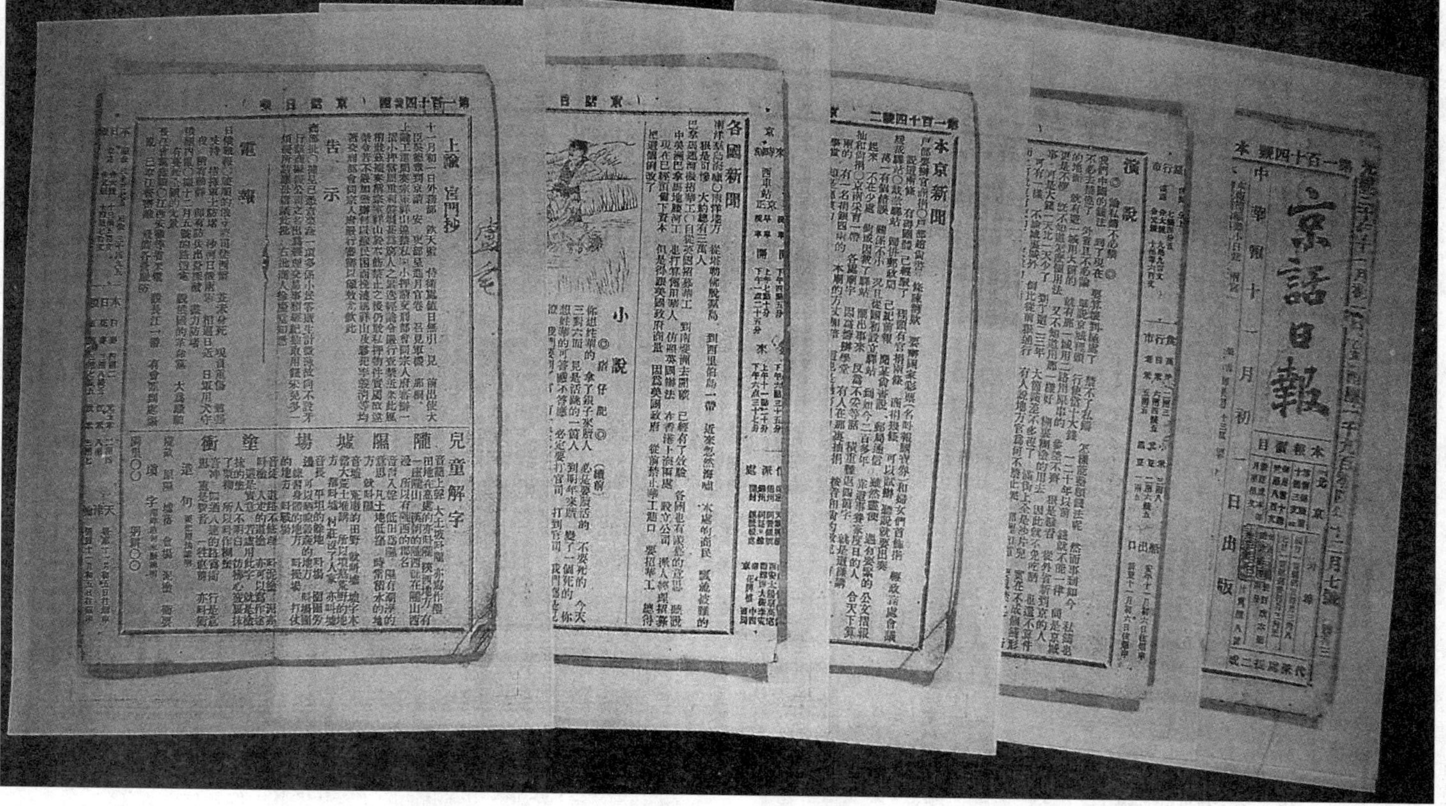

《京话日报》报样

第三十三號二 （京話日報）

本京新聞

萬戲開演○哈士頓馬戲 在東長安街開演 除了禮拜三禮拜六 白天四點鐘開戲 其餘都是夜戲 須九點鐘開台 看客很多 但所演的戲 仍是馴象走鼓 飛馬跳圈 這幾樣老套 和舊年演的也差不多 看過一次的 第二回便不想再去了

賊偷提督○天津日日新聞報上 有一段新聞 說九門提督宅裏 某夜被賊 偷去財物不少 臨走的時候 還大聲的說道 我姓某叫某 在那裏住 你小子要有本事 只管派人拿我 說完如飛的去了 提督聽說 無可如何 只連說豈有此理 豈有此理

謠言紛紛○自兵部裁撤書手 連日謠言蠭起 不說某司某事耽悞 就說某事某司辦錯 又說被裁的經承 某人上吊 某人吞烟 其實都不見確 就有那沒見識的報紙 跟着胡造謠言 亂人聽聞 以致那五部 都不敢再說整頓 要說各部的公事 千頭萬緒 沒有胥吏原是辦不了的 譬如一個銀行 或是一個大鹽店 也得有幾個抄寫的人 何況大部呢 只要司官都明白公事 能辦得了稿 就是有書辦 又焉能作弊呢 若是司官不懂公事 就是裁了書辦 再招供事也是一樣舞弊 要是司官能辦公事 堂官不懂公事 司官也一樣的舞弊 怕比書辦還利害些 這就叫不揣其本而齊其末

相工轉運○自從上海娼妓來京 京裏人都叫他南班子 也叫上海班 有許多人 像發瘋似的 在那裏着迷 王公大臣 到不了上海的 也歡喜到這裏頭開個眼 以致變金花鬧珊瑚 這種名字 都寫到奏摺上頭 這幾年來 把相工的買賣 竟搶個乾淨 酒館飯莊裏頭 輕易看不見相工條子 近來的南班子 東奔西散 因此相工堂子的生意 又慢慢的興旺起來了 走徧東洋西洋 從沒有相工這個名目 這要算得中國人的專利 我怪有許多出洋人員 自稱文明的 也迷惑那相工不省悟 真是開通的太過了 可見相工的時運 從此大轉 還有幾十年興旺

參奏大員○前天有位杜都老爺 上了一本 參奏前廣西巡撫史念祖 不知說些什麼 沒有看見上諭 大槩是留中的了（摺子上去 皇上看過 不批出來 叫作留中）

小心撞騙○近來有一種人 冒稱某總管的師爺 自稱能謀放缺 無論海關道 藩台臬台 都可指名的謀托 前月有個候補道 想謀上海道的缺 說妥十二萬銀子 包能做到 先付定銀兩千 那知剛把銀條交付 第二天就不見了 纔知上了當 所以奉告外來引見的各位 須要留心

火車 北京東車站 早車開 上午七點 晚車開 下午二點十分 來 上午一點十二分 上午六點三十分
上 通 早車開 上午八點 晚車開 來 上午十點 下午六點三十五分

本報代 本京 各京報房 天津 ……

《京话日报》第 33 号 2

第三十三號一 （京話日報）

演說

◎自立◎ 續前

所以俄國的兵 往往起先得手 到後來支撐不了 只好退去 終讓日本人得勝 要知道日本人也是血肉的身體 為什麼這樣愛死呢 這就是自強愛國的苦心 他們受俄國的威逼 已非一日 明知本國的力量 萬敵不了俄國 萬一打了敗仗 俄國的威勢更大 必致把本國的利權奪盡 將來通國人民 都要受俄國的虐待 雖有家產 斷難享受 不得不拚命相爭 只要能打敗俄人 國家的權利 不致損失 就是自己死了 後代的子孫 能永遠享受家產 做大國的體面百姓 豈不比生為奴隸 求死不得的人 強萬倍麼 人人都有這樣的想頭 所以萬衆一心 寧死不退 纔能以區區小國 制勝強大十倍的敵兵 我中國受俄人凌逼 比日本更甚 況且要想佔我國土地的 還不止一箇俄國 我國的危險 實比日本要加百倍 試想我們的子孫 將來要到什麼地步 我們祖宗留下的產業 將來要到那一國人的手裡 可愛的妻妾兒女 將來到亂離時候 要受何等的慘毒（未完）

要緊新聞

日艦仍守吳淞口○日本瓜生中將所統艦隊 現仍在吳淞口外 晝夜巡查 夜間有魚雷船巡船 駛入口內 往來砲台灣一帶 天明仍復開去 夜間常見探海電燈 光芒四射

法國商船被刼○有法國的擯榔船 在廣東雷州洋面 被海盜搶刦 法領事照會當瓊道 要緝拿贓犯

開辦鐵礦○京西富紳賈某 打算在本地開一鐵礦 已備資本銀十二萬 擬赴商部具稟 候批准後再行開辦

撫恤被難商民○日兵攻遼陽的時候 城內百姓 有無力遷移的 不免受砲火損害 現經日軍調查 凡毀壞房屋器用物件 都報名實數 以備將來賠償 有被槍砲悞傷致死的 不論老少 每名給恤銀五十元 受傷的給銀三十元

包起海天兵船○海天兵船 是中國最大的兵輪 係海軍提督的坐船 因觸礁沈在大洋 現在雇一德國人包起出水 議定工費銀五十萬兩

設立警部○政務處王大臣會議 要仿照日本章程 在京城設立警部 專管巡警的事件 日內便要出奏

日人修築鐵路○從旅順到營口鐵路 已毀壞了數段 現在日本人 重新修築 從金州直至營口 但中間有幾座鐵橋 已經炸毀 一時怕難以完工

市行錢 銀圓 七錢四分五 合大錢 九吊七百文 合京錢 十吊文

市行 小米 四兩二 高老米 五兩二 白老米 四兩 高粱 四兩一 元豆 三兩四錢五 青豆 四兩

船出口 新濟八月初九日往煙申 遇順八月十一日往申

《京话日报》第 33 号 1

《京话日报》清末时段的所存报纸在“全国图书馆文献缩微复制中心的微缩胶卷”系统中缺第 33 号、第 437 号两期，

京話日報　第三十三號　三

各省新聞

山西晾腳會○昨天報上說　山東撫台　奏請禁止纏足　山東有這樣明白撫台　山西亦當照着樣辦理　其餘各省的上台　都該應有這樣舉動　為甚麼獨讓山東撫台　一人出頭呢　山西有一種醜惡的風俗　名為晾腳會　相沿已久　覷不為怪　大同府地方　此風最盛　每年夏月　舉行此會　青年婦女　無論士農工商各家門前　安放小椅　婦女當門而坐　翹着一雙腳　任人觀看　往來行人　多半是些浪蕩弟子　當面誇讚　彼此不以為恥　今戶部尚書趙公　前任山西巡撫　出示禁止　未曾舉行　今年依然照舊　一面禁纏腳　一面晾腳　山東山西　相反如此　言之可痛

德國兵淹死○有德國小杉板船一個　在天津東南的軍糧城　忽遇大風　把船吹翻　淹死德國兵數名　德國領事　照會地方官　幫同打撈屍首

河隄種樹○河隄種樹　幾年之後　樹根蟠結土中　最能保護隄身　本是最妙的法子　現在天津的海河　運河　金鐘河　兩岸都要種樹　統計要種兩萬株　已經出示招買　可惜這時候　不是種樹的時節

德商收買頭髮○近來有德國商人　在山東收買頭髮　上等頭髮　每兩值銀四五錢　次的值銀二三錢　天津上海等處　也常有洋人收買頭髮　查頭髮有許多用處　最長的做海裏打魚的大網　既不受水　又不霉爛　比麻線細線都強　次的做海船上的纜繩　這兩處用頂　是個大宗　此外兵船上用得最多　還有剃下短頭髮　也有用處　天津出口船　常有裝短頭髮　多至數百担的　可見天底下　決沒有棄物

各國新聞

要中國人當牛馬○俄國內務大臣伯利和　作了一部書　書名叫克脫伊拉米　是吞併中國的意思　書中大意說要佔奪中國的北方　把這幾千萬百姓　都遷到俄國內地　賣給種田人家　當作牛馬　再把俄國囚犯乞丐　都移到中國　從此俄國　每年可添二百萬戶口　連篇累牘　還有許多不堪的話　俄國人都歡喜看這個書　我中國人該自己想想　為什麼他們要作這樣的書　難道是說着頑的嗎

牧師求天○俄國崇奉希臘教　俄皇便為教總　現因東邊屢打敗仗　俄京某牧師　傳命全國教會　每逢禮拜日　誠心祈禱　以求天佑　此係日本報所說　怕俄人雖愚　當不至此

大總統候補○美國選舉大總統　現在已定二人　作為候補的大總統　其一人仍係現任大總統羅斯福

京時刻　西車站正京　早車　開　上午八點…分　下午一點二十五分　晚車　來　上午十一點二十分　下午六點三十七分

派報處　開封　鄭州　同盛分館　總派報處　南京　花牌樓　中西書局

京話日報　第三十三號　四

勘誤○昨報　各省新聞　械鬬誤戒鬬　上海上誤皇

宮門抄

八月初七日商部　鑾儀衛　廂黃旗值日無引見　禮王等謝賞綢報恩　振貝子得賞綢報專摺謝恩　延伯額勒春各假滿請安　復州城守尉際符請訓　成公請假十五日　徐會澧請假五日　召見軍機　沈家本　際符

電報

新任江督到任○新調兩江總督李興銳　已於本月初二日　交卸閩浙總督　初四日由福建動身　坐輪船到上海　再行到任

粵漢鐵路廢約○粵漢鐵路　原與美公司訂約　現在美公司又轉給比國　湖南紳商　都不肯答應　定議自行籌款興辦　公舉前撫台王之春　候補道張鶴齡　到上海會議　要將原立合同作廢　未知能否辦成

輪船查疫○現在福建　瘟疫流行　外國人打電到各海口　是福建來的船　都要叫醫官查驗　如無疫病　方准進口（近年各海口的驗病　非常認真　查中國人更嚴　查中國的粗人　比體面人尤嚴　凡覺是有病的　都說有病　就要送到醫院關禁　連帶的行李衣服　都要用藥水蒸洗　非常的累贅　出門人須要留心　總須衣服清潔　查得可略鬆些）

盛宮保病重○督辦路礦大臣盛宣懷　現在病勢狠重　據醫生說　是溼瘟的症候　連日施治　還不見好

李制台行程○午前接上海來電　說新任江督李制台　明日可到上海

岑制台回廣東○兩廣總督岑春帥　現已由梧州府　折回廣東

日軍已到奉天○奉天初七日來電　日本先鋒隊　已到奉天城外

德國商約定議○德國商約　經呂尚書　盛宮保　商議停妥　日內即可簽字（自光緒二十七年　與各國改訂商約　英美日都已定議　因俄國有戰事　故先同德國訂議）

兒童解字　每一禮拜第一字

筒（筆筒的筒）　壺（茶壺酒壺的壺）　鍾（酒鍾的鍾）　鐘（自鳴鐘的鐘）

椀（碗盞的椀，亦作碗）　盤（盆盤的盤）　筷（吃飯用的東西，文話叫箸）

造句

詩筒　水壺　盃鍾　鐘點　盤椀

填字　用昨字法全前

簾○　葵○　秋千○　敝○

本日　金赤三十七兩一錢五分　京足合大錢十三吊一百文　…合元錢十三吊六百文

本日　紅高粱一兩二…　白俸米五兩八…　黑豆一兩八…　粳米八兩…

天津　…六月初八日住烟申…

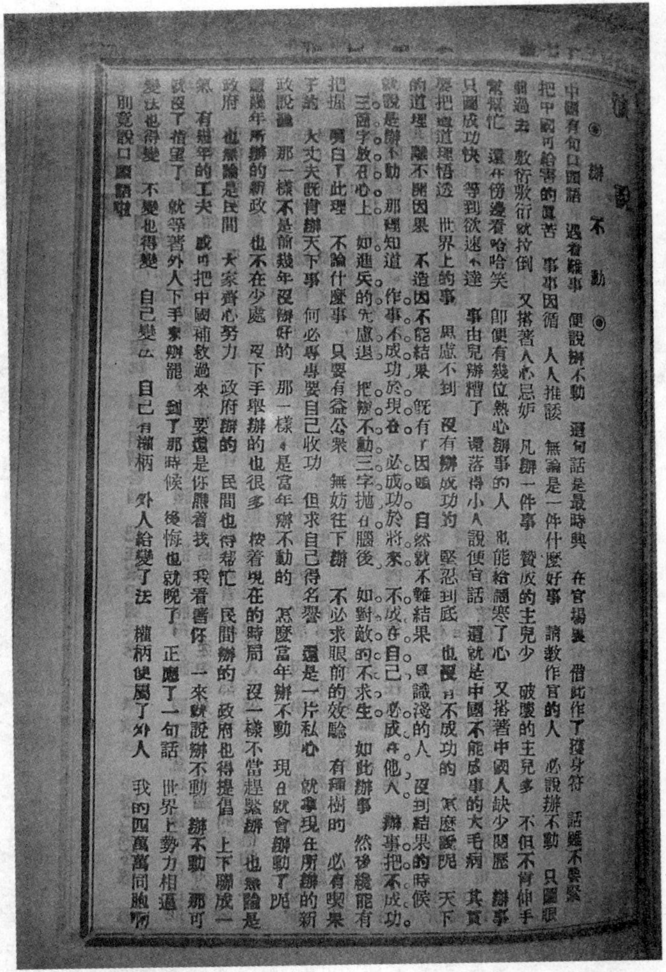

演說

◉辦不動◉

中國有句口頭語 遇着難事 便說辦不動 這句話是最時興 在官場裏 借此作了護身符 話雖不要緊 把中國可給害的真苦 事事因循 人人推諉 無論是一件什麼好事 請教作官的人 必說辦不動 只圖眼前過去 敷衍敷衍就拉倒 又搭着人心忌妒 凡辦一件事 贊成的主兒少 破壞的主兒多 不但不肯伸手幫幫忙 還在傍邊看哈哈笑 即便有幾位熱心辦事的人 也能給涮寒了心 又搭着中國人缺少閱歷 辦事只圖成功快 等到欲速不達 事由兒辦糟了 還落得小人說便宜話 這就是中國不能成事的大毛病 其實要把這道理悟透 世界上的事 思慮不到 沒有辦成功的 堅忍到底 也沒有不成功的 怎麼說呢 天下的道理 離不開因果 不造因不能結果 既有了因 自然就不難結果 目識淺的人 沒到結果的時候 就說是辦不動 那裏知道 作事不成功於現在 必成功於將來 不成在自己 必成在他人 辦事把不成功三個字放在心上 如進兵的先慮退 把辦不動三字拋在腦後 如對敵的不求生 如此辦事 然後纔能有把握 明白了此理 不論什麼事 只要有益公衆 無妨往下辦 不必求眼前的效驗 有種樹的 必有喫果子的 大丈夫既肯辦天下事 何必專要自己收功 但求自己得名譽 還是一片私心 就拿現在所辦的新政說罷 那一樣不是前幾年沒辦好的 那一樣不是當年辦不動的 怎麼當年辦不動 現在就會辦動了呢 這幾年所辦的新政 也不在少處 沒下手舉辦的也很多 按着現在的時局 沒一樣不當趕緊辦 也無論是政府 也無論是民間 大家齊心努力 政府辦的 民間也得幫忙 民間辦的 政府也得提倡 上下聯成一氣 有幾年的工夫 或可把中國補救過來 要還是仍瞧着我 我看着你 一來就說辦不動 辦不動 那可就沒了指望了 就等著外人下手來辦罷 到了那時候 後悔也就晚了 正應了一句話 世界上勢力相逼 變法也得變 不變也得變 自己變么 自己有權柄 外人給變了法 權柄便屬了外人 我的四萬萬同胞啊 別竟說口頭語啦

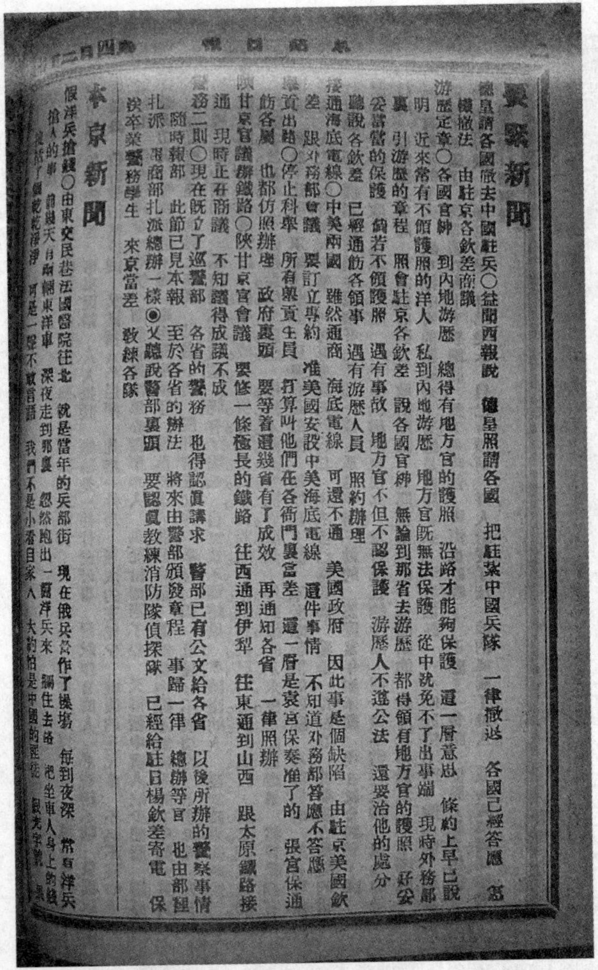

要緊新聞

德皇請各國撤去中國駐兵○益聞西報說 德皇照請各國 把駐紮中國兵隊 一律撤退 各國已經答應 至於撤法 由駐京各欽差商議

游歷定章○各國官紳 到內地游歷 總得有地方官的護照 沿路才能夠保護 這一層意思 條約上早已說明 近來常有不領護照的洋人 私到內地游歷 地方官既無法保護 從中就免不了出事端 現時外務部裏 引游歷的章程 照會駐京各欽差 說各國官紳 無論到那省去游歷 都得領有地方官的護照 好妥妥當當的保護 倘若不領護照 遇有事故 地方官不但不認保護 游歷人不遵公法 還要治他的處分 聽說各欽差 已經通飭各領事 遇有游歷人員 照約辦理

接通海底電線○中美兩國 雖然通商 海底電線 可還不通 美國政府 因此事是個缺陷 由駐京美國欽差 跟外務部會議 要訂立專約 准美國安設中美海底電線 這件事情 不知道外務部答應不答應

舉貢出路○停止科舉 所有舉貢生員 打算叫他們在各衙門裏當差 這一層是袁宮保奏准了的 張宮保通飭各屬 也都仿照辦理 政府裏頭 要等着這幾省有了成效 再通知各省 一律照辦

陝甘京官議辦鐵路○陝甘京官會議 要修一條極長的鐵路 往西通到伊犁 往東通到山西 跟太原鐵路接通 現時正在商議 不知議得成議不成

警務二則○現在既立了巡警部 各省的警務 也得認眞講求 警部已有公文給各省 以後所辦的警察事情 隨時報部 此節已見本報 至於各省的辦法 將來由警部頒發章程 事歸一律 總辦等官 也由部裡扎派 跟商部扎派總辦一樣◉又聽說警部裏頭 要認眞教練消防隊偵探隊 已經給駐日楊欽差寄電 保送卒業警務學生 來京當差 教練各隊

本京新聞

假洋兵搶錢○由東交民巷法國醫院往北 就是當年的兵部街 現在俄兵營作了操場 每到夜深 常有洋兵搶人的事 前幾天有兩輛東洋車 深夜走到那裏 忽然跑出一個洋兵來 攔住去路 把坐車人身上的錢 搶了個乾乾淨淨 可是一點不敢言語 我們不是小看自家人 大約怕是中國的匪徒 假充洋兵

罵實是洋兵　未免太不文明了　近來俄兵營的衛兵　夜裡頭常不出來　所以纔有這些事　被搶的人　罵夜受驚　可分別不出眞假　俄國兵的聲名很喫虧

研究母教◯北京美以美會女教士　商議的母親會　專研究女教友的學問　年齒已長　不能再入學　藉此討論家庭教育　要知道子女的一生　全在作母親的身上　不能專靠着男子　此事要辦理好了　却是十分有益　但怕專講宗教的迷信　不求眞理　也是枉然

學生怕冷◯宗室覺羅八旗高等學堂　學生的臥房　全是三間一通連　每間住八個人　現在天氣已冷　白日一天沒有火　直到晚上　功課完了　歸到臥房　纔由夫役搬了火爐進來　烘烤不到兩刻工夫　一轉眼火爐又撤走了　學生們太怕冷　都有些受不住　若到三九天氣　更當怎麼樣呢　孟子說的凍餓餒膚　學生們可是作不到　現在把官醫也裁了去　萬一凍病　恐怕與功課有碍　聽說八旗高等學堂經費　每月七八千金　別叫學生說出話來纔好

藥毒騾馬◯初七日上午　學盛胡同西口外　有個開碾房的康四　由鋪裡出來　在門外喂騾子　猛見一個人向草簍裡扔了點東西　過去一瞧　是些黃色的藥末　形迹可疑　帶着人往南就追　路巡捕幫着拿住送入工巡西局　當晚滿了一堂　據供是洪姓四民　路過碾房　無故被人擒住　扔藥的事　毫不知情　局員也無奈何　暫且扣在局裏　昨天清早　騾子受毒倒斃　打算偸騾子　就不當下毒藥　藥死了也偸不了去　想必是康四得罪過人罷

採訪局着急◯自從車站放炸彈　將近一月　毫無音信　天津派來的採訪人員　正天的着急　據我們想　此等人形蹤秘密　一人拚了命　同黨的必不甘心　當眞要査明　必須密派偵探　遠遠的去暗訪　中國不講偵探學　又恐怕沒有這樣人才　專在京城裏訪　無益

各省新聞

將軍注重演說（奉天）趙將軍因民智不開　辦理新政　很不容易　如今要開通民智　必得從下等人入手　打算多立演說處　下等人一開通　辦理新政　可就容易極了

窮着候補官（奉天）奉天大亂之後　各物無一不貴　小民度日　更是艱難　這也不足爲奇　最可歎的是那些候補的老爺們　平日本不知生財之道　太平年月　還是困苦不堪　經過一番大亂　更不必說了　窮

的沒了法子　紛紛給外人去當奴才　也不顧甚麼叫體面　有人親眼見着一位　也不必說他的名姓了　眞是可歎

勸東撫倡國民捐（山東）自本報創議國民捐　京外士民　紛紛認捐　山東師範學堂　總辦方觀察　印了勸捐小啓　到處勸人　自己又先認捐一百兩　觀察這一提倡　各學堂的教習學生　全都認捐　將來各省若也仿照辦理　這筆大債　可眞眞的不愁了

請臬台公斷（山東）辦理淄川煤礦的萬金泉　前從德人歐士手裏　訂買抽水機器　言明價銀兩千五百元保險三年　先交價銀一千二百五十元　其餘一千二百五十元　等着機器安好　照數交清　由青島德盛公號作保　立有合同爲憑　趕到把機器安好　不能使用　萬金泉就同歐士爭論　不想歐士反打一耙　說他是損壞機器不能用　藉此要不給那一半價錢　立刻回到青島　請了箇律師　在德臬台衙門控告　德臬台派了精通機器的人　前往淄川去査看　現據査機器人稟明　實在是機器不能用　並非是萬姓損壞　因此德臬台判定　原告的機器　既跟合同不符　被告所欠的價錢　也就不必再交　一切堂費　叫原告自備與被告無干　德臬台如此公斷　足見是並不袒護

創設電燈（山東）省城電燈公司　是在籍候補道劉福航創辦的　其中全是華股　並無洋欵　在青島電燈公司裏　買來的機器　共用成本三萬兩　公司房屋　已經建造　省城各街道　也都一律立起燈桿

批駁福公司煉鐵（河南）福公司礦師利得　據稟河南撫台　要在懷慶開辦鐵礦　撫台因福公司原訂合同並沒有准他辦鐵礦的字樣　立刻批駁

賢令興學（河南）滎陽縣縣令旭大令　辦理學務　最是熱心　把本處念書的人　都送到外邊去留學　所有經費　全是自己捐廉　滎陽縣的風氣　向來本不開通　張大令這一提倡　將來必能變成文明氣象

阻設無線電（江蘇）電報是國家的利權　不准外人干預　無線電關係機密　更不准外人設立了　現有某西商　要在上海設立無線電　直通香港　威海衛　新加坡等處　南洋大臣　因此事不合條約　已經給駁了去

楚報主筆案（湖北）楚報主筆被拿　已登本報　被拿之後　官場因他議論五大臣的事　疑惑他是革命黨只是應當審訊　沒有實據　某督的意思　不管他是不是革命黨　打算要辦他個監禁的罪名　可是還沒定準

第四百三十七號　京話日報　五

上諭　宮門鈔

十月初九日邸鈔○十月初八日禮部　鑾儀衛　廂黃旗值日無引見　松公　蔭恒　各假滿請安　穆貝子

專摺謝賞綢緞　恩　河南糧道王維翰謝　恩　簡缺知府陳武純　謝恩　陳惠禧　夏敦復　玉構預備　召

見　召見軍機　陳惠禧　夏敦復　玉構　王維翰

上諭林紹年奏特參庸劣不職各員一摺貴州松桃同知陳雲諱匿重案民怨滋深綏陽縣知縣崔鳳昌怠玩畏葸因知振作大挑知縣耿鍾璞聲名惡劣縱子妄爲丙妹縣丞常壽鶴辦事顢頇私心甚重前署威寧州訓導楊鑑巧於鑽營不堪司鐸羊腸巡檢吳之珍濫刑斃命操守平常均著即行革職郎岱同知慶恩因循廢事積案過多八寨同知高陞福吏治生疏嗜好亦重黃平知州石嶸性情柔懦人地不宜均着開缺歸部選用補用知府王繼先精力衰頹繼起生事安插同知冉煥章年已就衰案有疏縱試用同知王殿光才具平庸舉動粗率開缺另補通判郝殿桂精力不振庸闇無能試用通判黃廷魁性過渾厚約束不嚴均着飭令回籍歸化通判劉復被公私牽混煩要不辦着開缺另補餘着照所議辦理該部知道欽此

電報

俄亂已平○路透電說　自俄皇降了立憲諭旨　人民非常喜悅　罷工情形　也都平靖　各處鐵路　照常辦事

維新新政○又說　俄國總理大臣維特　要把國事犯的罪人　一律釋放（因爲國家的事被罪叫國事犯）

德希邦交親密○德京電說　希臘皇帝　現到德國游歷　德皇很是厚待

德國議院日期○又說　德國議院　定於本月二十八日開議

日本又借國債○又說　日本政府　現時又要籌借新國債

擴充郵政○又說　俄國政府　要在俄京一帶　推廣郵政

《京话日报》第 437 号 5

第四百三十七號　京話日報　六

講書

（[illegible]）

他日見於王曰　王嘗語莊子以好樂　有諸　王變乎色曰　寡人非能好先王之樂也　直好世俗之樂耳　曰　王之好樂甚　則齊國其庶幾乎　今之樂猶古之樂也

[illegible]

在宣王的意思　以爲今樂不如古樂　就如梆子二黃不如崑腔一樣　要在詞句上講求　自然崑腔是最好　但是愚民不通字義　詞句雖好　萬不能感動下等人　就合著大家耳目　只要見得了功效　又何必吹求皮毛呢　戰國時候　聖王的制作　已經不大完全　一字再考古音　也未必合的了時宜　所以孟子不談樂的今古　就怕王不能眞好樂　樂分今古　好樂的心　也沒有今古嘔

《京话日报》第 437 号 6

目录

序：一切都为了抵达最底层

杨早*

我关注《京话日报》与彭翼仲，是很偶然的机缘。在北京大学中文系读博的头一年，跟导师讨论论文题目，突然冒出一个问题：《新青年》创办在上海，当时最西化的中国都市也是上海，但为什么新文化运动与五四运动不发生在上海，而是在北京？

这个问题，想着想着就换成了更实在的形态：新文化运动与五四运动既然发生在北京，那么这座城市的都市性格/文化生态/舆论环境，对于形塑这两场近代史上的重要运动，有着何等影响？

基于这个问题，我开始关注北京研究，从都市史、文化史到舆论史的材料，都在阅读范围之内。这样，就碰上了彭翼仲与《京话日报》。

在一般历史和文学研究者的知识框架中，彭翼仲的名气不大，知道的人不多，甚至远比不上他的儿女亲家梁济，当然更不如他的姻侄梁漱溟。其中原因，大概是大陆的近现代史研究，政治上主流是“共和—革命叙事”，文化上主流是“五四—启蒙叙事”，而彭翼仲、梁济则是改良—立宪这条线上的人物。梁济的名气稍大，多半是因为1918年的自沉惊天下，而且进入了新文化人物如陈独秀、徐志摩的论述，其子梁漱溟后来的成就和影响也不无

* 杨早，北京大学文学博士，现供职于中国社会科学院。

助力。

新闻史研究者知道《京话日报》的人当然多一些，但这份报纸也长期被归入“保皇—立宪”派的序列，而且近代新闻史的叙述，本来就重南轻北，研究者目光多注重于上海。这样一来，彭翼仲与《京话日报》的功业便被遮挡于主流叙述之外。这也是为什么当我逐步进入这段历史时，心头会有强烈的震惊与不平。

这种不平，梁漱溟先生在上世纪六十年代撰写《记彭翼仲先生》时想必也有。如梁先生所言，彭翼仲是“清末爱国维新运动一个极有力人物”，“凡自幼居住北京而年在六旬以上的老辈人，一提到‘彭翼仲’三字，大概没有不耳熟的”。但是，跟北京的民众记忆相比，主流历史叙述却要冷淡得多，梁先生为此写道：“我今天查阅那些讲到中国报纸历史的各书，或则漏掉不提，或者止于提及报名，或虽则言及某报被封、某人被罪，却又错谬不合。至于其所从事的社会运动曾有若何影响成效，就更无只字道及。”

大概正是激于这种冷遇，梁漱溟先生写下《记彭翼仲先生》这篇长文，对彭翼仲的一生事业做了全面的梳理。彭翼仲既是梁漱溟的谱叔，又是姻丈，上世纪二十年代梁漱溟甚至还接办过一段时间《京话日报》，他的表述自然亲切可信，眼光独到。我那时一边读《京话日报》，一边看梁先生的文章，受益匪浅，博士论文中有关《京话日报》的章节，便大抵按照梁漱溟的思路进行叙述。

其间有一两篇文章在刊物上发表，突然收到一封贵阳来信。却原来是彭翼仲的嫡孙彭望苏老师写来，信中很欣喜我对《京话日报》的研究，并称将择日来北大图书馆读《中华报》，希望与我见一面。

记得是一个冬日的清晨，在北大小南门外见到彭望苏老师，脸上依稀还有乃祖的几分神情——这当然是想象，彭翼仲留下的照片并不清楚，但看他传记中，“为人豪侠可爱，其慷爽尤可爱”的性格特色让我印象很深。彭望苏老师也是很爽直的人，我们没有叙什么闲话，主要谈的是关于《京话日报》，然后我带他走进北大图书馆。

彼时北大图书馆旧刊室进行整修，本来据说要关闭半年到一年。我们这批博士生大抗议，因为这倘成了事实，论文便是无源之水无根之木，大家休学算了。后来是在三楼书库的角落辟了一块出来暂用。

因为平时日日来看旧刊，已经同旧刊室的管理员老张很熟了。彭望苏老师是外面的人，能不能索看《中华报》这样的孤本，我也不完全托底。虽然可以用我的名义借，但彭老师要看上十多天，毕竟不方便。

未料我一提"这位彭老师是彭翼仲的孙子"，老张立即瞿然："知道！知道！彭翼仲，《顺天时报》上总是提到他！"这里不能不佩服旧刊室管理员的"横通"。清末民初的《顺天时报》，看的人并不算多，但非常重要（因其是日本人出资办的，后来甚至成了日本外务省机关报），而且正好是《京话日报》的最大竞争对手（彭翼仲办《京话日报》的目的之一就是要为华人"争报权"），老张经由《顺天时报》而了解彭翼仲，而且对彭很敬重。这使我放心了，彭望苏老师大可在这里尽兴地阅读祖父办的《中华报》、《京话日报》和《启蒙画报》。

与我由兴趣而研究《京话日报》相比，彭望苏老师更多了一份家族责任感。同是细读旧报，我的关注点主要是"报"，他的关注点首先是"人"。彭老师曾有言："先祖父身处办报赔累不堪之时，曾作殉报准备，以裁纸刀刻字壁间，留下'子子孙孙，莫忘今夕'的激语。这八个字一直响在我的耳边，使我产生崇敬之情，使我多想社会责任、文化良知，也激励我把对先祖父及其报业活动的追寻和研究作为理所当然的任务。"

然而这并不影响研究结论的殊途同归。因为通读过《启蒙画报》、《京话日报》、《中华报》的人，很难不为彭翼仲、杭辛斋、梁济这些启蒙知识分子"位卑未敢忘忧国"的情怀，以及踏实力行的精神所感动。而将彭翼仲与《京话日报》置诸近代报林之中，其特异之处，也正在于开辟草莱之功，以及与北京维新运动、社会生活的紧密结合。

彭望苏老师斟酌再三，为自己研究祖父的著述定名为《北京报界先声——

20世纪之初的彭翼仲与〈京话日报〉》。他在给我的信中写道：

> 书名标举“北京”与“报界”两个范围概念,其后以“先声”点题，表明彭翼仲与《京话日报》既在时间上领先，又具有先进意义，还凸现了人的声息，造就了“有声的北京”。副题以“20世纪之初”概指彭翼仲与《京话日报》，乃是因为本书虽重在揭示和研究1900年代的彭翼仲和《京话日报》,但亦涉及报主一生,同时梳理考求了《京话日报》自始至终的史实，因此，“20世纪之初”代指本书所涵盖的历史时段。

这说明了本书选题的范围与意义，那么，内容有哪些特色？彭老师列出了以下关键词：

> 清末；北京；民间社会；民间报人；白话文报纸；平民品性；眼光向下；浅文白话；爱国图强；构建民间舆论环境；推助时势进化；提升国民程度。

如果读者能够抛开一般历史书中枯燥而呆板的叙述，自行想象一下1904年的北京社会,你就知道彭翼仲与他的同侪在从事着一项何等艰苦难成的事业:

西太后与光绪帝已经返京两年多，市面恢复了些许生气，但庚子造成的伤痛，仍在北京人（尤其是旗人）的心头激荡。辛丑条约的赔款又像一座大山般，压在有识者的心头。而北京识字的人是那么的少，各种报纸加起来不过能卖两千来份，老百姓不看报，也无从了解新信息和新知识。他们把报纸叫做“洋报”，觉得“访员”（记者）都是汉奸。街头倒是不时可以见到揭帖，宣传说“老团”（义和团）会很快回来，要那班崇洋媚外的人小心些。

那几年，国家岁收大部分赔给了外国，外人在国内的特权，从开矿、修路到招收华工、法律审判，越来越重。1904年在东北开打的日俄战争，更是时时提醒中国人丧权辱国的痛。怎么办？站在一个知识分子的立场，“开民智”是他们认为唯一可行的路。要开民智，不办报纸，不办白话报纸，怎么行？

《京话日报》在这时应运而生。它要承担的任务很多：要启蒙新知识，要讲述爱国道理，要劝导人们除旧维新，要报道国内外新闻，或许连创办者也没有想到（确实也没有先例），它变成了草根平民的舆论空间。

如果拿《京话日报》与上海那些大报大刊相比，甚至是与它自己的姊妹报《中华报》比较，它们之间的差别，几乎就像今日的网络、微博与传统媒体的区别。它将这个时代发言的门槛降到了最低，只要你能写几个字，写的就是日常说的话（这一点北京人占了大便宜），语法不通没关系，字写错了也没关系，报纸编辑会帮你改，然后登出来。

同时，读报的门槛也降到了最低。买不起报（一份只要三个铜子），有人捐了贴报栏捐了报，免费阅读；不识字，有热心人沿街讲报，后来开了讲报所，专门演说每日时事；想舒服点儿看报或听报，又有人捐了房屋开设阅报处，看报听报免费，还有茶水供应。甚至你去戏园子听戏，开幕前台上也有人讲几段报上的道理。一开锣，嗬！演的还是报上时事新闻改编的新戏！

几乎用尽了所有可用的传播手段，目的只有一个：让报上的话抵达社会的最底层。两年之后，那些上海办白话报的同行，蔡元培、林白水等，派人到北京来一瞧，嗨，扛活儿的，拉车的，都坐在台阶上读报呢。他们震惊了：这可是中国从来没有过的事啊。

您瞧，说起《京话日报》，我就停不住口，恨不得一下子把我知道的事都倒给您。其实，要说这些事，最全乎的，都在彭望苏老师这本书里啦。看了这书，您不但可以知道彭翼仲他们和《京话日报》盐打哪儿咸醋打哪儿酸，对 1900 年代的北京社会，地理、风土、习俗、人情、语言等等，都能知道不少哪。

就学术价值而言，本书是迄今关于清末阶段《京话日报》最全面也最详尽的著述。书中叙述了彭翼仲的人生经历和心路历程，梳理了《京话日报》

文本，考求并研究了彭翼仲及《京话日报》在造就北京舆论环境和推动社会进步上的作为。对诸多《京话日报》研究史上的疑案，如“晚清第一报案”的“彭翼仲案”，《京话日报》清末时段的终止期号和民初时段的最后接办人等，都有补阙正误的研究。全书附有与若干具体内容相关的照片资料，并呈现了《〈京话日报〉影印本》中缺失的第33号和第437号报纸照片，书后更附录了“清末时段《京话日报》期号与日期对应表”，许多引用《京话日报》文字时弄不太清期号、阴历、阳历对应情况的研究者，从此可以大松一口气了。

后学者如我，本无资格为彭望苏老师这本书作序，忝蒙老先生错爱，大约也有同为《京话日报》热心研究者的惺惺相惜之情，彭老师定要我写上几句。于是怀着如履薄冰之心，在辛卯年的岁末写下这些文字。自知佛头着粪，唯愿读者从中晓得我对《京话日报》与彭翼仲们的崇仰之情、推介之忱，而原谅我结结巴巴、慌不择言的赞美。

2012年1月5日于京东豆各庄

导言

1900年代，古都北京，彭翼仲投身报界，以“开启童智”、“开启民智”和“开启官智”为宗旨，相继创办《启蒙画报》、《京话日报》和《中华报》。三种报纸都在中国新闻史上具有重要价值，其中销路最大、影响最广、声誉最隆的是白话报纸《京话日报》。

彭翼仲将报业活动和社会活动作为自己的人生主题，虽然屡经厄难，饱尝忧患，但是“绝不灰心，努力傻干”，坚韧不折地致力于开通风气，推动社会进步。彭翼仲和他的报纸植根于民间社会，显现了非同寻常的价值和意义，他因此成为清末民初著名的民间报业先驱和社会活动家。

历史记住了彭翼仲和他的报纸。虽然时光已过去百年有余，但是，他和他的报纸所抱持的心志和情怀，所进行的实践和努力，所留下的印记和影响，仍然令人感怀，引人深思。

本书致力于梳理、研究彭翼仲的人生经历和心路历程，梳理、研究清末时段《京话日报》文本，梳理、研究彭翼仲和《京话日报》在造就北京舆论环境和推动北京社会进步上的作为。

英国人文学家罗素说："对历史的透视能够使我们更清楚地看到，什么事件和哪种活动有着永久的重要性。"

中国近代报业起于晚清，因欧美传教士和商人来华办报，将西方报纸模式输入中土而开其端绪。其后，国人创办的各种具有近现代意义的报纸渐次出现。这些报纸报告新闻、介绍新知、评议时局、表述见识，内容涵盖政治、经济、军事、文化、社会、民俗诸多领域，对各层各界公众产生了广泛影响。然而，中国南北社会风气差异甚大，晚清缙绅孙宝瑄曾做过这样的对比："以北五省视青浦以南，风气差数迟五十年。以江北视吴越繁盛之区，风气差数又迟五十年。"[1] 此言或未准切，但确乎揭示了19世纪末叶中国南方社会与北方社会在开化程度上的明显差异。当南方数省已有多种报纸出现、报纸传播渐成风气的时候，作为帝都的北京依旧闭塞落后，不但本地办报寥落冷寂，而且外地报纸也不能广泛传入；大多市民并无读报需求，有些人甚至把报纸视作异物，称之为"洋报"。在这样的情势下，彭翼仲在北京创办深入社会大众并获得广泛欢迎的报纸，就具有重要的开拓性意义。他在1902年至1904年间创办了三种报刊，即《启蒙画报》、《京话日报》和《中华报》。三种报刊有其各自的宗旨：《启蒙画报》意在开启童智，《京话日报》意在开启民智，《中华报》意在开启官智。以一人之力而创办三报，且均获成功，深具影响，在我国早期报人中确乎罕见。

彭翼仲的报纸秉持正义，强项敢言，触及时局焦点和官场内幕，揭露批判黑暗邪恶势力的种种丑行，在赢得大多数民众信任和欢迎的同时，不可避免地招致权势者及各种邪恶势力的恼怒和忌恨。1906年9月，北京发生震惊社会的"彭翼仲案"，这是钳制社会舆论、镇压民间报人的"京城第一报案"。彭翼仲和同道杭辛斋被捕入狱，报馆被封，报纸被禁。延至次年，彭翼仲作为首要被罪者被判发配新疆，直到辛亥革命推翻清朝，民国成立，才得以荡除“政治犯”身份，于1913年春生还京门。回京之后，他待身家稍定，毅然“收合余烬，卷土重来”[2]，接续出版北京社会广泛欢迎的《京话日报》。但是，报甫出版便遭遇“癸丑报灾”，醉心于实现独裁统治的袁世凯大举扼杀社会舆论，封闭数家报馆，《京话日报》便在其中。于是，再次出版旋遭封禁，仅仅存活了22天。1913年11月1日，《京话日报》第三次问世，此后持续出版了十年左右。其间，彭翼仲一度将报纸的编辑出版事务交由友人吴梓箴主持，但是，吴先生于1918年12月辞世，彭翼仲便重新回到《京话日报》主办者位置。1921年12月，彭翼仲病逝，他的后学及友人珍惜《京话日报》的历史，将它接续出版至1923年年中或年末。

虽然投身报界使彭翼仲屡经厄难，饱尝忧患，但他始终坚持开启民智、开通风气宗旨，始终抱定“绝不灰心，努力傻干”[3]态度，始终把报业活动作为自己的人生主题，因而无愧地成为清末民初著名的报业先驱。

在彭翼仲的报业活动中，影响最广、声誉最隆、最具代表性的是《京话日报》。彭翼仲在这一报纸上花费心血最多、投注心力最勤。《京话日报》自问世以来有过“三起三落”的曲折经历，其中，以1904年8月至1906年9月即第一时段的《京话日报》最为重要。学界指出：清末的《京话日报》是彭翼仲所办的三种报纸中，“最成功、影响最大的一个”[4]；在五四之前的白话文报纸中，“影响最大的首推《京话日报》”[5]。20世纪以来，学界对彭翼仲和《京话日报》的研究，具有代表性的成果有阮经伯的《报界创业大家彭翼仲》，梁漱溟的《记彭翼仲先生——清末爱国维新运动一个极有力人物》，姜纬堂的《爱国报人 维新志士彭翼仲》和《“彭翼仲案”真相》，方汉奇的《清末的〈京话日报〉》和《铁肩担道义 热血荐轩辕——纪念彭翼仲诞辰140周年和〈京话日报〉创刊100周年》等[6]。此外，关于中国新闻史、中国文化史研究的多种著作，中国新闻史和中国报刊史的多种教材，也将彭翼仲和《京话日报》纳入其中。进入21世纪以来，一些中青年研究者在不同选题内对彭翼仲和《京话日报》进行研究，做出若干具有价值的研究成果[①]。笔者曾发表拙文数篇[②]。

李泽厚指出，清末至五四之间的思想运动和社会运动的基本面相，是“启蒙与救亡的双重变奏”[7]。李孝悌则描述了这样的历史景象：1901 年至 1911 年，亦即义和团运动到辛亥革命之间的十年，中国下层社会已经存在一种由知识分子自觉发起并投身介入的启蒙运动。“由于义和团和八国联军造成的前所未有的危局，使得‘开民智’的主张一下子变成知识分子的新论域，‘开民智’三个字也一下子变成清末十年间最流行的口头禅，其普遍的程度绝不

① 就笔者阅读所及，这些研究成果主要有：丁苗苗的《〈安徽俗话报〉与同时期白话报纸的比较》，《淮北煤炭师范学院学报》（哲学社会科学版）2005 年 6 月第 26 卷第 3 期；贾艳丽的《〈京话日报〉与 20 世纪初年国民捐运动》，《清史研究》2006 年 8 月第 3 期；彭秀良的《〈京话日报〉与国民捐运动》，《文史精华》2009 年第 5 期；雷晓彤的《清末白话报的转向——以彭翼仲和他的〈京话日报〉为例》《黑龙江史志》2008.24。硕士学位论文《“彭翼仲案”与 1906 年前后北京地区的社会舆论》，北京师范大学李娟，2006 年；硕士学位论文《彭翼仲年谱》，南昌大学章芝，2006 年；硕士学位论文《清代苏州科举世家研究——以长洲彭氏为例》，苏州大学胡艳杰，2006 年；硕士学位论文《启蒙、公民（国民）塑造与“公共空间”之构建——清末北京彭翼仲〈京话日报〉（1904 ~ 1906）研究》，宁波大学刘疆辉，2009 年；硕士学位论文《晚清报人彭翼仲研究——以〈京话日报〉为中心》，暨南大学余鹏，2010 年。持续关注与研究彭翼仲及其《京话日报》的中国社会科学院青年学者杨早，在北京大学的博士学位论文《清末民初北京的舆论环境与新文化的登场》中，把彭翼仲和《京话日报》作为重要内容；杨早还发表了《京沪白话报：启蒙的两种路向——〈中国白话报〉、〈京话日报〉之比较》（《北京社会科学》2003 年第 3 期），《启蒙的新形态——晚清启蒙运动中的〈京话日报〉》（《中国文学研究》2003 年第 3 期），《北京报纸对日俄战争的报道与评论 :1904 ~ 1905 ——“开民智”与“开官智”的分野》（《中山大学学报（社会科学版）》2008 年第 2 期）《〈京话日报〉的启蒙困境——以梁济等人自杀为中心》（《中国图书评论》 2009 年第 8 期）等论文。北京大学博士研究生王鸿莉在 2010 年 6 月完成以《清末北京下层启蒙运动——以〈京话日报〉为中心》为题的博士论文之外，还发表了《〈京话日报〉的甲辰 (1904) 之困》（《北京社会科学》2009 年第 2 期），选择彭翼仲和《京话日报》的一个新视角进行细致深入研究。除了以上所述以彭翼仲及其报纸作为专题的研究成果之外，还有大量著述在不同的选题范围内述及和论及彭翼仲与《京话日报》。

② 笔者的拙文主要有：《爱国维新报人彭翼仲先生》（《北京文史资料》第 60 辑）、《文采风流今尚存——百年之前的儿童刊物〈启蒙画报〉》（《贵州文史丛刊》2000 年 第 5 期 ）、《清末报业先驱彭翼仲》（《新闻与写作》2005 年第 2 期）、《清末白话文报纸的一朵奇葩——〈京话日报〉的“儿童解字”栏目》（《贵阳学院学报（社会科学版）》2007 年第 4 期），《三君同怀一泓水——记彭翼仲、梁巨川、吴梓箴之自沉》（《北京文史资料》第 73 辑）、《吾道不孤——彭翼仲从发配新疆到生还京门》（《新闻春秋》2011 年第 1 期）等。

下于五四时代的‘德先生’与‘赛先生’。”[8]作为“开民智”主要对象的“下层社会”，大致指少识字或不识字、政治地位和经济地位低下、处于主流社会边缘或之外的社会成员，占总人口的绝大多数。彭翼仲的《京话日报》把这个阶层的广大社会成员作为受众的重要组成部分，并在报纸经营和传播过程中，营造了把下层社会包括在内的北京民间社会舆论环境。

历史学家顾颉刚指出：时代愈后，历史研究的视野愈宽广[9]。因此，后辈学者理应在前人成果的基础上拓展眼界，开辟路径，更新理念，做出新的探求。上个世纪内，关于彭翼仲和《京话日报》的研究，大多侧重于中国近现代社会的“救亡”主题。本书对“启蒙”主题与“救亡”主题都予以关注，意欲全面揭示和反映彭翼仲与《京话日报》的历史面貌，全面探求和研究彭翼仲与《京话日报》的作用、价值与意义。过去的述史和说史存在一些未是与未当之处，例如，说街头说报人醉郭跟随彭翼仲同往新疆，说《猪仔记》“叙广东猪仔馆的恶霸土棍骗卖中国人到美洲当苦力之事”，“记叙中国工人在南非受到的非人待遇”，“叙广东猪仔馆的恶霸土棍骗卖中国人到南洋与美洲当苦力之事”，等等，都与实情不符。近年出版的“中国文献珍本丛书”之《〈京话日报〉影印本》[10]，前言所述史事亦有一些未善和未确之处，其中一个明显错处是谓《京话日报》在“袁死后再度复刊”，如此则将《京话日报》于1913年11月1日的第三次出版，推移到袁世凯死日1916年6月6日以后，明显地与史实相悖。又如，1905年9月开始的国民捐运动，是对北京及中国社会影响甚大的一项民间运动，广大下层民众踊跃参与，声势甚大。《京话日报》自发起这一运动至被封禁的一年多时间内，都将其作为重大主题。但是，诸多史著往往对它回避或淡化，表现了某种“史料过滤”的处理方式。有的研究者虽未回避这一民间运动，但对其意义全然作负面性评价，反映了某种概念化的观念和逻辑。本书以深入研读《京话日报》文本及其他史料作为基础性工作，尽力全面揭示历史的本来面貌，再在这样的基础上探求彭翼仲和《京话日报》的意义。书中借鉴和吸纳了前辈学人及当世研究者的一些研究成果，也表达了自己的一些思考和认识。

历史学是构建在历史事实基础上的学术，真实的人和事是历史研究的基本条件。司马迁在《史记》序言中引述孔子之言“我欲载之空言，不如见之于行事之深切著明也”[11]，借以表明所奉行的注重史实、因事见义的写史方法。司马迁自言“网罗天下放失旧闻，考之行事，稽其成败兴坏之理”[12]，反映了这位史学大师在《史记》写作过程中花费的工夫，就是竭尽全力地考求史实，然后在其基础上表述史说。英国著名人文学家罗素指出：“历史学是有价值的，首先因为它是真实的；而这一点尽管不是它那价值的全部，却是所有它的其他价值的基础和条件。”[13]“历史著作应该以文献研究为基础”，“因为惟有它们才包含着有关实际上发生过什么事情的证据；而且不真实的历史显然是没有什么大价值的。”[14]《京话日报》是经历岁月沧桑的文化日记，它留存的办报者和社会中人的言论与活动，朴实地反映了他们的诉求和愿望，揭示了当时的社会生活情状，具有宝贵的历史价值和社会价值。本书致力于贴近史实，努力追寻彭翼仲的人生实迹和心路历程，爬梳百年之前老大中国向现代社会迈步时候的苍生百态、人心面貌和社会境况，再在这样的基础上思考、研究彭翼仲和《京话日报》的历史作为及社会意义。

本书将考察和研究的核心对象限定为清末时段的《京话日报》，也就是在这一报纸前后共十二余年的生存时间内，着重考察和研究它自 1904 年 8 月至 1906 年 9 月的第一时段。十分有利的是，现今所存的《京话日报》中，唯有这一时段的藏件最为齐全。①此外，京话日报社于 1913 年出版《彭翼仲五十年历史（上编）》，这部回忆录记载了彭翼仲在清末时段的人生经历，

① 在“全国图书馆文献微缩复制中心的微缩胶卷”系统中，清末时段的《京话日报》起始于第 1 号，终止于第 751 号，其间缺第 33 号和第 437 号。然而，家藏的《京话日报》合订本中有第 33 号报纸，北京大学图书馆藏有第 437 号报纸，将这两期补入，可以获得清末时段《京话日报》的完整藏件。第二次办报时期的《京话日报》均无存报。第三次办报时期的《京话日报》缺失太多，前后约十年的报纸生存期间内，所存者不及应有期数的六分之一。

其中包括家世境况、早年生活、投身报界的原委和经历，以及蒙受冤狱、远戍新疆的原因、过程等内容，是研究清末时段彭翼仲和《京话日报》的重要史料[15]。笔者还尽力所及搜寻其他各种相关的历史资料。当然，由于战乱和社会动荡，史料多有缺失，以致常有阙如之憾，亦使研究存有诸多薄弱之处。

本书的基本内容主要在于三个方面：第一，梳理和研究彭翼仲的人生经历和心路历程；第二，梳理和研究清末时段的《京话日报》文本①；第三，梳理和研究彭翼仲和《京话日报》在造就北京舆论环境和推动北京社会进步上的作为和意义。在与彭翼仲和《京话日报》亲密接触的写作过程中，笔者深深感受到斯人斯报独具特色的品性、格调和文化力量。

---

① 《京话日报》采取空格断句方式，一般不分段，不使用标点符号（偶尔使用括号）。为便于反映文意，笔者对引文加了标点符号，有时亦分段。《京话日报》的一些用字与当今的用法有异，如“掉”作“吊”，“和”作“合”，“合适”作“合式”，“应该”作“该应”，等等，这类字一般都保留原貌。

1　孙宝瑄：《忘山庐日记》，上海古籍出版社，1983年，第352页。

2　《彭翼仲五十年历史》之《老兄六年之苦累》，见《爱国报人 维新志士彭翼仲》第184页。谨按：《彭翼仲五十年历史》载于《爱国报人 维新志士彭翼仲》（姜纬堂、彭望宁、彭望克编注，大连出版社，1996年2月版）。以下凡引自《彭翼仲五十年历史》者，均出自是书。

3　演说《要叫多数人开通》，《京话日报》第296号，1905年6月16日。

4　方汉奇：《清末的〈京话日报〉》。

5　李孝悌：《清末的下层社会启蒙运动：1901～1911》，河北教育出版社，2001年11月，第19页。

6　阮经伯的《报界创业大家彭翼仲》是1921年5月由京话日报社出版的一部小册子，笔者读到的是国家图书馆藏本。梁漱溟的《记彭翼仲先生——清末爱国维新运动一个极有力人物》，全国政协《文史资料选辑》第四辑，1960年5月。姜纬堂编注的《爱国报人 维新志士彭翼仲》，大连出版社，1996年2月。姜纬堂的《“彭翼仲案”真相》，《首都师范大学学报（社会科学版）》1996年第5期。方汉奇的《清末的〈京话日报〉》，《辛亥革命时期期刊介绍》第五辑，1987年11月。方汉奇的《铁肩担道义 热血荐轩辕——纪念彭翼仲诞辰140周年和〈京话日报〉创刊100周年》，《新闻与传播研究》，第11卷第1期，2004年1月。

7　参阅李泽厚《中国现代思想史论》，东方出版社，1987年6月第1版。

8　李孝悌：《清末的下层社会启蒙运动：1900～1911》，河北教育出版社，2001年第1版，第15页。

9　参阅顾颉刚著、何启君整理的《中国史学入门》，北京出版社，2002年版。

10　“全国图书馆文献微缩复制中心的微缩胶卷”系统是《京话日报》最权威的藏本，全国图书馆文献缩微复制中心依据这一藏本，于2006年出版《〈京话日报〉影印本》。

11 司马迁：《史记·太史公自序》。

12 司马迁：《报任安书》。

13 罗素《论历史》，生活·读书·新知 三联书店，1991年5月第1版，第2页。

14 同上。

15 1913年出版的《彭翼仲五十年历史》，注明为上编，然而后来并未出版此书的下编。这样，彭翼仲自发配新疆至逝世的十余年内的历史资料，就十分欠缺。

第一章　民间报业先驱彭翼仲

庚子之难，同入户抢劫的洋兵拼命相争，使彭翼仲经受生与死的考验。此后，他把唤醒民心、维新救国作为自己的志向和使命，无所吝惜，无所顾忌。

彭翼仲认为，“国几不国，固由当轴者昏聩无知，亦由人民无教育，不明所以爱国之道”，于是作出办报救国的选择。他在办报之路上备尝艰辛，但是，他的报纸终究赢得广大民众的欢迎和拥戴。

《启蒙画报》意在传播新知、启迪童蒙，以浅显易懂、生动活泼的白话语言和图绘形象相结合。梁漱溟说：《启蒙画报》启发鼓舞精神志趣，“一直影响我到后来”。萨空了说：《启蒙画报》是“中国画报史中值得大书特书的画报”。

《中华报》意在开启官智，把披露实情、阐发政见和提出社会改革主张作为首务，是触及官场内幕和时局焦点的时政报纸。

1907年4月16日，古都北京，一位报人以“妄议朝政，捏造谣言，附和匪党，肆为论说”的罪名，被判“发往新疆效力赎罪，到配后酌加监禁十年”。这天下午，他被清政府的直隶司从刑部监狱提至法部，听取发落，接着被押至陆军部，领取发配途中所需的“火牌”[①]。当晚寄住在陆军部占

① 这是清廷兵部发给各省将军督抚的一种符件，供押解士兵持以交沿途驿站和地方官府查验，依据它执行交接，并提供车马、食宿。

用的大佛寺[1]，次日辰刻即行起解。连续两天，北京市民对他投注了极大的关心与热情：前一日，从法部出来，门外观者云集，密密匝匝，如墙如堵。乘车往陆军部时，一路上，许多人追随车后。寄住大佛寺的这个夜晚，报界多人前来看望和慰问，街头说报人醉郭、创办京城第一所讲报社的卜广海等一直陪伴至天明。第二天押离京城时，沿途出现盛大的景象，“市民去送者数千人，赠送程仪者无算”[2]。一位名叫苗凤梧的送报人自愿陪伴，同他一起走上漫漫长路。

这位报人就是彭翼仲。此后，《北京画报》第32期刊登了彭先生的志同道合者刘炳堂绘制的《彭翼仲起解》，虽然此图未能绘出满城痛别彭翼仲的大场面，但仍留下关于实事实情的宝贵记录。图中，彭翼仲拱手向送行者道别，右上角是充满热情的题词：“北京近两年，风气稍开，京话报不能说没有力量。

《北京画报》第32期刊登刘炳堂绘制的《彭翼仲起解》

彭翼仲因为一支秃笔，闹了个发往新疆，十年监禁。定案之后，由法部交陆军部，三月初五日，由大佛寺起解。是日学界商界中人，纷纷去送行。讲报的醉郭，直直陪伴了一夜，临行之时，挥泪而别。嗳，这也算替北京社会给他道谢了。”

时光推移到百年之后，一位研究者深情地写道：“一个报人被流放之日，竟有数千读者为他送行，甚至有人不避艰难，愿万里相随。这真实的一幕必将永远地感动着百年言论史。有了这一幕，彭翼仲已不虚此生。”[3]

彭翼仲确实不虚此生，他在清末的北京开启民智、倡导新风，成为深孚众望的民间报业先驱。他的人生经历丰富生动，曲折迂回，在不寻常的遭际中显现了独特的精神。他被发配新疆，正当年富力强的44岁，此时他的报纸影响正盛，他所倡导和推动的社会改革运动越来越触动各层各界。清廷权贵肆意摧残迫害，把他作为北京历史上第一个查封报馆、镇压报人的大案的首要被罪者，表明他和他的报纸已经具有足使统治者惧骇的影响力。

北京民众与彭翼仲依依痛别，彰显了人心之所向；彭翼仲和他的报纸深深植根于广大民众，使他具有非同寻常的人生价值。早在投身报界和倡导社会运动之初，彭翼仲就明白，他所选择的是一条充满风险和苦难的人生道路。但是，他无忧无惧地践行自己的人生选择，终身不悔。

激于义愤，投身报界

彭翼仲，名诒孙，以字行，江苏长洲（即今苏州）人。清同治三年十月二十七日（1864年11月25日）出生于北京阜成门内马市桥南小麻线胡同的故相国府。其祖父彭蕴章为咸丰朝领班军机大臣、武英殿大学士，故其府第称相国府。彭翼仲一直生长于北京，熟悉北京社会远甚于家乡苏州。

彭翼仲生逢中国屡屡遭受外敌侵凌、社会危机四起的年代。国家危难国势颓败的严峻现实，使他关注国家命运，并使他在遭受强烈刺激之后，毅然作出投身报界的人生选择。

1900 年 8 月，八国联军入侵北京，清朝廷两宫仓皇逃亡西安，与其谕旨中“与社稷同生死”的立誓相悖。京城一片混乱，“白昼抢劫，杀人放火，无所不至”[4]。彭翼仲拖家带口，困处危城，深受家国危难的煎迫。

8 月 18 日午后，天降暴雨，四个美国兵闯入彭宅，其中一个人从衣袋取出生银一块，碎银少许，连声嚷嚷“突打拉！”——“打拉”是银元，“突”是二，意思是要用这些生银换取主人的二枚银元。彭翼仲欲打发这些外兵出去，就拿出二枚银元交给他们。哪知美兵不了其事，一人守门，其余三人进入内室，“倾筐倒箧，搜索殆遍”，掳去时表、首饰等物，价值共约三百金。[5]次日清晨，又有身着黑衣的美兵八人闯入彭宅，其中持枪者五人。这些美兵都伸开五指，要主人付给每人五元钱。当时彭家橱下藏有友人寄存的数百元，为了保住不被搜去，彭翼仲便采取主动，拿出一块表递给美兵，欲以此平息其欲。岂知这个美兵把表装入衣囊，转身与另一美兵啾啾数语，随即现出凶相，扳开枪管，塞入子弹，端起枪杆，直抵彭翼仲胸前，同时又伸开五指，口嚷“打拉”，逼迫主人交出银元。此时如到橱下取钱，环立左右的美兵就会知道藏钱地方，显然不行。在这无路可退之际，彭翼仲猛然生出勇气，挺起胸膛，直抵枪口，与持枪美兵相抗。美兵只要扣动扳机，主人注定倒在枪口之下，“实逼处此，不得不冒险力争，挺胸前凑，以性命与之相拼。人鬼关头，呼吸间耳！”[6]但是，彭翼仲的无畏举动反倒把美兵镇住，持枪者移开枪口，连连点头，还以一手翘起拇指，以示十分惊诧主人冒死相抗。随后，这群美兵就呼嚷着离开彭宅而去。这一天，入室骚扰的美兵还脱帽置于枪刺，举到耳目失灵的老父面前，极力对其戏弄逗惹。老父摸索其帽，手触其枪，不禁喊道：“来者何人？所持何物？为何无礼！”老人受到惊吓，一个月后即遭大故。[7]

在那战乱的日子里，彭翼仲为了养家糊口，“卖过白面，自己赶车拉过水，扛过麦口袋，还在果子巷摆过挂果摊子。”[8]不论身处何种境况，他总有一种坚毅不屈的硬气。一天晚上，美兵数人闯入他的小店，搜索财物，争抢银元，得逞之后急欲逃跑。彭翼仲急忙把灯灭掉，从他们手中抢夺银元。银元散落于地，他趁黑抓住一个美兵，一手揪其衣服，另一手摸索刀剪，剪下一块衣角。美兵回肘，拳头打中他的左目，趁其痛极之时赶紧溜走。第二天，彭翼仲手执剪下的物证，前往美兵营控告。这番有勇有智的斗争使美兵有所惮虑，此后不敢再肆行妄为地扰害商民，邻近人家都对彭翼仲十分钦佩和感谢。[9]

与入户美兵的生死较量，老父受惊吓后不久即丧命，都在彭翼仲心中留下深刻印记。此后他常说：“庚子之难，终身所不能忘者，此日此事也。”[10]“迩来提倡各公益，不顾自家性命，以开通多数人为己任者，皆此日之耻辱激成者也。”[11]而他在后来的办报过程中之所以能“决不灰心，努力傻干”，也正因为常常想到，“设如庚子年那一枪，轰的一响，早已结果了，死在今日，已比死在庚子年，便宜的多。”[12]

1902年春，堂弟谷孙从上海来北京，彭翼仲与他痛论时局，共谋救国之道。苦思多日，两人作出这样的判断：“国几不国，固由当轴者昏聩无知，亦由人民无教育，不明所以爱国之道。”[13]由此认定开辟教育儿童门径乃是救国实事，于是决定创办面向童蒙的《启蒙画报》。办报的同时，还在报馆里开办一所“蒙养学堂”，自己分出工夫来照管，并亲自授课。这所学堂不开设四书五经之类课程，而是选用上海澄衷学堂的《字课图说》、《地球韵言》、《格致读本》等新式教材，实行男女合班，显现了新的教育精神。

彭翼仲在办《启蒙画报》的过程中逐渐认识到，“由蒙学入手，功效既缓，赔累日久，万难维持”[14]，便于1904年8月创办面向市民大众的白话报纸《京话日报》①。而在《京话日报》比《启蒙画报》更具影响力的情势下，

---

① 此前北京有《京话报》，为黄中慧于光绪二十七年七月二十六日（1901年9月8日）创办，旬出一册，馆址在琉璃厂工艺局。但此报1902年年初即停刊，影响大大不及后出的《京话日报》。彭翼仲的《京话日报》虽标举“京话”，但与黄氏的《京话报》毫无关联。

又于1904年11月创办面向官绅阶层的《中华报》。此后，他便停办《启蒙画报》，专心致志于《京话日报》和《中华报》。

开设报馆需要足够的财力，彭翼仲并没有相应的资本，而他的办报注重于开启民智、拯救危国，不以牟利为目的。于是，他就走上一条困难重重又充满风险的人生道路，办报伊始就身处经费匮乏的窘境。

他筹措经费主要有两条路子：第一条路子是从亲属友朋之处借用或挪用钱款。最初办《启蒙画报》时，从弟彭谷孙予以大力支持。谷孙字子嘉，号及弇，为彭翼仲五伯父彭祖彝之少子，贡生出身，官至二品衔奉天候补道，宣统年间，历充奉天法政学堂督办兼奉天农工商务局总办、云南清理财政正监理官。谷孙曾跟随清廷离京赴陕西，他屡屡致信，嘱咐翼仲将其在京住房代为变卖。翼仲办妥其事之后，征得谷孙同意，将售房所得挪来作为启动办报的基本资金。

与彭翼仲为金兰之交的梁巨川，“深痛国人之愚昧无知，决然以开启民智为急”[15]，始终支持其办报事业，并予以资助。从1902年春创办《启蒙画报》之时起，梁先生就倾其全力予以资助，所作的接应周转，前后达数千金。而梁先生亦不富余，资助的钱或来自于典质，或临时挪用他款，故亦身负其险。梁巨川曾在接济款目的字据上写下这样的批注：“以财助报馆，譬犹拯灾救难，虽立此券，亏失不还，亦所心甘。”[16]“同心救国，何意求偿。”[17]可见他们的志同道合。然而彭先生最后还是偿还了借债，那是在1913年生还北京之后。

第二条路子是将自家钱财投入办报。彭翼仲身陷冤案时曾有这样的表白：“痴心爱国，创报之初，早置身家于度外”。[18]现今已无从了解他为办报投入私财的明细情况，不过，他的一些自述还是反映了种种实情：

“在下整天的瞎忙，因为亏空太重，心里还要着冤枉。”[19]办了两年《启蒙画报》，“赔个罄净，现在还不肯干休，这个心是一辈子不会再死”[20]。“试办两年，赔累不支，妇孺钗衣，典售殆尽。”[21]“我们办了三年报，心血财力，耗得干干净净。”[22]“去年（指1904年）急的没了法子，在《大公报》上登过告白，打算变产充公，要把自己的住房出卖，好弥补这两年的亏空。”[23]“弟忽有急需，待款甚亟。设法筹还后，独立支撑，备尝艰难。售去永光寺街房屋，典质衣物，勉强度岁。”[24]

梁漱溟的记述也反映了彭翼仲办报过程中的窘迫：“自置印机，招募工人，聘日本匠师指教印刷，所费不赀。经年亏累，私财一空，房产折售，寻及妇孺衫饰，垂危复续，其不绝者如缕，以是年腊月暨下年甲辰腊月称最困。”[25]——此谓彭翼仲的办报，在1903年年底至1904年年底之间，最为艰难。

《彭翼仲五十年历史》记载了彭翼仲在甲辰年（光绪三十一年，1904年）岁除之时，因经费窘困不能度过年关，不得不孤注一掷，请求友人凭空抵押以济燃眉之急的情状：

> 岁除之夕，避债无台。家存钻石表，先君一生仅留此物，实不忍轻易变价。向吴幼舲筹商，拟以此为质，暂押数百金，以济眉急。吴君慨允，而此物不存于己手，取之极难。不得已，函乞吴君凭空暂假二百金。一面遣人送信，一面即作殉报之预备。倘吴不应，决计一死，盖有所激而然也。用裁纸刀刻字壁间云：“子子孙孙，莫忘今夕。”吴君交原人带回二百金。此二百金之关系，与庚子年洋兵之枪弹同一生死关头，而性质迥乎不同矣。一仇、一恩，皆终身不忘之纪念也。[26]

彭翼仲身为民间报人，无任何权势背景和财力根基，只能依靠自己力量维持报纸生存，办报之路充满艰险和悲壮。自办《启蒙画报》起，前三年总的状况是经费亏空。但是，他不改其心，在执著坚持办报的过程中，从内容形式到发行销售诸多方面不断调适和改进，使报纸逐渐适应北京社会，拥有越来越多的受众。自1905年起，《京话日报》经营状况逐渐趋好，销售量由最初的一千份，提升至七千来份，随后又提升到一万多份，成为北京报界发行量突破万数的第一种报纸。这样一来，“开启民智”与商业实效并行不悖，“通上下之情”与打通报纸销路得以兼顾，《京话日报》的社会影响迅速扩大。正如梁漱溟所说：“自甲辰以后，先生所为报纸乃渐由困而亨，流布北方各省，大为风气先导。东及奉、黑，西及陕、甘，凡言维新爱国者莫不响应传播。而都下商家百姓于《京话日报》则尤人手一纸，家有其书，虽妇孺无不知有彭先生。”[27]

1905 年以后，彭翼仲的办报逐渐有所赢盈，他欣慰地说：“本馆居然赚了钱了，自己问问自己，搂抱了回家好呢，还是推广公益好哇？今天说破了嘴，也是枉然，诸位望后看就是了。”[28] 在不改初衷地坚持“开启民智”宗旨，把报纸办得更加贴近民众的同时，彭翼仲还投资参与所倡导的各类社会活动，比如积极捐款用于兴办济良所，开展国民捐运动；投入公益事业，如发起民间筹款修理五道庙马路，认捐其中过半数费用，等等。

彭翼仲从拯救危国和开启民智心愿出发，自觉地毁家办报，在独特的人生道路上尝尽百味；他亦因此获得民众的欢迎和拥戴，他的生命在推动社会进步的过程中体现了独特的价值和意义。

正直淡定，笃实热忱

彭翼仲的祖上是文化古城苏州著名的世家望族。近年由苏州地方志编纂委员会编纂的《苏州名门望族》中写道，有清近三百年间，彭氏是吴门第一家书香仕宦人家，为远近所称道。左近街道因其宅第而得名“尚书里”、“彭义里”，又因门前高竖八根旗杆而获名“旗杆里”。[29]

郑逸梅先生在《逸梅杂札》之《吴中彭氏科甲之盛》中指出：

> 清代东南科甲之盛，首推吴中彭氏……总计清代三百年科甲，定求、启丰均由会元而状元，启丰为定求孙，时称祖孙会状……

> 定求族兄宁求，以第三人及第，三鼎甲所缺唯榜眼，余则进士十四名，举人三十一，副榜七，附贡生则一百三十余，可谓盛矣。故宅在葑门十全街，厅事联云："人间文福无双品，昭代科名第一家"。在前清时，其族人每逢喜庆，大都用四扇衔牌，一"武英殿大学士"，二"军机大臣"，三"五子登科"，四"祖孙会状"。人见仪仗，无不知为世家第一之彭氏也。

郑逸梅提到的彭定求是康熙十五年状元，授翰林院修撰，以理学名世；彭宁求是康熙二十一年进士第三人，即探花，授翰林院侍讲；彭启丰是雍正五年状元，官至乾隆朝兵部尚书。定求与其孙启丰均连中会元、状元，二人留下"祖孙状元"佳话。此外，还需提到与彭翼仲亲近的二人：祖父彭蕴章，道光进士，咸丰朝军机大臣上行走，又任文渊阁大学士、武英殿大学士。四伯父彭祖贤，官至光绪朝都察院右副都御使衔湖北巡抚，一度曾署湖广总督。

彭翼仲虽然出身华胄，但生活道路并不顺遂。出世之前，祖父已故。6岁时，生母病逝。11岁时，业已中干的故相国府已不能支撑门面，遂将大宅售出，诸兄弟析居分爨。其父名下所得，不足以购屋，只能赁庑以居。先时，一家人还可得到四伯父祖贤接济，至1885年祖贤病故，家计便日形拮据。像大多数男子一样，彭翼仲自成年以来"即引全家之负担为己任"[30]，为持家度日费心费力。但因无足够本钱，又无固定产业，他的治家只能伺机而行和量力而为，这种磨练使他熟稔了普通老百姓的生存方式。一家人前后迁移数次之后，租住于保安寺街，因手头拮据，欠租达十数月，在房主一再追讨的窘况下，只好竭力凑钱，包括变卖亡妻的陪嫁，将该屋购下。1890年京城连雨数十日，全家张油布、撑雨伞蔽身，不得已又避居于长元吴馆。雨住之后，保安寺街住房倒塌，不能再住，于是只得在醋张胡同租房暂居。适逢有人愿购保安寺房屋，便售出，得六百金。眼见京内破屋甚多，彭翼仲便择而购之，加以修葺，然后予以出售。如此随修随售，有所获利，数年之后，竟有积财。但是，甲午年中日战争起，“京城房屋十室九空，价格一落千丈，此业遂休。”[31] 所得的赢利用于购置住房、购置茔地、扶柩归葬、捐通判衔以及维持家用等，渐渐耗尽。后来，不得不依靠典质来维持家计，“左支右绌，渐与库质相往来。岁时急需，惟有典当一法而已。”[32]

彭翼仲家住京都，偶可得到“印结费”以补家用。清时，凡举人入京会试，以及职官铨选、补职、复官等，均须出具担保证明，以示其身家清白，符合标准，此种证明即为“印结”。“印结”大多出自同乡京官，而求取者依例须付出一定手续费，即所谓“印结费”。就一人而言，印结费不多；但求者众，则可使小数集大。科举应试是苏州一大“特产”，故赴京同乡亦使彭家得到一些补益。[33]

彭翼仲从青年时代起就备尝艰辛，亲身体验市井琐屑和民间疾苦，但他并未形成唯利是图心态，也没有沾染旧场合常有的损人利己习气，而是养成与下层民众亲近的秉性，造就一种真诚实在的为人态度和行事作风。这从他为友人赴怀庆办矿一事，可见一斑：

1894 年春，老表侄徐桐村来京，约请彭翼仲到其矿山处理事务。徐氏原投资上万之数，在河南怀庆开挖煤洞十余处，但分文未获，不得已请彭翼仲前去经营，以望追回本钱。彭翼仲应允此事，到怀庆亲视情况之后，决定投资开掘新矿，以图重振旧业，为此从北京招集股本万余金。但他在参加科举应试之后再到怀庆具体料理，就深感碍难重重，诸如资本不能到位、矿内多水、土法低效、交通不便，等等，于是转持冷静态度，决定不开新矿。但是，股金已汇至开封，仅汇费就付出数百金，可谓事未举而本已亏。于是经人介绍，与当地一富绅约定，将股金转入其矿业，至年底赎利。后来果然得到一些利钱，略以弥补股本损失。此后，彭翼仲以“无论如何，不让各股东受损失”为定准，勉力经营旧矿，有所牟利，两年之后，追回一些损失。临末，尚需清收欠款二千金。彭翼仲便挨门挨户地清收欠款，在这一过程中贴进了私钱约千金，最后还以变毁衣物等法，终于补齐徐氏本钱之数。自己的股金并不多，“事后统计，几几乎若化为乌有焉”，但他毫不声扬，“股东不知，桐村亦不知”。最后总算把徐桐村和各股东的股本如数追回，但是，贴进去的私钱无从收回，只好不了了之。[34]

多年之后，彭翼仲忆及此事时说道，当时承应怀庆办矿，是因为年纪尚轻，不谙世事，至实地才知道困难重重。但是，既已答应下来，就抱定不能失信于人的态度，尽力把事办好。这番经历使他深感：从事实业，首先应有“实在之历练”，此即“欲讲实业，先究实学”。至于办事过程中的默默贴钱，他这样自解：“折耗一己之私囊，保存大家之血本，问心得过，不致无面见人，斯已足告无罪矣。”并谓：“余平生喜吃亏，事皆类此。”[35]在彭翼仲后来的办报和参与社会活动中，与此相类的为人行事态度屡屡再现。

1894年中日甲午战争之后，民族危机日益严重，维新改良派的活动愈显活跃。1895年4月，康有为发动在京应试的一千三百多名举人联名上书光绪皇帝，痛陈民族危亡的严峻局面，提出维新变法主张，这就是著名的“公车上书”。此后，维新派于1895年8月创办《万国公报》（后改名《中外纪闻》），“遍送士夫党人”，以使他们“渐知新法之益”，接受维新改良派的政治主张。维新派于11月中旬成立政治团体“强学会”，参与者主要是维新派人物、帝党官僚、洋务派官僚及其代理人，以及清廷其他派系的文臣武将。彭翼仲身处帝京，亲身感受维新派的活动，与其中人物有所接触。有人便力劝彭翼仲加入强学会。本来他已接受维新派的政治主张，加入这一团体，亦属合宜，但是他却予以拒绝，理由是“自认所学无短长”，自忖不敢加入。[36]强学会是维新派与帝党官僚结合的政治团体，康有为这样解说其成立意图：“中国风气，向来散漫，士夫戒于明世社会之禁（按：明朝禁止士人结社集会），不敢相聚讲求，故转移极难。思开风气，开知识，非合大群不可，且必合大群而后力厚也。”[37]康有为所谓的“大群”，建立在“士夫”即上层官员及士大夫阶层人员之上，并不包括社会下层的广大民众，反映了维新派寄望于社会上层即“眼光向上”的意识。彭翼仲以“所学无短长”而自认为不可加入，显然反映了他与这一政治团体的距离感。虽然彭翼仲并没有留下关于强学会的详尽见解，但是，从他投身报界之后所张扬的平民品性，可以看到，康梁的维新救国与彭翼仲的维新救国，确乎存在“眼光向上”和“眼光向下”的区别。

彭氏家族的为学从仕传统对彭翼仲具有很大影响，他从年轻时代起也把科第立身作为自己的人生目标。他曾七次应顺天乡试，但都未能中举，只在光绪十一年（1885 年）乡试之后，获得“挑取”待遇。清代乡试在正录之后，还从不中者中挑选卷面较好者另榜录取，是谓“挑取”。彭翼仲被“挑取”录为汉誊录官，进入方略馆。方略馆是军机处兼管的官署，主要职能是修纂官修实录文献《方略》和《纪略》。《方略》和《纪略》用以记载历朝军政大事，尤其是历次平定边乱事件的始末。彭翼仲在方略馆的职责是以工整汉字抄录所修纂的史稿。延至光绪二十三年（1897 年），他出资捐得六品等级的通判官衔。“捐官”又叫资选、开纳，捐纳，是以向国家捐资纳粟的方式取得官职，以此得到的往往是标志身份的虚衔。但是彭翼仲因为早年参与校勘、誊写的《平定陕甘新疆回匪方略》、《（平定）云南回匪方略》和《（平定）贵州苗匪方纪略》受到奖励，于是得到“从优议叙”的待遇，被授予通判实职。

清朝的任官制度规定：为了避免营私舞弊，地方官员的任职须通过当堂掣签方能决定。1898 年春，经过掣签，彭翼仲的职务确定为江西通判。正巧此时友人杨允之来京应春试，寄寓于彭宅。杨氏知其秉性，便坦率说道：“翼仲啊，你不是官场材料，走不了宦途，你如就任，定会后悔。不过，既然已经任命，只得前去报到，借此到江西走一趟，看看也无妨。你且相机而行：可当官，就当官；不可当官，就赶紧回旋。”此言甚得翼仲之心，二人便一同出京南行。

在赴南昌的船上，一位姓邱的当地官员得知彭翼仲来赣任职，屡屡表现殷勤态度。见其官帽佩戴的是涅白色六品顶戴，就颇不认可地说：“为什么不佩戴五品官的水晶顶戴？到南昌之后，赶紧去借一个水晶顶戴，佩在官帽上，然后再上衙门。”彭翼仲答道：“我身为候补通判，并无五品之衔，哪能装假，佩五品顶戴？”邱姓者不禁大笑，连声讥讽他“外行”，自以为得计地说道："阁下既然来此地做官，就不可太老实！"

至南昌，主持江西巡抚事务的布政使翁曾桂对彭翼仲甚为亲热。翁氏是彭翼仲的苏州同乡，其父翁同书，其叔同爵、同龢，皆为彭氏世交，其祖翁心存，与彭蕴章同朝同僚。彭翼仲随班谒见之时，翁曾桂再三询问彭氏家事，连老父起居等琐细事情，也一一问及。谒见之后，还挽留翼仲在签押房进餐。这一切引起同僚注意，他们认为彭翼仲必定得势，于是纷纷前来靠拢，寓所门槛几乎踏穿。有人甚至提出这样的请求："押解皇木是江西第一等的好事，您既蒙受厚待，定要获得这份名利兼收的优差，请把我收在您手下，随意调遣……"这样的奉承和巴结并没有使彭翼仲得意，反而激起由衷的厌恶。

不久，翁曾桂回乡奔母丧，之后还要依循礼俗，离职守孝。于是，同僚的礼数衰减，官府的优待中断，彭氏寓所变得"门前冷落车马稀"。面对世态炎凉和人情陡变，彭翼仲深感"官场丑态，实不能堪"，于是滋生弃官不为的念头。恰巧这时京中来信，老父目疾严重，行动不便，日常生活需要家人照顾，兄长星伯公务在身，不能常侍左右。彭翼仲便决定走为上计，请假北归。此次在赣，时间不足三个月，缴照批文均未领，实质上并没有行使通判职务。彭翼仲在后来的自述史中，把这段经历戏称为"短期之宦游"[38]。

一个家族历经长久岁月往往形成自己的品性特征，即所谓"家风"，这种"家风"又作为某种"基因"，延续于后人，这是屡被揭示和证明的一种文化现象。彭翼仲之形成自己的价值观念和情趣兴致，与其先祖的影响不无关系。彭氏在文化繁盛的苏州，一门鼎盛，但是并不借势凌人，也不趋炎附势，往往显现一种淡定、低调的品性。据载，康熙二十五年（1686 年），理学家汤斌调京任皇子讲学，康熙问及江南乡绅，汤举出彭定求叔祖彭行先年高有品行，以及定求之父彭珑杜门讲学，乡里推重之事。[39]其后，康熙南巡到苏州（1705 年），曾要总督举出乡绅中"学问好，家世好，不管闲事者"，总督宋荦以彭定求为对，康熙为此特赐御书。[40]

彭定求为翰林院修撰，历官国子监司业、翰林院侍讲、充日讲起居注官。

但他44岁时便请辞回乡，在苏州从事文化活动，修建学宫和纪念性祠宇，教育生徒，刊刻先世及乡贤遗书。彭定求一生特立独行，不事奔竞，不趋时随俗。他曾在为自己身后亲撰的《生圹志》中，语重心长地告诫子孙，望万勿趋炎附势："一切干宠希荣之习，我已视之若浼，无蹈之也。"[41]

彭启丰年仅27岁便中状元，授翰林院修撰，召入南书房行走，屡经提拔而为兵部尚书。但他为人"深自谦抑，行事谨慎，绝没有一般暴发户的跋扈之态"[42]。他作为出身于大家世族的人，受家风的熏陶，"故而不易受外界诱惑，常常能坚持独立的人格与操守，不趋炎附势，进退从容，不斤斤计较于一进的得失。"[43]

彭蕴章居官四十余年，其中担任朝廷重臣十余年，但是苏州本籍的住所还是明朝所建的老房子，未增片椽。他身为京官，都是租赁房屋居住，只有小麻线胡同的住宅是以半购半赠方式从军机大臣祁寯藻手中得来。清廷自雍正朝起，帝王都以海淀、圆明园为城外离宫，在此听政。诸多王公、部院大臣皆就近在海淀一带设居址或别墅，以便履职。彭蕴章为领班军机大臣，更须如此。但他无财力购房，只得在淀园赁庑以居。[44]

彭翼仲之父杜高公少患耳疾，在仕途上浅尝辄止，"不解钻营为何事"。常日研究医理自娱，"淡泊如寒素，每出门，恒安步当车，人不识为贵介第"，"怡淡名利，实根于先大人之遗传性"[45]。

总而言之，大家族的固有品性，世家子弟的清远情怀，仕途经济、致君尧舜的传统心态，与时局变迁、家境中落、度日愈艰、科名蹭蹬交织在一起，使彭翼仲在国运窘迫中经受了磨练，造就了自己的人生态度，并在经受生死考验之后愤然作出投身报界和参与社会运动的人生选择。彭翼仲在为人行事中讲求信用，注重然诺，坚韧从事，不计得失，这一品性使他与人亲近和睦，获得良好口碑。他后来回忆道，自己的办报沽誉，壮游万里，随地欢迎，乃是得力于早年的艰难竭蹶，"几经变迁，始造成此一种特别人格，而不致为社会可有可无之淘汰品。"[46]彭翼仲在办报和倡导社会运动中自觉履行有益于社会的职责，秉守服从公理、不徇私情的良知，怀抱适应民众、服务民众的情感态度，显现了一种真性情。后文将在多处揭示其真性情。

《启蒙画报》和《中华报》简介

由于本书考察和研究的对象是《京话日报》，为了全面反映彭翼仲的报业活动，现对其所办三种报纸中的《启蒙画报》和《中华报》，简要介绍于下。

《启蒙画报》

《启蒙画报》创办于1902年6月23日，终刊于1904年年底。自创办以来，经历了日出一刊、月出一册和月出两册(即每月晦日出上半册，朔日出下半册)三种刊式。日刊阶段积至足月，由报馆加工制作合订本。前后累计所出，为：日刊刊式自创刊号至1903年2月18日的第181号，其合订本共计7册；月出一册刊式自1903年3月28日至1903年7月24日，共计5册；月出两册(实即所谓"上半册"、"下半册")刊式自1903年9月21日至终刊，共计20册。三种刊式合计共32册。现今国内图书馆所存不为全璧，尚有一些缺数。[47]

《启蒙画报》创刊时，在《〈启蒙画报〉缘起》中指出："将欲合我中国千五百州县后进英才之群力，辟世界新机。特于蒙学为起点，而发其凡……孩提脑力，当以图说为入学阶梯，而理显词明，庶能受博物多闻之益。""本报浅说，均用官话，久阅此报，或期风气转移。"[48]

《启蒙画报》意在传播新知、启迪童蒙，以浅显易懂、生动活泼的白话语言和图绘形象相结合，既传播数学、物理、化学、动物学、植物学、医学、天文学等近代科学知识，又讲说中外史地、民情风俗、中外重要人物，还刊登寓言故事、智力故事以及小说等文学类作品，有时还报道国内外时闻信息。《启蒙画报》向童蒙打开了认识新物新理、新知新识的窗口，开辟了接受国门内外各种信息的通道，可谓别开生面。饶有兴趣者和受益者不限于儿童，许多成年人也乐于阅读。

《启蒙画报》除了面向北京，还发行至京外，北至锦州、奉天，东至上海、杭州、南京、苏州，南至福州、厦门、广州、汕头，西至成都、重庆，此外还包括天津、保定、山东、山西、陕西、开封、武昌、江西等地，都设有派售所，可见传播甚广。

（渴鴉填石）

倫理

一個渴老鴉 張著大嘴 到處找水 忽見一個水缸 喜歡的了不得 趕忙飛到缸邊 看了一看 只有少半缸水 伸伸嘴喝不著 要把缸弄倒了 又沒那麼大勁兒 呆了半晌 情急計生 陡然想起一個法子來 缸旁有許多石頭子 就一塊兒一塊兒的叼起來 放在缸裏頭 缸裏的水 慢慢的漲起來了 一直的漲到缸邊 他喝了一頓 到底沒有乾死 凡辦一事 到了力量竭蹶的時候 堅忍耐過 最有功效 俗語說 吃得苦中苦 方爲人上人 智慧生於患難 就怕不用心也

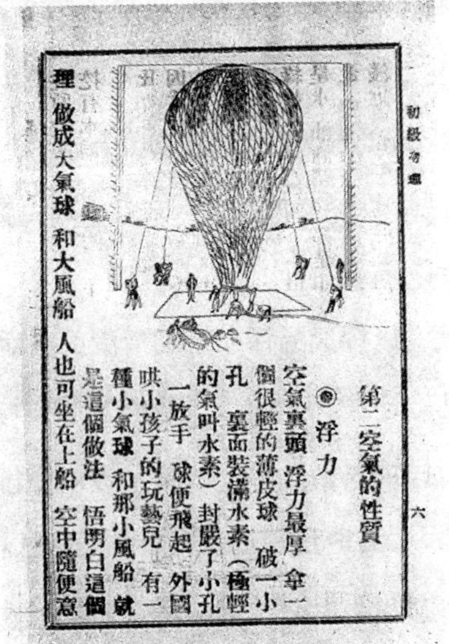
初級物理

第二 空氣的性質

◉浮力

空氣裏頭 浮力最厚 拿一個很輕的薄皮球 破一小孔 裏面裝滿水素（極輕的氣叫水素） 封嚴了小孔 一放手 球便飛起 外國哄小孩子的玩藝兒 有一種小氣球 和那小風船 就是這個做法 悟明白這個理 做成大氣球 和大風船 人也可坐在上船 空中隨便意

六

◉京外各埠派售本報處◉

北京 保定 天津 山東 山西 南京 蘇州 常州 上海 杭州 揚州 江西 福州 厦門 成都 重慶 武昌 開封 衛輝 陝西 廣州 汕頭 奉天 錦州

《启蒙画报》报样

一些亲身读到《启蒙画报》的文化人物，对这份画报留下了深刻印象。郭沫若说：

> 庚子之变，资本帝国主义的狂涛冲破了封建的老大帝国的万里长城。……一直到癸卯年实行废科举而建学校的时候，这个变革才一直到达了它应该到达的地方。……新学的书籍就由大哥的采集，像洪水一样，由成都流到我们家塾里来。……什么《启蒙画报》、《经国美谈》、《新小说》、《浙江潮》等书报差不多是源源不绝地寄来，这是我们课外的书籍。这些书籍里面，《启蒙画报》一种对于我尤有莫大的影响……二十四开的书型，封面是红色中露出白色的梅花。文字异常浅显，每句之下空一字，绝对没有念不断句读的忧虑。每段记事都有插图，是一种简单的线画，我用纸摹着它画了许多下来，贴在我睡的床头墙壁上，有时候涂以各种颜色。
>
> 这部《启蒙画报》的编述，我到现在还深深地纪念着它。近来中国也出了一些儿童杂志一类的刊物，但我总觉得太无趣味了，一点也引不起读者的精神……以儿童为对象的刊物很重要而且很不容易办好，可惜中国人太不留意了。[49]

萨空了先生抗日战争中曾困留香港，担任中国民主政团同盟机关报《光明报》的经理。他在回忆童年生活时，想起了彭翼仲的《启蒙画报》：

> 《启蒙画报》合订本，在我七八岁时，曾是我最喜欢的读物，这个画报灌输了许多科学知识给我，象瓦特因为水沸发明蒸汽机，世界人种的分类，五大洲的形状，我都是由该画报而知道的。……《启蒙画报》，在北方是一个中国画报史中值得大书特书的画报。[50]

梁漱溟是依靠自学而卓有成就的著名学者和社会活动家，他一直认为，少年时代的自学最得力于报纸杂志。他说：

> 我的自学，作始于小学时代。奇怪的是，在那样新文化初开荒的时候，已有人为我准备了很好的课外读物。这是一种《启蒙画报》和一种《京话日报》，创办人是我的一位父执，而且是对于我关系深切的一位父执。[51]
>
> 它给了我们许多自然界现象的科学说明，获得一些常识而免于糊涂迷信。它原是给十岁上下儿童们看的，却是成年人看了依然有味……它行文之间，往往在人的精神志趣上能有所启发鼓舞，我觉得好象它一直影响我到后来。[52]

《中华报》

前辈学人因不能得见《中华报》原件，无从进行相关研究，深以为憾。如梁漱溟曾说，北京图书馆（即国家图书馆）“没有此报存本，大约现在无可寻觅的了。”[53]姜纬堂曾说，“这份报纸的实物不似《启蒙画报》、《京话日报》之今尚得见，故后世论者无从知其详情。”[54]大多中国新闻史教材中均不见关于《中华报》的详尽表述。但是笔者经青年学者杨早指点曾在北京大学图书馆阅到《中华报》，该馆的收藏包括了《中华报》的绝大部分，缺失部分仅在少数。笔者曾以《中华报》原件为依据，撰成《清末的〈中华报〉》一文，简述其概貌、内容及特色，作为向第四届世界华文传媒与华夏文明传播国际学术研讨会提交的论文[55]。

《中华报》创刊于1904年12月7日（光绪三十年十一月初一日），日出一期，以册为单位，其形制经历过三次变化：自创刊之日至第179册（乙巳年五月初九日，1905年6月11日），版面为32开，每册16页，每册约11000字。自第180册至第400册，在原版面基础上，每期增加2页，为18

本報大減價

大清光緒三十一年二月初三日

中華報

第八十四冊

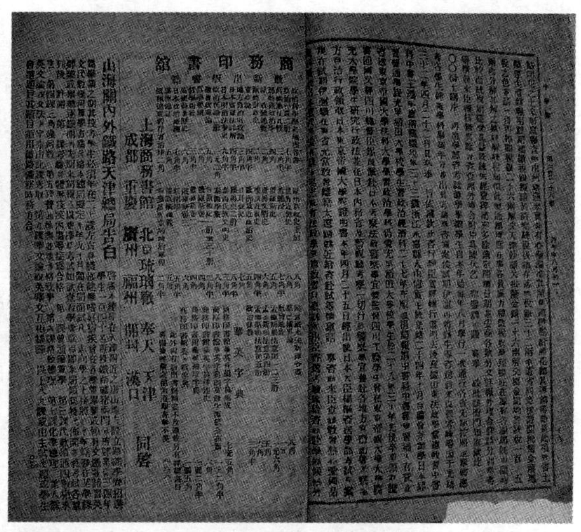

商務印書館

山海關內外鐵路天津總局告白

上海商務書館　北京琉璃廠　奉天　天津　成都　重慶　廣州　福州　開封　漢口　同啓

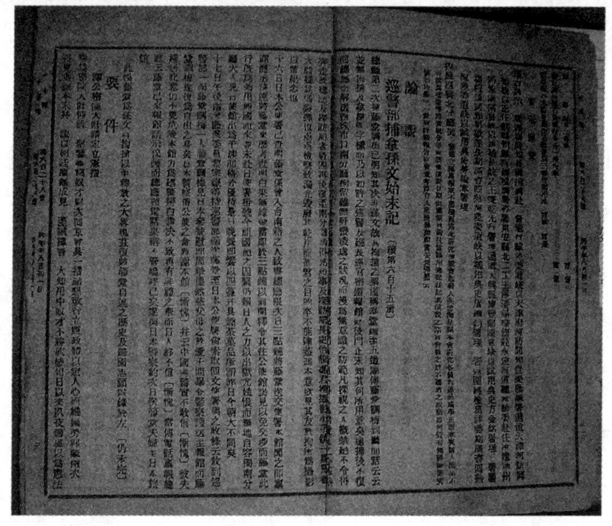

論說

巡警部捕拿孫文始末記

要件

《中华报》报样

页，每册约为 12000 字。自第 401 册起，版面扩大为 16 开，每册均为 16 页，每册共约 12600 字。《中华报》现有存报的最后一期是 1906 年 9 月 28 日的第 638 册，次日即发生查封报馆、逮捕报人的“彭翼仲案”。

《中华报》既面向本京，也在外地发行，与《启蒙画报》和《京话日报》相同，京外各地的派售所，均办理三报出售业务。

《中华报》自称：“本报发起人为长洲彭诒孙翼仲、海宁杭慎修辛斋，并无外人资本，亦不借他国保护。因慨报界之风潮冲突，非借庇外人竟难存立，以致我中华自有之言论权，亦复为渊鱼丛雀，授柄外人。愁焉心伤，不能自已。爰不自揣窃愿，牺牲一己，为报界存固有之权，成败利钝，匪所计焉。”[56]“本报定名中华，代表我四万万民族之言论思想，发挥我四千年社会之精神。俗尚革故鼎新，去恶从善，将为改革社会之基础。”[57]

彭翼仲还指出：创办《中华报》，实在是因为看破了托庇于外人的报纸，为虎作伥，令人寒心。“因牺牲一己，标明‘华商’字样，以期挽回我言论权。”[58]“是时，北京报馆仅三家，日商《顺天日报》，德商《北京报》，唯《中华报》不挂洋旗”。[59]

彭翼仲对《中华报》作“开官智”的定位，反映了这样的思考：

第一，报章是国民共有的耳目喉舌，国家照影的镜子，民间照亮的灯笼。但是，北京虽为“中央枢府所在”，已有的报纸“竟无一可备政界机关之用”，至如邸报和阁抄，还不具备现代报纸性质。因此，创办《中华报》，以“宣上德，抒下情”为使命，承担“蹈大道，持公理，不畏强御，不侮寡弱”的责任，完成“陆乎向导，水乎引港，夜乎秉烛，瞽乎相嗟”的天职，以期在国家浊滞和危难之时，使各级官员和上层人士懂得“激扬清浊，彰瘅善恶，惟重公德”。[60]

第二，我中国朝廷和百姓，隔成两截，“隔在中间的是什么呢，就是大大小小的这许多官。官借着朝廷的势力，压制百姓，作福作威，朝廷哪里知道？”“那些属下官员，只图巴结差使，升官发财，只要弄得了钱，还管什么民命。”“只因处处有隔截的地方，凭你有多大的苦楚，多大的冤枉，上边总不能知道，所以做官的，便肆无忌惮。只有这报纸，最能打通隔截，把民间的疾苦，上达朝廷，把朝廷的德意，宣布民间，叫上下联成一气，真是有益于国，有利于民。”[61]

彭翼仲创办《中华报》还由一个直接原因促成：1904年秋，报馆需要扩大印刷力量，适有广东人朱淇要办《北京报》，来与彭翼仲商量，意欲委托彭之报馆为其代印报纸。为了成全朱氏之事和满足本馆的印刷需要，彭氏便决定增加机器设备和加雇工人。但与朱氏签订合同之后才知道，此人具有“德商”背景，于是大不投契，合作仅40天之后便毁约分手。但是，机器设备和签订常年合同的技工已从天津到达北京，不能退回。彭翼仲就同杭辛斋商定，趁此增办《中华报》，由杭氏担当主笔。

《中华报》采用文言体例，与此前的《启蒙画报》和《京话日报》形成鲜明区别。论者指出：“那个阶段的白话提倡者们多半手执两套语言：为了让民众看懂而写白话；而对于大众以外的人仍然使用文言。一个有趣的例子，就是这个办‘开通民智’的《京话日报》的彭翼仲，另外为‘开通官智’办了一份报纸叫《中华报》，用的就全部是文言了。”[62]这一解说可谓深知底里。

《中华报》作为时政报纸，设置了宫门抄、上谕、奏议、阁抄、论说、批评、学术、译稿、来稿、来函、时政要闻、中央新闻、外省新闻、电报、新闻辨正、调查、专件、选报、译报、附件、广告等栏目，内容涉及与国家、民族与民生紧密相关的政治、经济、军事、文化、教育诸多方面，主要有以下内容：

第一，申说国家民族的严峻危机，呼唤各界人士警醒和奋争。

第二，阐述君主立宪的国家体制观念，宣扬立宪救国思想。

第三，通告全球各类资讯，使国人获得大量域外信息，开启一个与世界连通的窗口。

第四，通告国内各类信息，其中有大量宏观性信息和趋势性资料，借以反映中国国情和当下局势。

第五，披露官员腐败荒淫劣迹，剖析其成因，揭露中国吏制之弊。

第六，与《京话日报》密切配合，推进当时的文化启蒙运动和维新救国运动。

《中华报》的表达方式也与《启蒙画报》和《京话日报》有明显区别，

其特色主要在于：

第一，偏重于“形而上”的理性阐述，常常采用归纳、演绎等论理方式。

第二，在广泛报道国内外信息的基础上，注重从历史视角和国际视野出发研究问题和阐述事理。

第三，对解决中国问题，提出自己的诸多政见。

《中华报》既已问世，彭翼仲就在北京社会构建了开童智、开民智和开官智的三个舆论通道。梁漱溟指出：“始二报主喻俗，此主论政。始以白话，此以文言。”[63]在彭翼仲创办的三种报纸中，如果说《启蒙画报》和《京话日报》体现了一种“俗”的风格，那么，《中华报》则体现了一种“雅”的风格。三种报纸反映了彭翼仲报业活动的丰富内容和多样品味。

1　大佛寺，本名普德寺，因供奉大佛而俗称大佛寺，在今美术馆后街西首路北。

2　管翼贤：《北京报纸小史》第五节《报界故事》，第299页。

3　傅国涌：《笔底波澜——百年中国言论史的一种读法》，广西师范大学出版社，2006年5月第1版，第60页。

4　《彭翼仲五十年历史》之《庚子之难及七月二十五日之纪念》，《爱国报人 维新志士彭翼仲》第109页。

5　《彭翼仲五十年历史》之《庚子之难及七月二十五日之纪念》，《爱国报人 维新志士彭翼仲》第110页。

6　《彭翼仲五十年历史》之《庚子之难及七月二十五日之纪念》，《爱国报人 维新志士彭翼仲》第109～110页。

7　本节所述之事，见《彭翼仲五十年历史》之《庚子之难及七月二十五日之纪念》，《爱国报人 维新志士彭翼仲》第109～110页。

8　附件《诉委屈》，《京话日报》第205号，1905年3月16日。

9　事见《彭翼仲五十年历史》之《权宜之生活》，《爱国报人 维新志士彭翼仲》第111页。

10　《彭翼仲五十年历史》之《庚子之难及七月二十五日之纪念》，《爱国报人 维新志士彭翼仲》第110页。

11　《预备立宪修改法律时代之纪念》之《亲供》，载《彭翼仲五十年历史》，见《爱国报人 维新志士彭翼仲》第189页。

12　演说《本报经理人的愿心》，《京话日报》第125号，1904年12月18日。

13　《彭翼仲五十年历史》之《投身报界》，《爱国报人 维新志士彭翼仲》第111页。

14　《彭翼仲五十年历史》之《投身报界》，《爱国报人 维新志士彭翼仲》第114页。

15　《桂林梁先生遗书》，载《梁漱溟全集》第一卷第574～575页。

16　梁巨川资助彭翼仲办报，事见《桂林梁先生遗书》，载《梁漱溟全集》第一卷第575～577页。

17　梁漱溟：《记彭翼仲先生——清末爱国维新运动一个极有力人物》。

18　《预备立宪修改法律时代之纪念》之《亲供》，载《彭翼仲五十年历史》，见《爱国报人 维新志士彭翼仲》第 193 页。

19　彭翼仲对一件来函的回复，《京话日报》第 258 号，1905 年 5 月 8 日。

20　演说《本报经理人的愿心》，《京话日报》第 124 号，1904 年 12 月 17 日。

21　《预备立宪修改法律时代之纪念》之《亲供》，载《彭翼仲五十年历史》。见《爱国报人 维新志士彭翼仲》第 190 页。

22　演说《痛快》，《京话日报》第 474 号，1905 年 12 月 12 日。

23　《看报的同志台鉴》，《京话日报》第 253 号，1905 年 5 月 3 日。

24　《彭翼仲五十年历史》之《投身报界》，《爱国报人 维新志士彭翼仲》第 114 页。

25　《桂林梁先生遗书》之《年谱》，《梁漱溟全集》第一卷第 576、577 页。

26　《彭翼仲五十年历史》之《投身报界》，《爱国报人 维新志士彭翼仲》第 114 页。

27　《桂林梁先生遗书》之《年谱》，《梁漱溟全集》第一卷第 578 页。

28　演说《放纸加价》，《京话日报》第 342 号，1905 年 8 月 1 日。

29　参阅张学群：《源自赣江的苏州彭氏》，载《苏州名门望族》，广陵书社，2006 年第 1 版。

30　《彭翼仲五十年历史》之《续娶得贤》，《爱国报人 维新志士彭翼仲》第 97 页。

31　《彭翼仲五十年历史》之《雨灾后之苦恼及转机》，《爱国报人 维新志士彭翼仲》第 89 页。

32　《彭翼仲五十年历史》之《遗传性及家计》，《爱国报人 维新志士彭翼仲》第 84 页。

33　见《彭翼仲五十年历史》之《遗传性及家计》，《爱国报人 维新志士彭翼仲》第 84 页。

34　本节所述彭翼仲赴怀庆为徐桐村办理矿务之事，见《彭翼仲五十年历史》之《怀庆之行》，《爱国报人 维新志士彭翼仲》第 98 ~ 100 页。

35　均见《彭翼仲五十年历史》之《怀庆之行》，《爱国报人 维新志士彭翼仲》第 98 ~ 100 页。

36　彭氏自言：“当强学会之盛也，举国若狂。群以得见康、梁为至荣。有人怂恿余入会。自顾所学无短长，殊惭恧而不敢往。”见《彭翼仲五十年历史》之《政变之旁观》，《爱国报人 维新志士彭翼仲》第 102 页。

37　康有为:《康南海自编年谱》,收入中国史学会主编《中国近代史资料丛刊·戊戌变法》第 4 册，神州国光社，1953 年，第 133 页。

38　本节所述彭翼仲赴南昌官场之事，见《彭翼仲五十年历史》之《江西之行》和《短期之宦游》，见《爱国报人 维新志士彭翼仲》第 103 ~ 104 页、第 107 ~ 108 页。

39　杨向奎：《清儒学案新编（三）》，齐鲁书社，1994 年 3 月第 1 版，第 477 页。

40　杨向奎：《清儒学案新编（三）》，齐鲁书社，1994 年 3 月第 1 版，第 477 页。

41　彭定求：《自撰生圹志》，《南畇文稿》卷九，见《长洲彭氏家集》刻本，国家图书馆北海分馆藏。

42　朱焱炜：《明清苏州状元文学研究》，第 122 ~ 123 页，复旦大学博士学位论文，2004 年。

43　朱焱炜：《明清苏州状元文学研究》，第 123 页，复旦大学博士学位论文，2004 年。

44　彭蕴章事均见金安清《彭文敬公传略》，载《彭翼仲五十年历史》之《先德》，《爱国报人 维新志士彭翼仲》第 56 ~ 61 页。

45　《彭翼仲五十年历史》之《遗传性及家计》，《爱国报人 维新志士彭翼仲》第 84 页。

46　《彭翼仲五十年历史》之《夫妇一生之关系》，《爱国报人 维新志士彭翼仲》第 94 页。

47 详见姜纬堂《〈启蒙画报〉五考》。

48 见《启蒙画报》创刊号上的《启蒙画报缘起》，转引自《辛亥革命时期期刊介绍》（人民出版社，1982年7月第1版）中的《启蒙画报》（彭永祥撰写）。

49 郭沫若《我的童年》，《郭沫若选集》第一卷，第35～36页，四川文艺出版社，1994年6月第2版。

50 萨空了，蒙古族人，1907年3月生，著名新闻出版家，曾任国家新闻总署副署长、出版总署副署长等职，曾任《光明日报》、《民族画报》、《人民政协报》总编辑。这些话均引自他的《香港沦陷日记》，三联书店1985年版。

51 梁漱溟《我的自学小史》，载《忆往谈旧录》，中国文史出版社，1987年2月第1版，第7页。

52 梁漱溟《记彭翼仲先生》，载《忆往谈旧录》，中国文史出版社，1987年2月第1版，第52页。

53 梁漱溟《记彭翼仲先生》，载《忆往谈旧录》，中国文史出版社，1987年2月第1版，第53页。

54 姜纬堂：《爱国报人维新志士彭翼仲》，此语见《新闻春秋》第八辑（2004年3月）第41页。

55 彭望苏：《清末的〈中华报〉》，第四届世界华文传媒与华夏文明传播国际学术研讨会（2005年，香港中文大学）论文集。

56 《中华报例言》，载《中华报》创刊号，1904年12月7日。

57 《中华报例言》，载《中华报》创刊号，1904年12月7日。

58 《彭翼仲五十年历史》之《预备立宪修改法律时代之纪念》之《亲供》，《爱国报人 维新志士彭翼仲》第190页。

59 《彭翼仲五十年历史》之《某君与藤堂条梅》，《爱国报人 维新志士彭翼仲》第119页。

60 以上均引自《中华报发刊词》，《中华报》第1、2册，1904年12月7日、8日。

61 以上均引自演说《说中华报》，《京话日报》第115、116号，1904年12月8日、9日。

62 吴福辉：《五四白话之前的多元准备》，《中国现代文学研究丛刊》2006年第1期。

63 梁焕鼐、梁焕鼎：《桂林梁先生遗书》，载《梁漱溟全集》第一卷第578页。

第二章　晚清北京第一报案——“彭翼仲案”

1906 年 9 月 29 日，清廷掌权者悍然制造京城首例查封报馆、迫害主笔的报案——“彭翼仲案”。

彭翼仲被判发配新疆。数千民众为他送行，街头出现感人至深的情景。

边陲新疆，数年之中，彭翼仲饱经磨难。

辛亥事起，清廷倾覆，彭翼仲生还京门，重新出版《京话日报》。

1913 年，梅兰芳创演时装新戏《孽海波澜》，表现了《京话日报》解救妓女的实事，戏中出现彭翼仲形象。

“亡国为奴，不如身投大海”，1918 年 5 月，彭翼仲不甘苟且于浊世，断然决计蹈海自尽。在日本求学的青年周恩来在日记中记下这件事，记录了彭翼仲的绝命诗，并表达了深挚的敬意。

因人阻而得救的彭翼仲继续撑持《京话日报》。

彭翼仲和《京话日报》获得良好口碑，留下了深刻的人心印记。

猝被封禁，远放新疆

彭翼仲的报纸秉持正义，对社会上邪恶势力的种种丑行予以揭露和批判，表达了广大民众的不平和愤懑，赢得了他们的信任和欢迎。但是，报纸的强项敢言也引起掌权者及各种黑暗势力的恼怒和嫉恨。《京话日报》创办两年以来，收到的威胁、恐吓信件，“装在一个布口袋里，秤了秤足有二斤”[1]。而《中华报》既以“开官智”为宗旨，把披露实情、阐发政见和提出社会改革主张作为首务，这样的直接介入就势必触及官场内幕和时局焦点，导致与统治集团矛盾冲突的发生。

清廷掌权者曾施展收买计策，以图禁绝《中华报》言论。1906年春，探访局队长史云多次来到报馆，向彭翼仲、杭辛斋提出，已禀明巡警部尚书徐世昌、侍郎赵秉钧两位大员，只要《中华报》承诺“成为巡警部之机关”，每月就可领到巡警部发给的津贴二百元，此外还有诸多好处。彭、杭对此断然拒绝，明确表示：“我本华商，为我政府机关，名誉无损，但权限宜分明，不能强我以所难。”[2]

1906年8月9月之间，清廷高层当权者依据莫须有的情报，断定革命党首领孙文入住彭翼仲的报馆，于是出动大量警力，前来抓捕清政府重赏缉拿的孙文。事发之前，彭翼仲和杭辛斋即获知有关信息，在《中华报》上披露了北洋军政集团派驻东京的侦探发来的情报：“革命党渠魁孙文和一日本民女潜入北京，初住长巷七条，现又迁至五道庙报馆，与杭辛斋勾结往来。”[3]报上指出，这一情报是自有侦探以来所鲜有的“凭空出奇”的无稽之谈，足可作为五洲万国撰写侦探小说者的“无量价值之新资料”，辛辣地指斥它反映了清廷掌权者的色厉内荏和过敏心理。[4]但是，子虚乌有的情报竟然生事：先是北京探访局派兵在五道庙报馆门前日夜逻守，以防孙文逃逸；接着，京城巡警总厅派出巡警多人前来报馆捕人，弄得沸沸扬扬，满城风雨；最后，有关当事人报请日本公使馆出面，此事才得以平息。

事情是这样的：一位名叫任文毅的中国人，本是北京汉军旗人，幼年随义父离京，辗转而至台湾，因善操京语，受聘到日本京都华文学校讲习汉语。任氏入住日本之后，娶日妇而入赘，依日俗承嗣，得名藤堂调梅。他从日本人在日俄战争取胜后的狂热欢呼中受到极大刺激，深为中国东三省的苦难痛心，对中国的前景担忧，于是决意不做日本人，带领妻子返回中国。回国以后，行经上海和天津，都不到日本领事署登记。到京，经朋友介绍，住进彭翼仲的报馆。藤堂调梅在与彭翼仲、杭辛斋的交谈中表达了眷爱祖国的热忱，于是三人成为知心朋友。但是，巡警部的探访局却认定藤堂调梅就是孙文，便于1906年9月2日夜晚9时，动用众多巡警，持枪佩剑，到五道庙报馆将其捕去。当时，藤堂赤足短衣，警兵不容他添加衣着，“如赴菜市口斩犯之状”，将他两臂把持，送至巡警总厅。藤堂连问被抓的理由，厅丞都无言以对，最后执行者只得答道：“不知，不知……奉上官之命。”[5]

抓捕之时，彭翼仲与杭辛斋在外会客，不在报馆，闻讯后急忙赶到警厅，索要逮捕证和索知逮捕理由，警方皆无可出具，于是二人坚决要求放人。经三小时后，警方只得同意彭、杭将藤堂带回报馆。但是，次日巡警部又派人到报馆再行抓捕，称：“奉堂谕传藤堂调梅至厅问话。”但是，这一“问话”非同寻常，数十名擎枪露刃的巡兵包围报馆，腰间挂刀的警官数人逡巡于报馆门前，俨如面临大敌。随后，在多人簇拥下，藤堂被送至南城外巡警总厅，接着被解往西珠市口南分厅，在那里拘留三日。三日之内，严禁任何人到拘所探看。

9月4日，藤堂调梅的日籍夫人求诉于日本公使馆，随后公使出面交涉，以藤堂调梅为日本人之由，限定巡警总厅于次日下午3时前将其送交日本公使馆。5日，南分厅只得派人把藤堂调梅送交日方，随后，日方将其送至彭翼仲、杭辛斋的报馆，此事至此终得了结。

任文毅回到报馆，第一句话就是：“今而后知中华人之不易作矣！”[6]第二天，《京话日报》以大号字刊出饱含愤懑的文字：

> 巡警部拿获的孙文已经释放。本可自了，而竟作成了国际交涉。哭！哭！[7]

巡警部设层层陷阱，制造沸沸扬扬的“孙文到京”闹剧，大动干戈地到五道庙报馆“抓捕孙文”，这是因深恨革命党人而大乱京城的野蛮行径。彭翼仲和杭辛斋在这一事件中强力相争，不畏不屈地维护正义，表现了刚勇的斗志和坚毅的锐气。他们痛斥当局者蔑视人权、侵犯人权和践踏人权，与其标榜的“建立立宪政体”大相径庭，使国人大失所望；痛惜任文毅身为中国人，抱一腔热忱归来以求救国，反被中国当轴者抓捕和囚禁，几罹杀身之祸，使海外爱国者莫不寒心；痛悲我堂堂中国，既不保护中国人，也不准中国人救助中国人，竟至造成中国人须作为外国人，由外方出面，才能获得人身权利。

彭、杭还从这一事件的过程中看到当权者对其报馆的仇恨，由此预感到报馆可能遭受迫害。他们指出：巡警总厅现既指藤堂为孙文，并诬杭辛斋与之勾结，不正可指杭辛斋为孙文，而与彭翼仲勾结？进一步不正可指彭、杭均为孙文，而将其一网打尽？因此，“余二人此次之与巡警相冲突，实为国民与政府分明权限之第一次大纪念”[8]，“苟不幸而遭毒手，凡阅吾报者尚知余二人致死之由”[9]。

《中华报》和《京话日报》关于藤堂调梅事件的报道和不屈斗争，揭露了高层统治者畏惧革命党的卑劣心理，抨击了他们践踏国民人身权利的行径，将其标榜的“预备立宪”和“文明新政”的实质大白于天下。在1913年出版的《彭翼仲五十年历史（上编）》中，收有彭翼仲、杭辛斋等与藤堂调梅夫妇的合影，照片左边题有“丙午秋日救活藤堂调梅纪念”，右边题有“结怨警界之原因”，由此可见，彭、杭二人十分明白，“彭翼仲案”的发生，与此次冲突同清廷警方的积怨，有着密切关系。

1906年8、9月间，彭翼仲、杭辛斋在维护藤堂调梅人身权利的同时，还在《中华报》上连续报道保皇党人吴道明、范履祥被捕和被处死的消息，进一步激化了与清廷高层当权者的矛盾。吴道明、范履祥案件是清末重要的政治事件，史称“梁铁君案”。吴道明，真名梁铁君，又名梁纬卿。范履祥，真名范羲谋。1904年至1906年间，流亡日本的康有为、梁启超派出以梁铁君为

藤堂调梅事件之后合影（后排中为藤堂调梅，右一为彭翼仲，左一为杭辛斋）

首的秘密集团潜入北京，让他们设法与光绪帝联系，并寻机暗杀慈禧。梁氏设照相馆于灯市口，以照相为掩护，交结太监，以此接近光绪帝。但在清廷出现预备立宪局面之后，梁铁君便向康、梁提出放弃暗杀方针的建议。恰在此时，九门提督将其侦破，即行逮捕，又在搜查照相馆时发现外城西分厅第四警区警官范履祥为其同党，亦一并逮捕。主政的庆亲王奕劻和军机大臣兼九门提督那桐，一面饬知袁世凯赴天津秘密处理此事，一面命令外城警厅厅丞朱启钤将梁、范二人秘密押至天津。随后，袁世凯以极快速度将二人秘密杀害。[①]

“梁铁君案”发生之后，京津各报畏惧朝廷，噤口不敢言。《中华报》

① 谨按：梁、范二人受命于康有为、梁启超，欲刺杀慈禧。但是，由于中国传统政治伦理因素，康、梁对刺杀慈禧一事，未能尽述真相，《梁启超年谱长编》和《南海康先生年谱续编》中都道及康、梁有暗杀太后之举，但所言不详，甚而有一些不实的表述。另外，清廷在捕获梁、范二人后，以极其快速秘密处死，同时封锁信息，掩盖事实真相，也使这个案件的诸多史实既不为当时社会了解，也难为后世知晓。至今，较系统地揭示此案的有：章士钊的《吴道明案始末》，全国政协文史资料研究会编《文史资料选辑》第十八辑；李永胜的《戊戌后康梁谋刺慈禧太后新考——以梁铁君案为中心》，《北京大学学报》哲社版，2001 年第 4 期。

自第600册（1906年8月21日）起，连续披露吴道明、范履祥被捕及被处死消息，其中最重要的是新闻报道《保皇党之结果》。《中华报》访员从天津发来稿件，文后加上“事关重大，不负责任”的附注。彭翼仲从杭辛斋手中接过此稿，阅后深感兹事重大，立即派专人赴天津调查核实。五日之后，专人返回，称该稿不虚不误。于是，彭翼仲便决定刊登此稿，这就是赫然出现于《中华报》第631册（1906年9月21日）的独家新闻《保皇党之结果》。这篇新闻稿披露了吴、范被押与袁世凯亲自审讯并将二人处死的实情，将清廷“预备立宪”中的政治丑行大白于天下。彭翼仲明知刊登此稿必将引祸及身，但出于严守事实真相的新闻态度，义无反顾地予以刊登：“盖当时已奉‘预备立宪’之明诏，乃复有此暧昧杀人之事。立宪希望，岂非虚语？宁牺牲报馆之营业，以杜绝其将来，维持人道，即所以维持政体也。”[10]

后来，在《保皇党之结果》刊登后的第八天，即1906年9月29日，巡警部悍然作出逮捕报人、查封报纸的决定。其堂谕称：“《中华报》妄论朝政，捏造谣言，附和匪党，肆为论说。主笔人杭慎修即杭辛斋、《京话日报》主笔人彭诒孙即彭翼仲，均着提解到案。咨由顺天府即日递解回籍，交地方官严加禁锢，以示惩儆，勿得迟延。”[11]该日下午申时（即15至17时），京师外城巡警总厅奉此堂谕，查封报馆，将彭、杭二人逮捕，关押于鹞儿胡同稽查处，并自当日起封禁《中华报》和《京话日报》。

彭翼仲在事发前一日已经得知祸患将临，他泰然镇定，无忧无惧，俨然是铁骨铮铮的硬汉：

> 先一日，友人望桂臣约饮于正阳楼。酒半酣，报馆来人，踉跄奔入，谓：“祸将不测，速速藏避，万不可归。”余谓辛斋曰：“《保皇党之结果》发作矣。”盖《中华报》所登保皇党吴道明、范履祥一案，标题曰《保皇党之结果》也。座中有人献策，嘱急入使馆界暂避，再作计议。辛斋不答。余曰：“平日自命何如？

> 事急而托庇外人，华商之名扫地尽矣。余决不往。”于是，置若罔闻，饱啖痛饮，归报馆坐以待捕。久之寂然。十二日黎明入城，至道胜银行清理账目，不谈昨夕事。又至债户处问明欠债数目，午前即归。静候至申刻，汪立元持传票来……[12]

拘禁之后，舆论大哗，北京报界更是出面请求宽释。彭翼仲据理而辩，直斥当权者：“《中华报》‘妄论朝政’等语，并无确据，《京话日报》名下，更无只字。一并被禁，不知是何政体！”[13]然而，执政者大权在手，既已逮捕报人和封杀报纸，就一意孤行，刻不容缓地急欲将彭、杭二人立即押解出京了事。但是，由于彭、杭皆有官衔，彭为江西通判，杭为候选科中书，依清律，须办理革职手续，才能递解；而二人经手的社会公益事业和经济往来事务甚多，亦需逐一料理善后。为此便迁延多日。然而，就在即将递解遣回原籍之时，突然发生的“手枪事件”却使事情急转直下，仇家由此得到借口，大肆加害彭翼仲，于是造成彭、杭二人的同罪而异罚。

事情是这样的：彭、杭被拘押中，一个名叫段友轩的高阳人仗义前来探视，密报了一个可怖的消息：《中华报》披露保皇党人被秘密处死，触犯了当权者的大忌，因此，彭、杭二人也将遭遇秘密处死结局；现在所说的递解回籍，不过是骗人的诳语。为此，杭辛斋托段氏暗自代购自卫武器，以防不测。次日，段氏送进一支小手枪。杭辛斋拿着手枪对彭氏说：“士可杀，不可辱。如果他们有无礼之举，我就自杀。”彭翼仲赞同这种壮烈态度，也托段氏购来一支手枪。[14]

京师外城巡警总厅决定于1906年10月30日将彭、杭二人起解。前一日下午，家眷来拘所探望告别。稽查处看管委员朱成勋也到现场，突然说道：事已至此，意外之事，不会发生，愿得彭先生手枪留作纪念。家人等从旁怂恿，翼仲便予允诺。但是，朱某不会用这支德国新式手枪，便让彭氏教他。枪膛里原已装入七枚子弹，抽出了六枚，却抽不出最后一枚。这时天色黯淡，彭翼仲估计这枚子弹已掉落于地，就持灯低头寻觅。不意握枪的右手触到机关，轰然一声，子弹忽然射向地面，击碎了铺地砖块，弄得沙砾飞扬。接着，俯身找到嵌入砖内的那枚子弹，将其抠出。朱委员眼角为砖屑所迷，仰卧于榻，彭翼仲为其吹嘘擦拭。一会儿，朱委员连声说“没事，没事”，便离去。这时杭辛斋正在伏案作书，不禁责备翼仲道：警方正对我们无可奈何，这一下授之以柄，恐怕会引起事变。[15]

果如杭氏所言，当天晚上，警兵多人涌入狱室，将彭翼仲擒缚送至警察厅，连夜送抵北京著名的黑暗地狱——被称为“后店”的大兴县拘留所。继而此案移交刑部，彭氏旋即被转入刑部监狱。在这里，一个狱典得知来人是大名鼎鼎的《京话日报》报主之后，不禁得意地说道：“你今天到此地看看罢，报上说我们坏话，究竟怎么样，你要记定！”[16]

关押九天后，第一次提审，彭翼仲略述事实，要求赶紧对朱委员进行验伤，以取得实证，但法部迟迟拖延。大约过了两个月才进行第二次提审，主审官告知，经仵作[17]前往朱委员处检验，得到结论：朱某左眼泡近上，被洋枪子速力挣伤一处，现已医治平复，将来不致成废[18]。随后又表述卫生局医官结论：从左眼内取出弹皮一块。[19]彭翼仲听后，不禁诘难道：同一事情，两个结论，二者又不一致，实在不可解。“弹皮”之说尤为荒谬，子弹何尝有皮，弹皮居然能由眼内取出，然后竟“医治平复”，此等事情，纵然华佗再世，也不可发生。这样的判案纯为儿戏，简直不可成立！[20]再过月余，法部对彭翼仲作出判决。判词称：起解在即的1906年10月29日晚上，彭在押所肆行妄闹，手持洋枪，声称家务逼迫，忿欲自戕。朱委员上前拦夺，彭竟向朱委员开枪。该委员闪避，致子弹入地，火药飞裂，将该委员左眼打伤。[21]以此给彭翼仲加上“枪伤看管委员”的新罪，最终判为“从重改发新疆效力赎罪，到配后酌加监禁十年”[22]。此番重判，完全是执权者在“莫须有”借口的掩饰下，对彭翼仲肆意施加的迫害。

彭翼仲对法部所判之罪甚感荒谬，不禁反问道：“效力赎罪又加监禁十年，先效力乎？罪已准赎，焉能再禁？先监禁乎？现年四十三矣，十年狱底，衰颓必甚，命且不保，力从何来？究援何律，竟敢如此轻人？”[23]但是，专制统治者既加害于彭翼仲，必定全然不顾公理。一些参与此案的法部人员均对受判者深表同情，彭翼仲多年之后还清晰记得，比如，问官涂某“还有天良，皱了皱眉头，一味的好言相劝”，狱官何某“屡次相劝，总说是无理可讲”，一位写奏折的先生“气的了不得，说是没有办过这种糊涂案”[24]，如此等等。

“彭翼仲案”是清末北京第一个查封报馆、惩处主笔的大案。彭翼仲、杭辛斋的获罪而受罚，直接起因是《中华报》独家披露清廷掌权者的政治黑幕。然而，彭、杭那种“事有不平，凡非一人一家之私而与社会有关系者，自应据实登载”[25]的新闻态度和“不怕得罪人，知道的就要照直说”[26]、“应该争论的，刀放在脖子上还是要说”[27]的强项精神，显然是酿成最后结果的根本原因。在巡警部为“彭翼仲案”呈递的奏折中，有“平日素不安分，自开设报馆以来，淆乱听闻，颠倒是非，近复妄论朝政、捏造谣言、附和匪党、肆为论说，种种乖谬，实为各处报纸之所无”[28]等语，可见查封报馆和迫害报人，颇有“新账老账一齐算”的架势。而判案过程中编造种种呓语来给彭翼仲增加“新罪”，更反映了当权者滥施迫害时何等地有恃无恐。

清末专制统治者恼怒彭翼仲的报馆揭露其黑幕，悍然封闭《中华报》而又累及《京话日报》，并将两报的主办者彭翼仲、杭辛斋一并逮捕下狱，分别远戍新疆和遣返原籍，留下了钳制社会舆论、镇压民间报人的丑恶记录。

在拘囚重刑犯人的牢房里，彭翼仲亲受种种痛苦，也见识了狱吏敲诈犯人及层层盘剥的丑恶内幕，他在提审中屡屡痛陈囚徒苦状，谴责监狱种种弊务，依旧不改秉持正义、关注世事的执着态度。

1907 年 4 月 16 日，关押半年有余的彭翼仲被清政府的直隶司从刑部监狱提出，当晚寄住在大佛寺，次日辰刻即起解。连续两天，北京市民对他表达了深切的关心和热诚的慰问，出现了第一章开首所述的动人情景。4 月 17 日，天气晴朗，彭翼仲脱离樊笼，不禁心情宽舒。出宣武门，过卢沟桥，过良乡，渐渐离京城而去……燕赵古道，古来就有许多壮士一去而不复返，彭翼仲因主持正义而远赴天涯，也充满了悲凉慷慨气氛。

出京之时，街头说报人醉郭坚决要求陪伴彭先生同往新疆。彭念其年岁已高，不胜边地寒苦，便力劝其留在北京。行至保定，家人和送行者齐聚于此，一行人停留数日。远别之前的短暂团聚使彭翼仲顿生感慨："全家团聚，亦逆旅之苦中乐事也。"[29]然而，一人独坐，目睹眷属及儿子纵横颠倒、鼾声如雷之状，又不禁想到："流离情状，较庚子年（光绪二十六年）为惨。"[30]京城及保定附近的友朋纷纷前来探望，"畅谈往事，几欲流涕"，"谈及狱事，大发义愤"，彭翼仲不禁深感"云泥霄壤，故旧不忘，古道君子也"。[31]几天里，彭翼仲与多位友人交谈，将自己入刑部监狱后的陈述书《亲供》大量印刷，让亲友予以散发；向苏州老家和多位旧交老友寄发信件，信中均附《亲供》；拍摄照片数张作为纪念。此外，还做了一些物质上的准备。

告别亲人，发配新疆，后立者左为彭翼仲，右为其兄庚孙。1907 年 5 月 1 日摄于保定

1907 年 5 月 6 日上午 10 时，远戍之行正式启程。"骨肉生离，凄楚难堪。忍泪登车，寸肠如割，妻子儿女辈均哭失声。"[32]夫人孙氏与彭翼仲执手道别，这是患难夫妻的永诀。兄长彭星伯紧随车后，步行约二三里路，直送到西村外，

高声呼喊：“壮哉，游也！”随着亲人声音和身影的渐渐隐去，彭翼仲一行便开始了日复一日的前行。[33]

彭翼仲之妾段耘蓝从一开始就决心陪伴同往新疆，送报人苗凤梧早在入狱探看时就主动要求跟随同行，于是，彭翼仲在段耘蓝和苗凤梧的陪同下行进在漫漫陌路上。每日朝发而夕宿，行程约六七十里。先行于冀，继而过晋、陕、甘，出玉门，走戈壁。行行复行行，经过 8 个月的长途跋涉，终于在 1907 年年底抵达新疆省会迪化（即今乌鲁木齐市）。

彭翼仲曾在 1914 年回忆流戍新疆的行程：“出京一去，陆军部押解前往，一到山西，就没人管了”。虽然那时已有通往郑州的火车，但被押解的犯人须按照衙门规矩行事，只能取道公路，沿着连接各驿站的线路行走。“从直隶正定府往西，入井陉口，走四大天门，翻过太行山，顺着山西大道往南，一直到蒲州府黄河边”，由风陵渡过黄河，进入陕西界。“进了潼关，地势步步登高，行至长武县，入甘肃界。”“万山当中，最险要的地方，要属六盘山。甘肃兰州省城，南依兰山，北枕黄河，局势狭隘。”出省城北门，取道浮桥而渡黄河，从南岸转入北岸。“从此天天往西北走，再也看不见黄河了。”“由肃州起身，远远就望见嘉峪关，形势雄壮的很。”“一出嘉峪关，满目荒凉，气象一变”。“从兰州改换大车，车式笨重。到肃州又换长轴，到安西州再换长轴，宽至七尺，终日以车为家。”“每天未明起身，到日落住店，并无腰站，每日只得一餐。甘肃安西与新疆哈密交界，当中相离千余里，以星星峡为界，亦是天山支脉，此乃由关内赴新疆的大道。”到了哈密，再走巴里坤。冬天雪大封山，不能穿入天山峡内，便绕道吐鲁番。“翻过达坂城，直抵乌鲁木齐，就是新疆迪化省城了。”[34]

彭翼仲自起解之日起逐日作记，至抵达迪化，得日记三卷，名为《戍程载笔》。后来回京出版的《彭翼仲五十年历史（上编）》中，收《戍程载笔·卷一》，其余两卷都已亡佚，十分可惜。《戍程载笔·卷一》反映了北京至西安历时两个月的行程，内中对沿途自然景象、风土人情、社会情状、文化古迹等诸多方面，都有清晰可信的记叙，不愧为百年之前由北京至西安的风情长卷。令人钦佩的是，虽然蒙受冤狱，彭翼仲并没有沉浸在个人痛苦中不能自拔，他仍旧怀抱忧国伤时之心，关注满目疮痍的土地。像“老大病国，无一不病”；“绿营腐败，由于贫苦”；晋女“研究缠足”，“恶俗可悯，革除匪易”；晋省矿权，“远大之利，拱手让人”；“水利之大，北人多不善用”；“遍地皆罂粟，大好水利，不种谷而种罂粟，人民见利忘害如此”[35]，等等，都反映了作者那颗炽热的心在怦怦跳动。尤其令人印象深刻的是，行经山西王胡（今名王湖，属榆次市郊区），友人程伯嘉骑马由省城来，告诉彭翼仲，已约定两个日本人，要保护其出洋。彭氏深领其意，甚为感谢，但仍然秉持夙来心志：“遇了危难，便去依赖外国人，当初何不挂上一面洋旗，也免得招出这番是非来了。”于是不为所动，婉词谢之。[36]身处厄难，仍坚守刚直的人格操守，不禁令人肃然起敬。

抵达新疆，迪化府长官汪步端接收此案。汪氏之祖汪元方，字友直，与彭翼仲祖父彭蕴章同朝同僚，二人的交谊，非同泛泛。有这样的特殊关系，又加上“天高皇帝远”，于是汪步端就采取特别的方式执行公务：让彭翼仲寄住在迪化府下属的迪化县典史署。典史署掌管缉捕、关押狱犯等事务，彭翼仲居于典史署但并不是下狱，却又造成被拘禁的假象，真是不幸之中的幸事！

来到异域，穷愁岑寂中最难平息的是对家人的思念。在最初的18个月中没有得到家人丝毫音讯，而在急切盼待万金家书的时候，最先得到的却是报告夫人病故的电报。在京的星伯兄嫂在把丧事料理完毕之后，电告了这一凶讯。

其实，在彭翼仲蒙冤远行之后，北京社会许多人就一直关心其家属生计。面向市井并具有影响的《北京女报》，主笔张展云①以个人名义刊登广告多日，发起维持彭翼仲在京家属生活的募捐，特别声明“此为尽朋友之道”。这种正义呼吁得到社会各界积极响应，许多人热忱相助。

---

① 张展云，字毓书，清末北京活跃的社会活动家，与彭翼仲等报界人物共同致力于北京下层社会的启蒙活动及社会慈善活动。张展云先生以男性身份关注女性的“开智”与解放，与其母张筠芗于1905年创办《北京女报》。

彭翼仲之妻孙釦芗，本已“身子有病，体气虚弱”，[37]经“彭翼仲案”打击，拖儿带女，“家无生机，贫病交加，有不死不了之势。”[38]至1908年9月，终于病卒，终年四十岁。其时“两子尚稚，幼女正在襁褓之中”，景况甚惨。对于孙氏之病情恶化，“医云势难再起”，以及后事无着，《北京女报》皆及时报道，其他报纸亦予以披露。于是，北京各界纷纷前来探视，并在孙氏故后慨予赠赙，以助殡葬。后来，彭翼仲对于“妻丧，赖北京社会之义举，始克赍事”，不禁感戴无比，念念不忘。[39]

彭翼仲时刻挂念含辛茹苦照顾自己一家的星伯兄嫂。星伯名庚孙，字衷白，号星伯，初为侦缉局文案，后赋闲在家。彭翼仲远戍新疆之后，星伯为生计所迫，以半百就衰之身，应法官考试，任初级审判员。每日劳苦，薪俸无几，但兄嫂二人倾全力养护侄儿侄女，使他们正常入学。这种亲情使彭翼仲深受感动：“乃弟行八阅月，作一次之远游；乃兄历数星霜，为终年之跋涉。行者有安闲之日，而居者反无宁止之期。孰逸？孰劳？家庭幸福俱不得享，真可谓难兄难弟者矣。”[40]

与彭翼仲相依为命的段耘蓝，身体本弱，有腹疼血虚之症，到新疆后已颇不支。得到釦芗夫人亡故噩耗后不久，又接到先于电报发出的家书，内中有“段老亡故”的凶讯。悲上加悲的打击，使段氏哀痛至极，不可解脱，“夙疾频作，容色瘦损，日甚一日”[41]，她终于患上重病，力治而无效，于1909年5月2日逝去，年仅28岁。彭翼仲为此悲痛万分，多日心情惨苦，口不能宣，笔不能述。他在为她题写的墓碣中，以十六个字表达了深心之痛：“爱国被罪，夫子荷戈；从戍万里，之死靡他。”[42]

彭翼仲在新疆的流戍生涯自1907年年底至1913年年初，现今能够找到的历史资料甚少，不能获知这一时期的详尽情况。不过，依据零星资料大体可知：第一，彭翼仲在友人的关心、帮助下，间或找到一些补给生活费用的差事，像抄抄写写的书记生之类。因为是“囚禁十年”的戴罪之人，外出营生必须严守秘密，所以往往“朝去暮归，惟恐人知”。[43]后来，随着清廷统治逐渐弱化，

1910年，彭翼仲在乌鲁木齐，与当地官员梁玉书合影

1910年，彭翼仲在乌鲁木齐，与泰晤士报记者和梁玉书合影

新疆官府对“政治犯”的管束更为放松，彭翼仲被当地官员梁玉书请作家庭教师[44]。第二，清廷将倾前夕，日趋活跃的社会变革力量把彭翼仲纳入社会活动之中。可以举言者有：1911年，天津爱国知识分子温世霖流放到迪化，曾与彭翼仲见面，温氏拟联络彭翼仲创办一报纸，提倡西北实业，但因辛亥革命已在全国风起，办报计划未能实现[45]。保存于湖北省博物馆的迪化民军起义原始资料中，有“彭曾参与刘先俊领导的迪化起义”的记载[46]。民国成立，清朝的政治犯皆获大赦，彭翼仲检点行装，欲入玉门关。这时忽然接到陈干从徐州来电，劝其且勿回归，“留此身为边氓谋幸福”。陈干来电以“新疆省城维持统一会会长彭翼仲先生”相称，表明辛亥革命之后，彭翼仲已由清廷的罪人转而成为当地一位重要的政治人物（苏按：姜纬堂先生对笔者口说，经他考求，彭翼仲实为新疆省城维持统一会副会长）[47]。第三，彭翼仲在1909年与1910年之交新娶祖籍湖北咸宁的女子侯燕玉，于1910年9月生第三子清恺。

辛亥革命发生，清廷被推翻，民国成立，彭翼仲荡然除去“政治犯”身份。

他没有长留新疆，而是踏上返回北京的归途。当年陪伴彭翼仲从京城出来的苗凤梧，抵达新疆之后到阿尔泰山营务处汪伯章处任事，后来就定居在那里，没有与彭翼仲一同走上返京之路。

生还京门，重操报业

民国二年(1913年)春，彭翼仲走上返京之路。六年半岁月已去，妻亡妾逝，兄嫂、儿女和侄辈无不付出惨重代价，自身更经受了难以言述的苦难和折磨。然而，义愤难平的彭翼仲不改其血性本色，依然系念办报事业。在西安与友人阮经伯相遇，二人抵掌而谈，畅叙世态炎凉和离别之情。阮氏问道：“翼公，您回北京，将作何打算？”他不自禁地回答道：“我回北京，继续做我想做的事，还是以办报为业，誓为社会之人更新思想。”[48]

1913年4月22日，彭翼仲携夫人侯燕玉及第三子清恺抵达北京。此后多日，亲属旧好相继前来见面和叙旧，北京报界和社会大众纷纷表示热忱慰问和热烈欢迎。白话报纸《群强报》连续刊登文章，称赞彭翼仲在北京首创报纸、开通风气的功绩，对他表达了诚挚的深情。

在《群强报》的演说栏目中，吴梓箴指出：彭君捐弃财产，牺牲生命而办报，“专以改良风俗，维持社会为宗旨，号呼挽救我四万万同胞于水深火热之内”，“所有一般普通社会中人及妇人孺子，无不津津乐于观听”。彭君怀抱救世之苦心，“其所历遇摧陷、诅詈、停禁、逮捕、拘留、遣戍、长途跋涉，艰苦备尝，皆苦心之代价耳”[49]。隐鸣指出：七八年前，京民全不开通，彼时彭君不肯袖手旁观，独自创出《京话日报》，可称白话报的起源。彭君在办报的同时，常常赞襄公益，但凡事关义举，无不十分尽心。彭君此次回都，谁不格外的钦敬呀！[50]书屏以《时势英雄论》为题撰文，作出这样的评价：在那内政不修、外辱迭至的境况下，彭君不顾自家性命、提倡各项公益，奋力挽救世风与人心，把那爱国的热心、救世的苦心，和盘托出，做成了一鸣惊人的举动，以至于因公惹嫉，被遣新疆。艰难的时势造就了彭君这样的英雄；而彭君使北京社会开通，人心觉醒，不愧是造就时势的英雄。因此，清末的北京和报人彭翼仲，向世人昭示了"时势造英雄"和"英雄造时势"。孟子说，天将降大任于是人，必先苦其心志，劳其筋骨，我愿用此语，敬贺彭君："假如他没有受这宗时势所迫，也不过以为官清正、勤政爱民了却一生而已，又焉能如今日之名响全国，功加当世，作当代之英雄啊？""鄙人翘首企足，引领拭目，以俟先生将来之作为。"[51]

吴梓箴投函《群强报》，发起举行欢迎彭翼仲大会，《群强报》诸位编辑者赞成此议，一致主张改作共同倡议，以壮其势。1913年6月2日，欢迎大会在鹞儿胡同平介会馆举行，社会各界与会者甚众，济济一堂。《群强报》编辑杨曼青致欢迎词，彭翼仲致答词，报界和社会各界人士纷纷发言，大会自始至终充满文明庄重的气氛。杨曼青在欢迎词中指出，彭先生办报，持论不阿，不独开北方报界的先声，实为我国民言论界的第一首倡，"名为营业，实是公益，遇公益事首先提倡，遇不平事秉笔直书，可称是报界中的先觉，社会中的异人"，"今日开会欢迎，不是为彭君一人吐气，正是为北京社会吐气"[52]，道出了与会者的心声。彭翼仲在答词中回忆了流放经历和在新疆数年的情形，表达了对新疆政治、经济、人文的感受，指出："走了这一遭，增了许多的涵养，长了许多的识见……等我追随诸位，再出来办报，必定要发挥发挥，也免得空空的往返这一万七八千里。"还语重心长地道出自己的忧患之感："民国成立，险象更多，愿诸君莫当作已治已安"。"诒孙到京月余，仔细旁观，觉着政体虽然改变，人心反倒不如从前。从前诒孙办报时候，有人作了错事，还怕报上登出来。如今是笑骂由他笑骂，索性置之不理了。我报界同人，要打算挽救这样的人心，说句老生常谈，还得反求诸已，培养言论的价值为第一要义。"[53]平实的话语一仍旧貌，但亲切近人而又犀利中肯的话锋使人们感到，彭翼仲果真回来了。接着，报界和社会各界多人发言，表达了对彭翼仲的敬佩、对他在前清时代首开风气的赞誉以及对他回京后所抱的希望。

1913年，声名渐盛的京剧名角梅兰芳从上海回到北京。梅先生的头脑中盘旋着“时装新戏”的思潮，他总在思考一个问题：“直接采取现代的时事，编成新剧，看的人岂不更亲切有味？收效或许比老戏更大。”梅先生选定了反映彭翼仲旧事的一个戏本，“故事是叙说一个开妓院的恶霸叫张傻子，逼良为娼，虐待妓女，让主编《京话日报》的彭翼仲把张傻子的罪恶在报上揭发出来，引起了社会上的公愤；由协巡营帮统杨钦三讯究结果，制裁了张傻子。同时采纳彭翼仲的建议，仿照上海成例设立‘济良所’，收容妓女，教他们读书识字，学习手工。最后这班被拐骗的女子由他们的亲属到济良所领回，骨肉得以团聚。”这出名为《孽海波澜》的时装新戏，经过几个月的设计、修改和

1913年7月6日，《京话日报》第二次出版，彭翼仲留影纪念

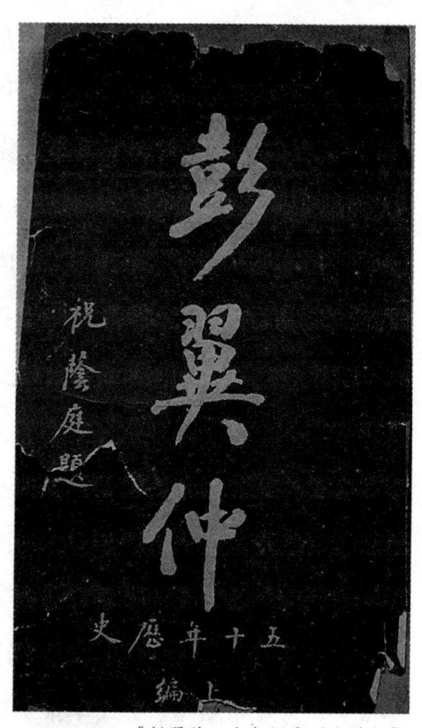

《彭翼仲五十年历史（上编）》1913年出版

排练，10 月中旬在鲜鱼口的天乐园公演。戏中，梅兰芳饰民女孟素卿，王蕙芳饰另一妓女贾香云，李敬山饰老板张有，郝寿臣饰协巡营帮统杨钦三，刘景然饰彭翼仲，阵容颇为强大。这出戏是梅兰芳创编并演出的第一出时装新戏，具有警世的现实意义。[54] 富有意味的是，剧中彭翼仲、杨钦三的原型被请来观看，成为了“座上的戏中人”。这出戏的创演，反映了彭翼仲在北京社会的厚重影响。值得一提的是，在中国戏剧舞台上，时装新戏《孽海波澜》最早表现了报人形象和报人事迹，这是中国戏剧史和中国新闻史中的一个重要史实。

1913 年 6 月，友人诚厚庵与彭翼仲相见。这位诚厚庵 1905 年在朝阳门外大街路南关帝庙内开设乐群阅报处，因《京话日报》而成为彭翼仲的知心友人。后来他成为报界中人，参与主要由旗人创办的《京话公报》。诚厚庵由衷喜爱彭翼仲的报纸，敬佩其为人，便建议彭先生回忆历史，将其整理成文，他自愿充当执笔人，翼仲允诺其意。后来，《京话日报》社于 1913 年冬出版“厚庵编订，翼仲自述”的《彭翼仲五十年历史（上编）》一书。

在社会各界的期盼下，在友人陈干的倾力相助下，《京话日报》于 1913 年 7 月 6 日复刊。整整九年之前的七月初六日（1904 年 8 月 16 日），《京话日报》创刊。选择这一天恢复出版，凝聚了报主厚重的感情。彭翼仲在复刊之日留影纪念，配以这样的题辞：“人活报活，社会欢迎，拈髭自忖，敢负生平。——民国二年七月六日自志。”照片上，彭翼仲左手拈髭，眼神从容，心态淡定，显现了发自内心的欣慰与自信。他的神情道出了这样的心声：“吾道不孤！”

《京话日报》复活，颇受新老读者欢迎。报纸作风一如当年，还是那样贴近民众，仗义执言。但是出版不久，就发生袁世凯大举扼杀报纸的“癸丑报灾”，京师警察厅强令“有碍时局”的报纸一律停版，包括《民主报》、《民国报》、《亚东新闻》、《华报》、《爱国报》等，《京话日报》毫无悬念地处于其中。[55]《京话日报》遭到封杀的时间是 1913 年 7 月 27 日，从 1913

年7月6日至此日，仅仅22天。后来，彭翼仲回忆此事时说道："万里生还，再作冯妇。报甫出版，而南北之战争已起，言论不慎，又干禁令。"[56]"本报第一次复活，出了二十二天的报，又作了短命鬼儿，于七月二十七日夜里，十二点钟，奉到警察厅的处分令。"[57]

《京话日报》第二次出版的22天，原报不存，故无从了解发表言论和被封禁的具体情况。但是，彭翼仲自述及其他相关史料表明，被封的实质性原因是拒绝袁世凯的拉拢和利用：

"自本报初次复活，恰值南北决裂，因与陆建章①生嫌，又复二次停版（原注：陆奉袁命来访，意欲本人另组政党，诱以重大名利。未肯贬节，因此生嫌）。出版二十二日，销至一万四千余份，因登汪精卫宣言书，案语触忌讳，挟持戒严之大威，勒令停版。"[58]

"等到记者被赦回京"，"见共和政体不足恃，谢绝了当道的盛意，依然再作冯妇，重振旗鼓……不料出了二十二天，又得罪了专制魔王，二次封门。"[59]

在1921年出版的《报界创业大家彭翼仲》中，与彭氏同时代的阮经伯这样叙及此事："且翼仲亦非不能富不能贵者也，特以不可富而不富，不可贵而不贵耳。当由新疆回京时，袁项城即以公府顾问相羁縻，翼仲却之。未几而《京话日报》复活。当南北分裂，湖口激战之际，各报均噤若寒蝉，独《京话日报》于虎穴龙潭之中，竟向候补皇帝挑战。势虽不胜，而其气壮矣。乃双料曹操袁项城，于事定而后，不图报复，伪以亲善，使三角眼刽子手陆朗斋作说客，以巨金相饵，使恢复《中华报》（原注：亦公于前清时所开），以与反对党联络。翼仲又拒之。于是翼仲之人格益高，而身命亦益危矣。"[60]

---

① 陆建章，字朗斋，安徽蒙城人。随袁世凯训练新军，以后在袁氏手下任要职。在任期间，大肆屠杀革命党人、进步人士及广大群众，被称为"陆屠伯"。因与皖系结仇，于1918年6月14日被皖系徐树铮诱杀于天津。

民国本《彭氏宗谱·卷二》有这样的记载："洪宪称帝，有人饵以巨金厚爵，令组政党，殷勤拢络，至于再三，终不为屈。"

以上史料表明：在彭翼仲回京后至1915年间，当年参与制造"彭翼仲案"的袁世凯，使出"亲善"伎俩，派其亲信陆建章当说客，拿出巨额金钱和"公府顾问"的职务作诱饵，意欲使彭翼仲恢复出版《中华报》，并组织政党，以图将彭氏拉入袁世凯的势力范围，为其实现专制统治效劳。但彭翼仲坚决予以回绝，显然与袁世凯再次结仇。

1913年7月《京话日报》刚复活时，发生了一场称为"二次革命"和"癸丑之役"的南北战争。这场战争是孙中山等人以推翻袁世凯、恢复资产阶级革命派领导权为目的的武装斗争。支持孙中山的江西都督李烈钧于1913年7月12日在江西湖口宣布独立，发表讨袁通电，起兵讨袁。而袁世凯命令事先集结在九江、南京附近的军队向李烈钧部发起进攻。最后，因兵力悬殊，李烈钧部不敌袁世凯。在这次军事斗争进行过程中，袁世凯胁迫和压制各种舆论工具，使得各报均"噤若寒蝉"。但是《京话日报》坚决支持"反对专制""保障共和"的二次革命，一如既往地表现了不屈不挠、敢于斗争的硬气，于是，不可避免地再次遭受查封。

历史上有时会出现一些奇怪的"机缘"：1906年"彭翼仲案"发生，直接原因是《中华报》发表揭露袁世凯阴险杀人的独家新闻《保皇党之结果》，而在随之而来的封杀《中华报》连及《京话日报》、囚禁并放逐彭翼仲和杭辛斋等一系列专制丑行之中，袁世凯都是重要的权势人物。数年之后彭翼仲重返北京，又是这个袁世凯，为实现皇帝梦，以"巨金厚爵"、"令组政党"和恢复《中华报》等为诱饵，迫使彭翼仲为其效力。在屡次遭遇和交锋中，彭翼仲的不屈不挠、无所畏惧与袁世凯的翻云覆雨、狼子野心，都鲜明地昭示于世人。

壮志难酬，蹈海殉志

1913 年 11 月 1 日，《京话日报》第三次出版。此后，这一报纸接续出版十年左右。彭翼仲于 1921 年 12 月 15 日病逝，《京话日报》在后人和同道的撑持下继续存在了近两年，至 1923 年年中或年尾停刊。

《京话日报》第三次出版以后，彭翼仲尽力维持其运作，但这一时期报纸影响和声誉已不如清末时段。造成这一情形主要有时势和自身两方面因素。以时势而言，在袁世凯、张勋等政治寡头轮番主导下，武夫祸国，军阀割据，政局混乱，光怪陆离，牺牲国家主权和箝制民众舆论，都比当年清政府有过之而无不及。身处这样的社会环境，无意于投靠政治派系的民间报人彭翼仲，当然更为艰难。而此时北京的小型报纸已很发达，都很讲“生意经”，这又使不精于此道的彭翼仲心窘力迫，屡屡受挫。就自身来说，辛亥革命打开中国新的历史进程之后，需要新的理论主张与民众运动来推动社会进步，而彭翼仲还不具备新的精神武器和运作谋略。因此，彭先生及其报纸就不能重现清末时代的声势、力量和风采。

彭翼仲第三次办报以来的活动，虽然更近于后世，但是，一因缺乏足够的历史记载，二因《京话日报》存报太少[61]，以致关于其生平事迹和报纸面貌的史料，屡屡阙如，存在许多无法填补的空白。

依据现在能够找到的资料信息，大致可以将 1913 年 11 月以后彭翼仲及《京话日报》的状况，分为四个时段。

第一时段，1913 年 11 月 1 日至 1916 年年中或年尾，彭翼仲主持《京话日报》的编辑出版事务。

1913 年 11 月 1 日的《京话日报》为第 775 号，该期报纸刊登彭翼仲撰写的演说《本报三次出版之感言》，文中表达了屡遭扼杀后的淡定，不改初衷的热忱，以及对来日前景的思虑：

报纸停版，原是常有的事，在从前专制时代，我们已是曾经沧海，毫不为怪的了。初次复活头一天，早就料到如此。不过论到国势民情，不由得笔尖儿就发热，自己也管不了自己。若是怕停版，专专拍马屁，一句话不敢说，那还要报纸何用？

我彭翼仲经过丙午一案，已把世态看明。如今人心道德，丧失已尽，生计又如此艰难，更不容易挽救，嘴里说好话，脚底下使绊子，实在是防不胜防。

本报为社会自然机关，主持人道，乃是天理人情。……论到事理，打算救人的人，也该当照顾点儿自己，才不至一同落井。本报缺欠回护手段，迷信共和约法，所以才犯了戒严令。

诸位要记定，这才是第三次出版，日后如何，还是不敢预料。

这一时段的《京话日报》，头版均是这样的标识："本社主任、总编辑兼发行人彭翼仲"。

第二时段，1916年年中或年尾至1918年下半年，彭翼仲转为从事采矿等实业，而将《京话日报》交与吴梓箴主办。

彭翼仲在一些回忆性文字中说：

四年十二月间（苏按：即1916年1月）某君劝办实业，始以资本难筹，一再固辞。继乃机缘凑合，承至好假给母财，于是改换目的，投身实业，自五年十月（苏按：即1916年11月）入手……[62]

民国三年以后，别有职业，也无暇兼顾报事。又值洪宪发生，心实不甘拥戴，因有自行停版之议。奈吴梓箴、颜宜朋二君，与本报有报存亦存、报亡亦亡之势，不忍人因一己负气，殃及池鱼，不得已自到警厅换领执照，呈明委托吴梓箴经理。[63]

吴梓箴在1918年指出：“民国光复，翼仲生还，我报乃二次三次复活，至今又六年。余与翼仲晨夕相依，情逾骨肉。”其中提到：“前岁本报主任更易余名，然精神上则仍有翼仲在。”表明吴氏在1916年接办了《京话日报》[64]。

这一时段《京话日报》馆数次迁址，从已有存报可以看到，报馆分别设于麻线胡同路东44号、南柳巷路西永兴寺庙内院、南柳巷路东44号后院、南柳巷路西永兴寺庙内院、南柳巷路东50号后院、前门李铁拐斜街路西、前门外五道庙路东、前门李铁拐斜街路北、粉坊琉璃街内崇兴寺路南等处。[65]

从这一时段并不完整的存报可以看到，1916年2月18日报头标识为“本社主任、总编辑兼发行人彭翼仲，刷印人冯云和”。1917年12月3日报纸边框外的告白以“本社总理吴梓箴启”为落款。据以可知，彭翼仲大致在1916年下半年将《京话日报》交给吴梓箴主办。

第三个时段，1918年下半年至1921年12月，彭翼仲重新主持《京话日报》。

1918年是与彭翼仲和《京话日报》关系十分重大的一年，这年5月至12月，相继发生的彭翼仲及梁巨川、吴梓箴赴水殉志壮举，接连震撼北京社会。5月2日，彭翼仲登上轮船，决计蹈海；11月初，梁巨川离家寄宿于亲家彭宅，10日清晨自沉积水潭；11月29日，吴梓箴亦自沉积水潭。不同的是，梁氏和吴氏均实现了殉水之志，而彭翼仲被同船人救护，投水未成。于是，彭翼仲的蹈海在先，牵动了梁氏、吴氏真性情的流露；因人阻救而延其年的彭翼仲，亲身经历了梁氏和吴氏的投水殉志，参与他们的治丧善后诸多事务，并回到《京话日报》主办者位置，勉力撑持报纸运作。

自梁巨川、吴梓箴自沉起，《京话日报》刊登了彭翼仲撰写的多篇演说，以及署名“寄归道人”、“寄归子”的文稿，若干稿件注有“寄归加润”之类文字[66]，这些史料都表明，彭翼仲这时回到了《京话日报》主持者位置，承担了大量编辑出版事务。

第四个时段，1921 年 12 月后至 1923 年年中或年尾，彭翼仲于 12 月逝世，其后，他的后学者接办了《京话日报》。这是《京话日报》最后的时光。

以上叙明《京话日报》从 1913 年 11 月 1 日至 1923 年年中或年尾的基本情况，以下着重叙说彭翼仲蹈海之事。

第一次世界大战以来，帝国主义列强剥夺中国主权的行径无休无止。日本不断渗入中国，企图夺去德国和沙俄占领的中国土地及获得的中国主权。日方以“协同作战”、“共同防敌”、“帮助北洋政府武力统一中国”为借口，迅速取代了沙俄在东三省北部的侵略地位，进而欲出兵侵占蒙古地区，窥探西伯利亚，干涉苏俄革命。日方还以提供一系列公开或秘密贷款为诱饵，向北洋政府投入总数达两千万日元的贷款，借以获得中国东北、山东等地的铁路、矿产、森林等权益。中国面临被日本独占为附属国的危险。

日方的侵权图谋为北洋政府接受，双方高层的龌龊勾当秘密进行，但外国通讯社披露了交涉内容，将有关细情一一揭出，接着，国内许多报纸报道了更详细更确切的消息。国人闻而大哗，群起反对。留日学生救国团致电冯国璋、段祺瑞，反对秘密炮制的“中日协定”，嗣后又决议罢学返国，在北京、上海及各省设立救亡团，进行请愿和宣传。各地学生、工人及商界也都积极响应，同声抗议日本帝国主义的亡华阴谋，谴责北洋政府的卖国行径。

彭翼仲此时已将《京话日报》交给吴梓箴接办，致力于开发矿业。但是在经营过程中连遭挫折，赔累不堪，以致无力清偿朋友的经济损失，深受信用全失的内心谴责。国难家窘的双重打压使彭翼仲不甘苟且于浊世，断然决计蹈海自尽。

1918 年 5 月 2 日，彭翼仲登上天津至烟台的轮船。夜晚，探身欲投海，同船人李君发现并予以救阻。这就是影响甚大的“彭翼仲蹈海”事件。

当时，吴梓箴主持的《京话日报》以独特的感情关注这一事件：

1918年5月4日《京话日报》（第2353号）刊登吴梓箴的演说《哭翼仲》，向社会披露了彭翼仲蹈海的消息：“呜呼，彭翼仲死矣，彭翼仲真死矣！呜呼痛哉！”吴文之后，以大号字附录了彭翼仲留下的绝笔书和绝命诗。

其绝笔书说：

> 前数年在三庆园为女学筹款演说，曾有“亡国为奴，不如身投大海”等语，不料已成谶语。中日密约成，则奴隶、牛马无不惟命是听矣。二千万之贿赂，如此其甚耶！良心痛苦，愈激愈烈；除死，无第二置身之道也。

其绝命诗云：

> 艰难事业败垂成，荡产倾家负友朋。霹雳一声中日约，亡奴何必再贪生。（原注：翼仲蹈海留笔。）
>
> 西域飞来一弹偏，筹安时代幸邀天。何期此日鸿毛死，辜负良心永抱惭。（原注：筹安时代新督密奏，指为乱党，幸免于难。）

5月9日《京话日报》（第2358号）在本京新闻栏目以《彭翼仲蹈海遇救》为题，用大号字刊登消息：“彭翼仲先生蹈海各节，已迭纪前报。昨午本社接翼仲自烟台来函，搭乘招商轮船，决绝蹈海，不料被同船人救护，未得如愿以偿。遂经轮船派人送往烟台华昌旅馆，并派多人看守，目下行动均不得自由。本社已达知彭公家属，派人前往烟台，去接翼仲归京。”

5月10日《京话日报》（第2359号）刊登吴梓箴的演说《天留翼仲》：“翼仲本是个血性汉子，一生以信义为重。本来因为陶、陈二友的事情受了窄，

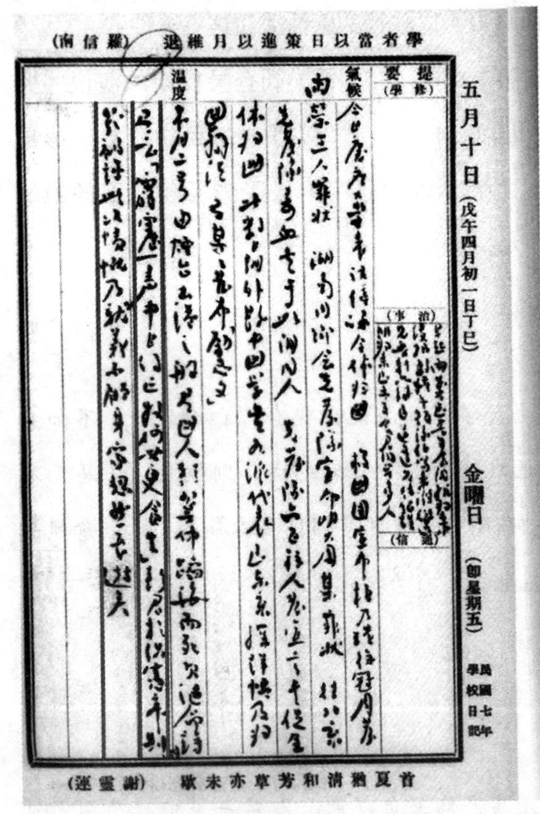
學者當以日策進以月繼進（羅信南）

五月十日（戊午四月初一日丁巳）

金曜日（即星期五）

民國七年學校日記

提要（學修）

氣候

溫度

治事

通信

首夏猶清和芳草亦未歇（謝靈運）

在日本留学的青年周恩来
1918年5月10日日记

又碰上中日密约二千万大借款，以全国地丁收入作押，指日要当奴隶牛马，焉能不触发他那爱国的天性？所以才弃家不顾，毅然决然的蹈东海以死。……劝劝翼仲：上天既留下我（原注：指翼仲言），是我的罪没受够，因此仍当以爱国救民为主，更不必拗天而行啦。”

文后附录彭翼仲由烟台来书：“二日夜探身船栏，被同船人南宫李君救阻。拥入舱房，大家看守，不能自由。”“所志不遂，猝被同船人救阻，更觉无颜偷生矣。”

5月15日《京话日报》（第2364号）刊登梁巨川的演说《闻翼仲遇救书感》。文中说：对于翼仲之求死，心中发动了两种感想。一为尊敬其气节，一为惋惜其弃才。大凡古今能作事之人，必受无穷磨折，而天绝不肯令其轻死。翼仲平日对于社会，劳心焦思，人所共见，今既遇救，则不致无成而死。可以断言，此鄙人希望终能作事之感想果不虚也。

彭翼仲的蹈海殉志对社会各界震动极大，许多报纸把彭翼仲奉为“死国烈士”[67]，赞颂“其志可嘉”[68]，在日本留学的青年周恩来将绝命诗中“霹雳一声中日约，亡奴何必更贪生”的痛语，录入1918年5月10日的日记，并写下这样的感想：“彭君于洪宪帝制时，曾被诬。此次愤慨乃就义，不顾身家，忿然长逝矣。”[69]

彭氏蹈海最后获救，消息传来，舆论界皆谓之“不幸中之大幸”，并予以庆贺和慰问。但是，彭翼仲获救之后不久，《中日陆军共同防敌军事协定》、《中日海军共同防敌军事协定》和《关于中日陆军共同防敌军事协定实施上必要之详细协定》相继正式签订，更使他心如死灰。此后，他自号“寄归道人”，以表示对寄身于浊世的痛忿。

本书将在附述部分叙说梁巨川和吴梓箴的自沉积水潭。总括而言，彭翼仲、梁巨川和吴梓箴的慨然自沉是共同的生命价值观的必然反映。彭翼仲因不耻于亡国为奴和辜负友朋而蹈海，梁巨川因痛心于国性不存而自沉，吴梓箴因失望于人心败坏而陨水，他们的选择都出自内心。《庄子》曰：“哀莫大于心死，而人死亦次之。”当心灵已丧失生之希望，他们就坦荡地做出死的选择，绝不苟且偷生。他们都把自己的意志和尊严看得重于生命。彭翼仲曾在为梁巨川撰写的碑文中感慨道：“嗟乎，厌世之同志者，皆救世之伤心人也。”这一痛语道出了彭、梁、吴三君蹈水的共同深衷。

斯人永辞，后世长怀

现存《京话日报》缺1919年全年报纸，1920年报纸仅存7期，1921年报纸仅存24期，1922年报纸仅存14期，1923年报纸仅存8期。彭翼仲于

1921年12月15日病故，享年58岁，彭先生病逝前后及治丧、安葬情况，以及何人接续办报诸事，均不可从《京话日报》得知。

笔者从《群强报》上阅到该报编辑杨曼青撰写的以《哭彭翼仲》为题的演说，从中可看到北京报界对彭翼仲逝世的痛惜之情，摘录于下：

> 昨天遇见一位朋友，见面谈起话来，说是彭翼仲先生，前晚得了中风不语之证（苏按：当为“症”），于阴历十一月十七日，今人作了古人。想翼仲老友，长我不过十龄，其精神学力，较于鄙人亦有过者。近二十年来，其精力多耗损于报纸之中，忆其发往新疆，在外遇了许多苦境，直到生还北京，与其握手畅谈，翼仲虽是旧时翼仲，而其须鬓半已颁白，大非前十余年之彭翼仲矣。本社同人，特在前门外鹞儿胡同假平介馆，开一欢迎彭君大会，彼时到会者不下千人，亦颇称一时之盛。
>
> 翼仲再办《京话日报》，不幸与《爱国报》先后停封，现在《京话日报》，已是三次出版的报了。三年前的故友吴梓箴，代翼仲经理一切，苦心经营，《京话日报》亦有可观。
>
> 鄙人在报界露名执笔时，翼仲已然上了新疆。及至翼仲归来，相逢时疑是梦中叙语，从此又亲近起来。……我们两个人，在报界中相识年份，较比别位更深，虽然踪迹疏远，我可是重他有些古道，可惜翼仲平生吃了固执的亏，可爱他又得了固执的益，我写句笔头儿上的良心话：彭翼仲是个好人。
>
> 彭君在报纸上，作了不少的阴功事，并且对待一班文墨苦朋友们，尤非常长厚。遇有办理慈善之举，便能见义勇为。像如翼仲的人，我要断言说，死了一个少一个。咳，可惜醉郭死在彭翼仲前头了，若是而今醉郭未死，他还不定怎么哭哪！[70]

彭翼仲病逝后，辛亥革命先驱张耀曾为他撰写了这样的挽联：

不悔孤寡，不畏强御；平民之友，社会之师。①

这一挽联，凸现了彭翼仲刚直不阿、勇敢无畏的个性，揭示了他同平民大众的紧密联系，肯定了他对社会进步的重大贡献，可谓是深知彭翼仲的中肯之语。

梁漱溟说：“吴于一九一八年冬身故，彭先生自己重行接过来。到一九二一年冬彭先生病故，我和先兄试来接办。但人力财力两难维持，卒于一九二二年上半年停刊了。”“一九二二年春我曾为接办《京话日报》奔走，访梁任公先生于其天津寓所，承他捐助了二百元。我又先后对李大钊、张难先两位先生谈过，希望得到人力帮助，两位先生亦各曾亲自来过报社。”[71]

梁漱溟之说反映了梁漱溟兄弟在彭翼仲逝世之后接办《京话日报》。但是，他所说的“卒于一九二二年上半年停刊”，则与《京话日报》存报反映的实情不符。其实，在梁氏兄弟之后，一位名叫刘铁夫的报人继续主持《京话日报》，将这一报纸延续至1923年年中或年尾。

1923年2月3日《京话日报》（第3998号）刊登署名一公的演说《嫉妒与竞争》，其文开首道明两事：

第一，一公与彭翼仲为道义交，承担了《京话日报》的笔墨事务，但在民国十年春因生计所迫，万不得已，只好暂离报馆，另谋他事，“好在翼仲

① 张耀曾（1885～1938），云南大理人，近代法学家、政治活动家，早年留学日本。1905年加入中国同盟会，与李根源等创办《云南》杂志。武昌起义后归国。曾任南京临时参议院参议员、国会众议院议员、北京大学法科教授等职。1916年参与反袁活动，任云南都督府参议。同年，任北京政府司法总长，并与李根源等创立政学会。1923年担任旨在收回治外法权的北京政府法权讨论委员会委员长。晚年在上海执律师业，1936年为救国会“七君子”辩护律师。本处所引的挽联，见张耀曾《求不得斋日记》，转引自杨琥编：《宪政救国之梦——张耀曾先生文存》，法律出版社，2004年版。

也很相谅”，接受了他的离开报馆。——此番表述揭示了彭翼仲在梁巨川和吴梓箴自沉之后，确实主持《京话日报》。

第二，“本报现任经理刘铁夫，亦是多年的老友，他本办着一种《又新日报》，再要兼办这个报的稿子，力量实在有些来不及，再三嘱为襄理，老友情面难却，只好再作冯妇。”——此言则道明一公写作此文之时，一位叫刘铁夫的报人主持着《京话日报》事务。

1923年2月6日的《京话日报》为满数之期的第4000号，现有存报恰有2月7日的第4001号。这期报纸十分宝贵，它的头版刊登了署名姚锡威的充满感情的《祝词》，题下序曰：“《京话日报》馆届四千号之期，敬具祝词，以伸佩悃。”其词全文如下：

大地阴霾，日月冥晦。霆举飙扬，荡涤邪秽。
岳岳彭公，乘时应会。报社宣道，诛锄奸伪。
鬼蜮惊魂，如芒在背。专制余威，陷诸犴狴。
公道虽明，病魔来祟。遽归道山，斯文将坠。
铁夫铮铮，如铁之焠。斯世迷蒙，众人皆醉。
经历千艰，形神俱瘁。大厦独支，保障斯社。
步武彭公，阐扬民粹。先后归随，有举莫废。
历号四千，振聋觉聩。拍手齐呼，中华民国万岁，
四百兆国民万岁，京话日报社万岁，铁夫刘君万岁！

这篇祝词前半赞颂彭翼仲的伟名和功绩，后半褒奖刘铁夫对彭公事业的继承和发扬。诗中“岳岳彭公”等赞誉，反映了北京社会对彭翼仲的口碑。而“铁夫铮铮”、“步武彭公”和结尾的“京话日报社万岁，铁夫刘君万岁”等语，则道出在1923年之时，刘铁夫担当《京话日报》的主办者。可见，在梁漱溟兄弟之后，还有一位刘铁夫先生继续主办《京话日报》。梁漱溟谓

1922年上半年停刊，当系误记。在梁氏兄弟之后，刘铁夫接办了《京话日报》，这是中国新闻史应予补入的史实。

《京话日报》存报的最后一期是1923年4月5日的第4043号，这期报纸并无任何终刊、结刊信息，不能视作《京话日报》的满寿之期。因为此后的原报已经不存，故只能粗略地说，报人刘铁夫执持了《京话日报》最后一程的接力棒。据此还可推断，《京话日报》大约结束于1923年年中或年末。

民国时期，由国民党人主办的文化机构戊午编译社，在一份对北京新闻界系统研究的报告中指出：

> 北京多数之社会，虽贩夫走卒，以至最小之劳动家，不知有民国者，比比皆是，而未有不知有《京话日报》者，且未有不崇拜《京话日报》者。[72]

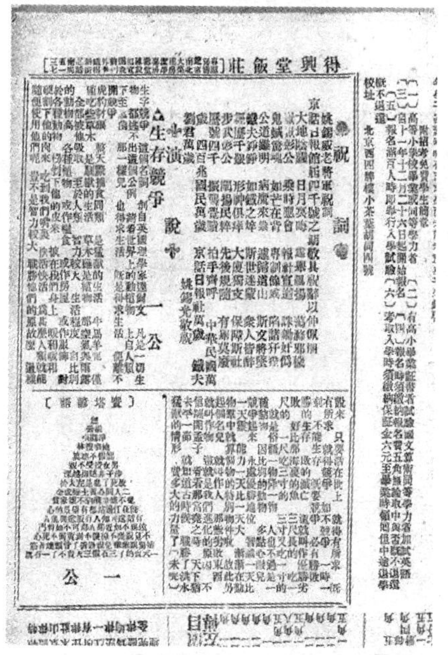

为《京话日报》出版4000期的《祝词》，刊登在第4001号上

《京话日报》第4043号，这是现存最后一期报纸

少小时代从彭翼仲和他的白话报纸受益，启发胸中很多道理，并获得终生影响的梁漱溟，在20世纪60年代指出：

> 凡自幼居住北京而年在六旬以上的老辈人，一提到“彭翼仲”三字，大概没有不耳熟的。其人其事虽已过去五十多年了，而在不少人中间仍然留有印象。[73]

这两段话反映了彭翼仲和《京话日报》在北京社会的人心印记。

---

1 演说《笑骂》，《京话日报》第717号，1906年8月25日。

2 《预备立宪修改法律时代之纪念》之《亲供》，载《彭翼仲五十年历史》，《爱国报人 维新志士彭翼仲》第190页。

3 中央新闻《侦探笑谈》，《中华报》第612册，1906年9月2日。

4 中央新闻《侦探笑谈》，《中华报》第612册，1906年9月2日。

5 论说《巡警部捕拿孙文始末记》，《中华报》第629册，1906年9月19日。

6 《彭翼仲五十年历史》之《某君与藤堂调梅》，《爱国报人 维新志士彭翼仲》第122页。

7 见《京话日报》第729号，1906年9月6日。

8 论说《巡警部捕拿孙文始末记》，《中华报》第631册，1906年9月21日。

9 论说《巡警部捕拿孙文始末记》，《中华报》第635册，1906年9月25日。

10 《彭翼仲五十年历史》之《维持人道而种祸》，《爱国报人 维新志士彭翼仲》第130页。

11 《预备立宪修改法律时代之纪念》之《警厅传票》，载《彭翼仲五十年历史》，《爱国报人 维新志士彭翼仲》第189页。

12 《彭翼仲五十年历史》之《维持人道而种祸》，《爱国报人 维新志士彭翼仲》第130页。

13 《预备立宪修改法律时代之纪念》之《亲供》，载《彭翼仲五十年历史》，《爱国报人 维新志士彭翼仲》第193页。

14 见《彭翼仲五十年历史》之《可怖之消息及手枪》，《爱国报人 维新志士彭翼仲》第135页。

15 以上均见《彭翼仲五十年历史》之《看管委员之张皇》，《爱国报人 维新志士彭翼仲》第136～137页。

16 《彭翼仲五十年历史》之《擒缚入狱》，《爱国报人 维新志士彭翼仲》第138页。

17 仵作，旧时以检验死伤而服役于官署的人员。

18 《彭翼仲五十年历史》之《儿戏治人重罪》，《爱国报人 维新志士彭翼仲》第151页。

19 《彭翼仲五十年历史》之《儿戏治人重罪》，《爱国报人 维新志士彭翼仲》第151页。

20 《彭翼仲五十年历史》之《儿戏治人重罪》，《爱国报人 维新志士彭翼仲》第151页。

21 《预备立宪修改法律时代之纪念》之《法部请旨定案折》，载《彭翼仲五十年历史》，《爱

国报人 维新志士彭翼仲》第 197 ~ 198 页。

22　《预备立宪修改法律时代之纪念》之《拟递都察院呈》，载《彭翼仲五十年历史》，《爱国报人 维新志士彭翼仲》第 200 页。

23　《彭翼仲五十年历史》之《冤案之发落》，《爱国报人 维新志士彭翼仲》第 159 页。

24　均见彭翼仲回京后在《群强报》举行的欢迎会上的《答词》，见《群强报》第 361 号，1913 年 6 月 5 日。

25　《来函诸君鉴》，《中华报》第 573 册，1906 年 7 月 24 日。

26　演说《修理沟渠河道合新旧营房的款项那里去了》，《京话日报》第 353 号，1905 年 8 月 12 日。

27　演说《瑕瑜不掩》，第 164 号，1905 年 1 月 26 日。

28　《预备立宪修改法律时代之纪念》之《警厅传票》，载《彭翼仲五十年历史》，《爱国报人 维新志士彭翼仲》第 187 页。

29　《彭翼仲五十年历史》之《戍程载笔·卷一》，见《爱国报人 维新志士彭翼仲》第 217 页。

30　《彭翼仲五十年历史》之《戍程载笔·卷一》，见《爱国报人 维新志士彭翼仲》第 217 页。

31　《彭翼仲五十年历史》之《戍程载笔·卷一》，见《爱国报人 维新志士彭翼仲》第 217 页。

32　《彭翼仲五十年历史》之《戍程载笔·卷一》，见《爱国报人 维新志士彭翼仲》第 221 页。

33　《彭翼仲五十年历史》之《戍程载笔·卷一》，见《爱国报人 维新志士彭翼仲》第 221 页。

34　本段所述流戍新疆的行程，均引自彭翼仲的演说《西陲交通不便种种的害处》，《京话日报》第 905 号，1914 年 3 月 22 日。

35　均见《彭翼仲五十年历史》之《戍程载笔·卷一》，转引自姜纬堂《校注前言》，《爱国报人 维新志士彭翼仲》第 45 页。

36　彭翼仲回京后在《群强报》举行的欢迎会上的《答词》，见《群强报》第 361 号，1913 年 6 月 5 日。

37　《彭翼仲五十年历史》之《绝笔书为一“情”字破坏》，《爱国报人 维新志士彭翼仲》第 154 页。

38　《彭翼仲五十年历史》之《续娶得贤》，《爱国报人 维新志士彭翼仲》第 97 页。

39　《彭翼仲五十年历史》之《老兄六年之苦累》，《爱国报人 维新志士彭翼仲》第 184 页。

40　《彭翼仲五十年历史》之《老兄六年之苦累》，《爱国报人 维新志士彭翼仲》第 184 页。

41　《彭翼仲五十年历史》之《始终患难之姬人》，《爱国报人 维新志士彭翼仲》第 172 页。

42　《彭翼仲五十年历史》之《始终患难之姬人》，《爱国报人 维新志士彭翼仲》第 173 页。

43　《彭翼仲五十年历史》之《始终患难之姬人》，《爱国报人 维新志士彭翼仲》第 172 页。

44　G. E. Morrison（莫理循）图文：《1910，莫理逊中国西北行》，窦坤、海伦编译，福建教育出版社，2007 年第 1 版。

45　魏长洪，艾玲：《解放前新疆报学史纵述》，载《西域研究》2005 年 4 期。

46　杨增新等：《迪化民军起义分类一览表》，转引自魏长洪、艾玲：《解放前新疆报学史纵述》。

47　《彭翼仲五十年历史》之《弟子陈干事略》，《爱国报人 维新志士彭翼仲》第 179 页。

48　阮经伯：《报界创业大家彭翼仲》，京话日报社出版，1921 年 5 月。

49　均见竹木川的演说《痛昔哀今》，《群强报》第 328 号，1813 年 5 月 3 日。竹木川系吴梓箴之号。

50　隐鸣的演说《彭翼仲》，《强群报》第 332 号，1913 年 5 月 7 日。

51　均见书屏的演说《时势英雄论》，《群强报》第 353、354 号，1913 年 5 月 28 日、29 日。

52 演说《欢迎彭翼仲先生开会记事》，《群强报》第360号，1913年6月4日。

53 均见彭翼仲的演说《答词》，《群强报》第361号，1913年6月5日。

54 梅兰芳创演时装新戏《孽海波澜》之事，见梅兰芳《舞台生活四十年》，第211～216页，中国戏剧出版社，1987年。

55 见1913年9月10日《民立报》。

56 《彭翼仲五十年历史》之《自序》，《爱国报人 维新志士彭翼仲》第55页。

57 演说《本报三次出版的感言》，《京话日报》第775号，1913年11月1日。

58 演说《本报不愿多销》，《京话日报》第2575号，1918年12月19日。

59 演说《本报增价自救》，《京话日报》第3353号，1921年3月25日。

60 阮经伯：《报界创业大家彭翼仲》，京话日报社出版，1921年5月。

61 第三次出版的《京话日报》，现有存报从第775号起，断断续续至第4043号。所有存报就期数而言，不及应有期数的六分之一。此外，大量存报均不连贯，有一些期数缺失反映时政信息的演说、新闻等栏目，仅存刊登小说、副刊及广告的第五版和第六版。

62 《彭翼仲来函》，《京话日报》第2297号，1918年3月8日。

63 彭翼仲撰写的演说《吃纸》，《京话日报》第2568号，1918年12月12日。

64 见吴梓箴撰写的演说《哭翼仲》，《京话日报》第2353号，1918年5月4日。

65 1916年报纸头版注明“本社设在宣武门外麻线胡同路东四十四号”，1917年报纸头版注明“本社设在宣武门外南柳巷路西永兴寺庙内院”，1917年12月7日报纸刊登《京话日报迁移的贺词》，明言“馆址迁至宣武门外南柳巷路东四十四号后院”，以后的报纸又有“宣武门外南柳巷路西永兴寺庙内院”、“宣武门外南柳巷路东五十号后院”、“前门李铁拐斜街路西”、“前门外五道庙路东”、“前门李铁拐斜街路北”等表述。1918年12月4日（第2560号）《本社紧要广告》称：“因吴梓箴逝世，本社往来信件均请寄粉坊琉璃街内崇兴寺路南本报编辑部。彭翼仲白”。

66 “寄归道人”、“寄归子”是彭翼仲晚年新取的名号，详见下文。

67 《亡国奴哭彭翼仲》，《天津益世报》1918年5月7日。

68 《时评》，《北京益世报》1918年5月7日。

69 见《周恩来旅日日记》上册，线装书局出版，1997年。

70 见《强群报》第3321号，1921年12月18日。

71 均见梁漱溟：《记彭翼仲先生——清末爱国维新运动一个极有力人物》。

72 1919年戊午编译社《北京新闻界之因果录》，载杨光辉等编：《中国近代报刊发展概况》，新华出版社1980年版，第174～175页。

73 梁漱溟：《记彭翼仲先生——清末爱国维新运动中一个极有力人物》。

第三章 “眼光向下”
——《京话日报》的平民品性

《京话日报》从“眼光向下”的自身定位和启蒙姿态出发，在栏目设置和具体运作上显现了特出的平民品性。它以亲近普通民众的面貌进入北京社会，切实有效地体现了“开启民智”宗旨，带动了北京民间舆论环境的建立。

彭翼仲说：我办这《京话日报》，专要教多数人开通，让民间多出明白人。当时有人用“穷看报”来称唤《京话日报》，虽然字眼儿很挖苦，但是“我们很喜欢”。

《京话日报》的体例模式，被其后出现的众多北京白话报纸承袭和沿用。

梁漱溟指出：《京话日报》的“特足贵者”，在于“眼睛非向上看（如康梁），而是向下看广大人民群众”。[1] 这一评价揭示了《京话日报》独具特色的自身定位和启蒙姿态。

报刊栏目设置是对信息进行整合、提炼、解释和增值的重要手段，是反映该报刊理念、目的以及运作状况的一个重要标志。美国新闻理论家沃尔特·李普曼指出：“到达读者手中时，每份报纸都已经是一系列选择的产物，这些选择包括印什么新闻、印在什么位置、每条应占多大版面、各自的重点是什么，等等。”[2]

《京话日报》前后采用两种版式，即自第 1 号（1904 年 8 月 16 日）至第 341 号（1905 年 7 月 31 日）的日出四版版式，自第 342 号（1905 年 8 月 1 日）至第 751 号（1906 年 9 月 28 日）的日出六版版式。前一种版式设有演说、紧要新闻、本京新闻、各省新闻、各国新闻、来函、来件、电报、小说、宫门抄、上谕、告示、唱歌（时事新歌）、儿童解字、商情广告等栏目，还利用边框外空白刊登各类告白。后一种版式在延续此前栏目模式的基础上，增加了讲书、故事（庄谐选录）栏目，扩大了一些原有栏目的容量，并在表达方式等方面进行了改进和调适。

以下简述《京话日报》的各个栏目及运作状况。

演说栏目

旧词新意的“演说”

中国古代早有单音词“演”和“说”，由它们构成的合成词“演说”，古代文献中早已有之。古代词语“演”、“说”和“演说”的要义有二：第一，推演，阐说。第二，以口头方式道说，表达。“盖西伯拘而演周易”（司马迁《报任安书》），“演”意为推演。“博学而详说之”（《孟子·离娄下》），“说”意为解说。“而贵游子弟慕其德义者，或就其宅，或寄宿邻家；昼夜承闲，受其学业。会欣然演说，未尝懈怠。”（《北齐书·权会传》）“演说”即阐述、阐说。《红楼梦》第二回回目“冷子兴演说荣国府”，“演说”意为讲说。

清朝末年，随着西方文化渐入东土，中国的维新人士接受了新的“演说”概念，于是，早已有之的词语“演说”被赋予新的文化意义和社会意义。

近代西方文化传入中国，一个重要途径是取道日本。而日本之所以成为中转站，一是因为日本早于中国接受西方文化，已对其进行过消化和融合；二是日语以汉字为书写工具，与中国文化的衔接最为便捷。英语本有表述形式 public speech，它的语言意义是“在公众场合发表见解、阐述事理、说服听众”，日语接纳其义，构成“演说”一词。最早用日语“演说”转述英语 speech 之义的是福泽谕吉，他指出：“演说一语，英文叫作 speech，就是集合许多人讲话，即席把自己的思想传达给他们听的一种方法。”[3]后来，戊戌变法失败后，维新派重要人物梁启超流亡日本，接受了福泽谕吉的“演说”概念，并把它引入中国。他说：“演说一道，最易动人，故欧美特多。分门别类，几无一处、无一业无演说。晚近日本学者学之，亦几无一聚会无演说，甚至数人之会，亦必为之。”[4]梁启超近观日本现状，思考中国变革问题，提出“学校、报章和演说，乃是传播文明三利器”的见解，指出：“大抵国民识字多者，当利用报纸；国民识字少者，当利用演说。”“我中国近年以来，于学校、报纸之利益，多有知之者；于演说之利益，则知者极鲜。去年湖南之南学会，京师之保国会，皆西人演说会之意也。湖南风气骤进，实赖此力，惜行之未久而遂废也。今日有志之士，仍当着力于此。”[5]

梁启超的这些见识，通过维新派的书籍报刊传进中国。于是，在清末维新启蒙运动中，具有新义的“演说”一语逐渐为国人应用。

《京话日报》的“演说”概念

1914 年 6 月 26 日，《京话日报》第 1000 号刊登彭翼仲撰写的演说《本报十年小影》。该文回忆历史，述说了十年前本报创办之初选定“演说”名目的原委：

> 敝人受庚子年的激刺，国耻家难，并在一起，因此，牺牲一己权利，创办报纸，打算唤醒我多数同胞。初创《启蒙画报》，至甲辰年的

七月十六日（苏按：当为七月初六日）遂创办白话体的《京话日报》。既是白话体裁，报首一栏，甚么社说、社论、论说，概不适用。当时风气未开，官禁演说，听见“演说”二字，就如同谋为不轨的一般。除了教堂开会演说而外，再没有本国人演说的地点。试想民智未开，专凭报纸的力量，哪能普及？非开演说会，不能普及人民的知识。要叫人人知道演说的益处，先得叫他熟悉“演说”二字的名词。知道演说并非他法，就得让他去听演说。再三再四的酌量，毅然决然，决定在报纸第一栏，标明“演说”两个大字。这既合乎自己的宗旨，又可以进到人民的耳目，免得误会了演说，当作了谋为不轨。

从这段自述可以看出：“演说”是《京话日报》为了体现“开启民智”宗旨而设定的栏目名称；“演说”是一种“可以进到人民的耳目”的白话文体；“演说”文稿与“对众开会讲说”的传播方式有密切关系。

1918 年 3 月 11 日，《京话日报》第 2300 号刊登当时主持报馆事务的吴梓箴撰写的演说《请看彭翼仲之演说》，该文指出：

今天记者（苏按：“记者”为吴氏自称）未从说话，先要论论“演说”二字的来源。可并非解释字义，是专论这二字是谁所兴，借此说说本报的历史。在前清光绪三十年（甲辰）七月初六日，《京话日报》未出版以前，外省虽有报纸，第一栏的言论，标题或用“论说”，或用“社说”，就没有“演说”二字的名辞。自彭翼仲在北京首创白话报，因为要开通农工商贾多数的老黎民，以及妇人孺子，非用浅近京话，不能普遍，才把文话论说，用北京俗话演讲出来，所以才有“演说”的名目。

吴梓箴是一位“与《京话日报》相终始者”，他的这段文字表明，彭翼仲在《京话日报》创办之初，为了实现"开启民智"的办报宗旨，经过再三斟酌，选定"演说"作为文体名称和栏目名称。

民国初年的撰著者阮经伯[6]指出：

> 回忆二十年前，筚路蓝缕，开山老祖，类皆不知其人为谁矣。报纸体裁，初尚文词，今尚白话。今且有善作数句白话，便高捷旗帜，自名为文字革命家者，诚不知《京话日报》当日执大刀阔斧，为开天辟地之急先锋也……近数年来，各报纸上，如"演说"、"维新"、"改革"诸字样，早已成为习惯语。而不知二十年前，此等字样，官场直畏若蛇蝎，视如炸弹，一经引用，殆难幸免。翼仲一日忽发一奇想，谓战马不畏炮鸣，殆习惯也，于是于报端社论之处，大揭"演说"二字。官府见之，当时一惊，继读文字，又平淡无奇，于是习以为常，见惯不惊矣。近者如"社会"、"革命"、"改造"、"解放"诸名词，又将为各报之流行语，而试问十余年前，谁曾作此梦想者。[7]

阮氏梳理二十年来报界历史，指出：彭翼仲在《京话日报》问世之时选定"演说"文体，以此开创独具特色的白话报纸体式。

以上所引彭翼仲自道及吴梓箴、阮经伯所述，表明《京话日报》"演说"概念的独特意义。虽然当时具有近现代传播学意义的"演说"一词已出现于中国，彭翼仲对它并无"发明权"，但是，《京话日报》却使"演说"与自身独具的"平民品性"紧密结合，从而具有独特的涵义。

总的说来，《京话日报》的"演说"概念主要具有四种意义：

第一，"演说"是一个栏目的名称。

第二，"演说"是具有"口说性"特征的文体。

第三，"演说"是讲说、解说等表达方式。

第四，“演说”是在公众场合宣讲、口说的传播方式。

因此，《京话日报》的“演说”既是栏目之名，文体之名；又是言语品类之名、表达方式之名、还是传播方式之名、社会舆论存现状态之名。这些意义体现在《京话日报》的运作和传播过程之中。《京话日报》的“儿童解字”栏目在讲解“演”字时，连带讲说了语词“演说”：“‘演’，音‘衍’，流水愈引愈长叫‘演’，借作‘演说’‘演义’的‘演’。演说起来，意思愈引愈深，最能够发明道理，所以外国最重演说，也是一种专门学问。”[8]这个通俗的解说反映了《京话日报》对“演说”概念的体认和运作。

演说栏目概况

“演说”作为常设性栏目，置于《京话日报》的头版头条。通常格式是：以大号字体的“演说”二字冠首，作为栏目名称标识。其后便是大号字体的篇目标题，标题之下是作者署名及相关情况的说明和交代，然后便是常规字号的正文。

在清末时段《京话日报》现存的751期报纸中，演说栏目共刊登文稿569篇。然而，还有5篇文稿可以归入演说栏目，它们是：刊登在头版头条而标题前未出现“演说”二字的4篇：《奉答爱国女子来函》（第211号，1905年3月22日），《请看越南亡国的苦楚》（第403号，1905年10月2日），《请说说非律宾的故事》（第408号，1905年10月7日），《济良所劝禁虐待浅说》（第641号，1906年6月8日）。以这4篇文稿的位置和内容来说，它们应属演说栏目，只是文前漏排了“演说”二字。此外，《喀喇沁王福晋在北京豫教女学堂演说》（第490号，1905年12月28日）刊登于第6版，虽然未置于头版头条，但依据其题其意应把它归入演说栏目。加进这5篇演说之后，可以说，《京话日报》的演说栏目共刊登文稿574篇。[9]

在通常情况下，每期报纸刊登一篇演说。有时在一期报纸上刊登两篇演说，偶有一次在一期报纸上刊登了三篇演说[10]。一般情况下，一篇演说一次登毕，篇幅较长的文稿则采取连载方式，总计连载演说共有84篇。

《京话日报》的演说，有的有作者署名，有的无作者署名。在无作者署名的文稿中，有的在题下和文中反映了作者信息，可以视为署名篇目。这类文稿有两种情况：

第一，题下虽未署作者之名，但是题中点出了主述者或作者之名。例如，《二月初七日春治先在振懦女学堂的演说》（第556号，1906年3月15日）、《桐城吴紫英女士劝募女子国民捐》（第577号，1906年4月5日）、《公立学堂开学义务员诚裕如演说》（第611号，1906年5月9日）、《说书人张智兰的识见》（第613号，1906年5月11日）、《兴化女学堂开学王子贞演说》（第657号，1906年6月24日）等。又如《本报经理人的愿心》（第122至第125号，1904年12月15至18日），题意和行文都表明撰写者是彭翼仲。《北城日新阅报处开办演说》（第295号，1905年6月15日）和《日新阅报社期年记念演说》（第667号，1906年7月5日），根据该阅报社实情，可知两文作者是日新阅报处主办者宝梦伯。如此等等。

第二，一些文稿属书信体，标题及落款交代了写信人，也可视为署名篇目。例如，《朱寿臣来函》（第650号，1906年6月17日），作者是朱寿臣。《锦州客籍学堂来稿》（第315号，1905年7月5日），落款为“锦州客籍学堂张恩级等13人同启”，他们便是此文作者。《答锦州赵礼南先生来函并谢曾孟二公》（第165号，1905年1月27日），落款为“弟 彭诒孙、杭慎修顿首”，作者是彭诒孙和杭慎修。类此者等等。

在《京话日报》的574篇演说中，署名文稿共306篇，未署名文稿共268篇。再将根据题中和文内信息可以判知作者的篇目考虑进去，大致可以说，署名篇目和未署名篇目各占五成。

演说栏目的署名文稿有三类作者：第一类，报馆编辑者，主要是彭翼仲、杭辛斋、文subtract盦、吴梓箴等人。第二类，与报馆关系密切的合作者，主要是梁巨川、春治先、王子贞、刘瀛东、陈干等人。第三类，职业身份不同的各类社会中人。这类人十分广泛，其中有识文断字的职员、蒙师、书办、学生，也有识字不多的小业主、小商贩、小店员、手工业工人、家奴、差役、士兵、家庭妇女、优伶、妓女等等，还有各级官员，皇族宗室，佛、道、回从教人员等。此外，还有一些文盲，他们因请人代笔而完成了演说稿。

对演说栏目的未署名文稿进行考量分析，可以看到，它们的作者也属于上述三类人。

《京话日报》的演说文稿包括四类基本内容，即：披露、评述时政要闻；披露、评价社会现象和社会心态；传播现代社会观念，解说和宣讲科学文明知识；鼓吹社会改良和进步，倡导社会运动。演说栏目的话题范畴、话语系统和表达方式都体现了“开启民智”的宗旨，报馆编辑者与广大读者共同担当言论主人，一起披露、剖析和研讨社会问题，谋划社会出路，显现了真挚的倚重和卓有成效的相互影响——当然，彭翼仲等编辑者在其中体现了主导作用。

一般报纸往往将头版头条安排给社论、社说、社评，供编辑者阐述宏观性、全局性、前瞻性、引领性和论理性言论。《京话日报》“演说”栏目的定位和文体属性却与常规情形存在明显区别。但是，一些论者将《京话日报》的“演说”说成与一般报纸的“社论”、“社说”、“社评”、“论说”相同的栏目，把所刊之文一概说成是论说性文体，显然不切合实际情形 。[11]

新闻类栏目

清末维新人士用“达内事于外”、“通外情于内”、“通上下之情”、“通中外之故”和“去塞求通”说明报纸沟通信息的作用。彭翼仲对此也十分重视，办报伊始，他就把“开通内地的风气，叫人人都知道天下的大势”[12]作为《京话日报》的一项重要职能。

《京话日报》的新闻类栏目细分为“要紧新闻”、“各省新闻”、“各国新闻”和“本京新闻”，其中，“各国新闻”、“各省新闻”和“本京新闻”是依据新闻发生地域而作的分类，“要紧新闻”刊登发生在各地域的重要新闻。此外，“专件”和“电报”栏目也属于新闻类栏目，“专件”刊登专题新闻，“电报”刊登及时收到的国内外电讯。

《京话日报》的新闻类栏目全面报道远至各国各地、近至京都街衢里巷的众多信息，为广大民众构建了获知世间万象的信息通道。

新闻类栏目的信息来源

《京话日报》的新闻信息有两类来源：一类是采用各种报刊和各地来电的新闻信息，另一类是办报者亲自采访后撰写的新闻稿。

第一类：采用各种报刊和各地来电中的新闻信息。

彭翼仲说：“本报初出版的时候，经理的人太少……除了演说跟小说两门，都是自己编的；各门的新闻，大概是从别的报上摘来，演成白话，也有一二个朋友替编的。”[13]例如：要紧新闻《德人在山东的举动》（第95号，1904年11月18日）揭露德国人军事上、政治上和商务上的种种行径，告我同胞对德国人须要提高警惕。后来德国钦差对《京话日报》施加压力，彭翼仲严正指出：《京话日报》所作的报道“也不是本报杜撰，字字都有来历”，“是上海报上说的，本报不过摘了几条”。[14]又如：《京话日报》有一则新闻稿开首说道：“日本《太阳报》有记载俄国社会情状一篇，其中有一段，说俄人欺弱畏强。特把他摘出，演成白话，好叫我国民知道。”[15]从这些表述可以看到，当时各类报纸上的新闻信息是《京话日报》的一个新闻来源。被采用的报刊，有的是国人所办，如《大公报》、《申报》、《燕都报》等，有的是西人所办，如《字林西报》、

《朝日新闻》、《中外日报》等。《京话日报》在采用这类新闻信息时，往往交代取自何种报刊。

《京话日报》采用外国通讯社和国内各种电讯稿时，也往往交代电讯来源，如“路透社来电”、“今据德文电报”、“伦敦电报说”、“据柏林专电”、“东京来电”、“沈阳来电”、“上海来电”、“锦州来电”、“营口电报”等。

具有特色的是，《京话日报》从“用白话做报”的态度出发，对采用的报刊和来电文稿都进行“演成白话”的语言加工。

第二类：报馆编辑人员亲自采访并撰写的新闻稿。

《京话日报》的编辑者注重亲自进行新闻采访，以获得缜密翔实的第一手资料。这类新闻信息主要刊登在“本京新闻”和“要紧新闻”栏目。

《京话日报》的一些新闻稿反映了办报人采访新闻的具体实情，如：“本馆痴心人，打算查出铜元走漏的真情，不辞辛苦，初一日早晨，匆匆忙忙，把当日报稿编齐，抽身走到前门，雇了一辆东洋车，跑到后门，访查放饷的情节。”[16]“昨天清早起来，跑到茶馆里访新闻……”[17]本京新闻《老爷大骂巡兵》（第610号，1906年5月8日）披露了一位老爷粗暴责骂巡兵的事，有人为此找麻烦，“叫本馆更正”。但是报馆予以拒绝，指出：那篇报道“可不是访友来的信，也不是协巡营通的风，确是本馆人亲眼目睹”[18]。类此者甚多。

《京话日报》的许多新闻稿，行文之中显现了彭翼仲的口吻，甚至直接出现其名，表明彭翼仲常常直接进行新闻采访。例如，要紧新闻《工巡局很替姜军门留体面》（第241号，1905年4月21日）披露姜军殴打巡警兵一事，借此要求姜军整顿军风。文末是这样一句：“这话都是彭诒孙说的。”又如，本京新闻《东安市场演说纪事》（第654号，1906年6月21日）叙道：“昨天下午，到了东安市场，登台演说。老老少少，去听的人很多，足见风气大开，实在可喜。”而在此前三日的本京新闻《坐腔戏不如扮演的力量大》（第 651 号，1906 年 6 月 18 日）中，报道了一位唱莲花落的徐姓艺人，要在东安市场演唱《女子爱国》。其后附有这样的“翼仲注”：“本报提倡这类事，还怕顽固人不明白，定于二十九日两点钟，到市场演说演说，遇雨改在第二天。”——三天前的新闻中披露了彭翼仲将到东安市场演说，三天后的新闻直接报道了东安市场的情形，可见这两篇新闻稿都出自彭翼仲之手。

《京话日报》关于北京社会的许多新闻报道，关于社会热点问题和民众参与的社会运动的集中报道，凝聚了编辑者亲自进行采访的艰辛，有的包含了极大风险，如本书后文多处所述。

新闻报道具有“主动告知”要素

现代新闻学理论指出，新闻写作包括五个要素，即“五个 W”：时间、地点、谁、什么事，什么原因。虽然《京话日报》的新闻稿尚未严格体现“五个 W”的原则，但是，富有特色的是，新闻报道中渗进了“主动告知”要素，或提示新闻背景，或交代某些细节性信息，或对报道内容加以点染、说明和议论，俨然有一个或显或隐的“主诉者”形象。当时报刊传播风气初开，接受者大多是文化水平偏低的民众，为了帮助广大民众靠近报纸和接受报纸上的信息，这样的表达方式无疑具有积极作用。

请看以下新闻稿。

本京新闻《木厂子掌柜的大开通》：

> 顺治门外大街路东，有一处义盛木厂，掌柜的姓杨。这位掌柜的早已得了报迷，每天晚上，不看报睡不着觉。为甚么提起他来呢？江亢虎创立女教传习所，缺少经费，本馆捐了五块钱，江君来信，不肯收钱，叫我们替做两块黑板，就托了这位杨掌柜去做成。昨天见着他，问黑板的价值，五块钱够不够。您猜他说甚么？

"如今的大局，全仗着人人出力，我也是中国四万万的一个人，自然也当尽尽义务，两块黑板，价值有限，就算我义盛木厂捐送了罢。"难得难得，本馆所捐的钱，改作板凳了。[19]

本京新闻《戏台底下掉眼泪》：

演唱好戏，最足以感化人心。后人没有思想，所编各戏，与人全无益处。新编的《惠兴女士》真情真景，很容易感动人。昨天在广德楼演唱，正面楼下，有位学生，放声大哭，看他的神情，万分难过，如同碰了自己的心病，可又仿佛有痛快极了的意思。所盼望的事，一旦办成，乐极生悲，该应痛哭。浅俗的人，必说他是瞎担忧，哪里知道，只这一哭，便是热心爱国的真君子！可惜不知名姓。如不见弃，请来本馆一谈。盼望的很，盼望的很！[20]

本京新闻《裱糊匠热心》：

地安门正俗报社，十三日搬在帽儿胡同，社员黎仲五，本是裱糊行的人，前天约请同行人于、王、黎、窦四位，给报社糊棚。糊完了开给工钱，四位一定不要钱，说："诸位尽义务，我们也是尽义务。"听说这四位，还要在本行提倡国民捐呢！作匠人的都这样的热心，不知有钱的财主，应当怎样？[21]

这些新闻稿亲切近人，平白易晓，平实地报道了当时社会上的人和事，表达了办报者的思想感情，体现了富有积极意义的精神内涵。

《京话日报》的一些新闻稿写法灵活机动，不拘一格，例如，下面这篇新闻稿在报道天气实情之后，着重讲解了气象科学知识：

> 初九午后三点多钟，忽然间风雷大作，大雨滂沱。雨里夹着冰雹，乒乒乓乓，下了一点钟的光景。那雹子的大小，有核桃大的，也有龙眼大的，把树叶子和果木，打了一地。我们报馆里有两棵枣树，枣儿结的很好，这一下子，全结完了。那乡下的庄稼，就可想而知。京城近十几年，没有见过这样大雹。这下冰雹的缘故，不知道的很多，我且讲大概，给众位听听：下冰雹总在天热的时候多，为的是地下愈热，半天的空气愈冷。那云里含的水气，升到空中，被冷气一逼，便冻成小冰粒。从上而下，在水气里头旋转，仿佛摇元宵似的，越滚越大，便成了冰雹。从前我中国铸枪炮铁弹子，都是搭了极高的大架子，在上面设炉，把铁熔化，洒在铁筛里头，从筛眼滤下，等得落到地上，已变成的溜滚圆的弹子。这和冰雹的理，正是一般。[22]

下面这篇新闻稿借题发挥，讲述运用邮政时如何正确书写信封，写得如同知识短文：

> 邮政局送递信件，若不挂号，一下子失落了，邮局无从查问，再不写清地址，更难投送。即如二月十五日，有人由保定府寄北京的信，有俄文学堂信一件（这类信件，不致失落，送信人都知道学堂地址），又家信一件。因为家信地址难找，迟至二十六日，费了送信人很大的事，好容易才打听明白（可见是送信人路不熟，并非写的不清），把信交到。以后凡寄信的人，总要先把省份横写在上面，字要大大的，小地名的上头，不可假零碎字眼，如“烦贵局吉便带至”这类无用的字，写成一大串，最是误事。再写的

不通文，更是糟糕。寒苦人既舍不得挂号，就照下面的样子写清，或者不致再有错误了。

北京东单牌楼小报房胡同路南

××老爷收

天津×××××

北京二字要大，如寄天津，就写天津，寄上海，就写上海。只要是通邮政的地方，都可照此书写。[23]

有时，刊登在“电报”栏目的电传资讯，也经编辑者加工体现了“主动告知”用意。请看以下这则电报：

德京电报上说，上海日本总领事新近回国，在沿路上，跟各报馆访事人说，这回华人抵制美约，不买美货，他们这个团体，究竟不很结实，恐怕不能长久。唉，外国人啊，你真是钻到咱们脑子里来了啊！中国人啊，可不要掉在人家话把儿底下啊！[24]

总的说来，《京话日报》的新闻信息传播，生动地体现了开启民智的宗旨，从而有利于广大民众的接受。

新闻报道体现了刚直、正义的新闻态度

《京话日报》屡屡指出：“报馆的说话，一秉大公”[25]，“至于本报纪事，却没有一条出自杜撰”。[26]报上的新闻报道坚持以事实为依据，体现了刚直、正义和对社会负责的新闻态度。

《京话日报》自觉承担新闻报道责任，敢于担当随之而来的任何风险，屡屡表白：“登报之后，有甚么是非，都归本馆一面承担”[27]，“登报之后，由本馆担责任”[28]，“事如为公，一经访实，在本馆担责任”[29]，“本报的宗旨，绝不给人家坏事，也绝不受人家贿托。事如不平，考查实了，为一己的事，有保自然代登。为大众的事，本馆就敢出头担责任。”[30]

《京话日报》在新闻稿件刊登之后，如果发现信息有误，就主动予以更正。最初以《更正》、《辨正》为题刊登更正启事，从第182号起，添设《更正传闻》专题，指出：“本报添此一门，如有传闻不确的话，随时更正。”以后，就在不定期的《更正传闻》中刊登种种更正信息。

《京话日报》秉守服从公理、不徇私情的新闻良知，多次表白：“报馆是替天下人说话的地方，专讲公理，不徇私情。徇了私，便够不上报馆的资格。”[31]“我们这《京话日报》，是一个大胆妄言、不知忌讳、毫无依傍、一定要作完全国民的报。”[32]“应该争论的，刀放在脖子上还是要说。”[33]“本馆所登的话，一字不能更改，如再不知羞愧，我们可就要一五一十的说了……”[34]“凡各衙门的弊病，明说暗说，毫不容情。……故此本报不怕得罪人，知道就要照直的说。”[35]

其实，不限于新闻栏目，整个《京话日报》都体现了刚直、正义的新闻态度。《京话日报》的深受民众拥戴与遭受清廷顽固派迫害，与其刚正不阿的新闻态度有着必然关联。

来件、来函、回件、回函栏目

《京话日报》的来件、来函、回件、回函等栏目既是读者提供实情、表达见识、提出主张和反映心愿的窗口，又是办报人与读者交流信息的通道和平台。

大量读者来件、来函向报馆反映多种信息，包括东西方列强在中国的行径，官府和官员的手段和行为，有悖于社会进步的种种人和事，社会各界在维新改良运动中的作为和表现，以及广大民众对于社会进步的思考、建议、要求和期待，等等。大多数来件、来函既提供新闻信息和报道线索，帮助《京话日报》提高揭示社会实情、为社会服务的功能；还及时反映了民间舆论，增强了《京话日报》对北京社会的贴近和影响。

一些读者还把应由执政者完成的事项告与报馆，希望报馆敦促其成。例如，西北园附近的延寿庵空地上有一个大坑，常有人在那里倒屎尿，臭气熏蒸。深受其苦的住户投书《京话日报》，上写“京话日报主笔台鉴”，内呼“求求卫生局想出法子来”[36]。又一件来函指出，内城各巷街口，许多人随地大小便。东安门内，由门洞往南，顺着城根，尿屎满道，脏水脏土，臭不可闻，而内城巡捕一概不闻不问。希望报馆主人要求“当道诸君查看查看”[37]。——普通民众把应由政府部门承担的事项告知《京话日报》，表明民众自觉产生依靠报纸督促政府履行职能的愿望，反映他们渐已形成报纸社会功能的新意识。

《京话日报》对读者来件、来函的回复，一种形式是对该文作按语、批注和附言，另一种形式是写成独立成篇的“回件”、“回函”。这些回复，显现了报人与读者的平等交流和对话，反映了他们之间的真挚信赖和倚重，体现了《京话日报》亲近民众的品性。

令人印象尤深的是，彭翼仲撰写的回件、回函往往活现了热忱真挚的真性情。例如，有人对他的办报有误解，说他“摆老爷架子”，他便这样剖白心迹：“老实说给你听，我是看够了官场的恶习了，心里已经冷透了。所以有官不去做，就是怕当老爷。……如今做的这宗买卖，可也不是专为赚钱，要打算赚钱，专专的印书印字，岂不大妙，何苦学那子规夜啼，把两片子嘴说的流了血，谁又来替你瘟疼呢？”[38]而当读者纷纷夸奖《京话日报》的时候，彭翼仲则在回函中写道：“从今以后，奉劝诸位：不可专夸奖我们的报……若是再来夸奖我，我只好把原稿焚化了，用眼泪和成丸子，吞在肚子里头去，免得叫别人再知道。”[39]

来件、来函、回件、回函等栏目启发了广大民众的言语欲望，打开了他们的言语通道，实现了报馆编辑者与受众之间富有活力的互动。

儿童解字栏目、讲书栏目

以“开启童智”为宗旨的《启蒙画报》设置了大量蒙学内容。其后的《京话日报》继续推进蒙养教育，“儿童解字”和“讲书”就是重要的蒙养教育栏目。

儿童解字栏目

《京话日报》在自创刊号至第491号（1905年12月29日）的一年零四个月内，设有儿童解字栏目。这个栏目在日出四版版式中处于第四版下位，在日出六版版式中处于第五版下位，一般每期都出现。但在开展抵制美货宣传和“国民捐运动”形成热潮期间，因为稿件拥挤，暂停若干期。总的说来，儿童解字栏目共刊出271期，共计讲解汉字1670个。

汉字是汉语的书写记录工具，汉字教育从古而来就是一项基本的童蒙教育内容。认识和掌握一定数量的汉字，是小学生学习文化的首务，传统的语言文字之学据此而有“小学”的俗名。

我国的童蒙汉字教育有两千多年传统，将《京话日报》上连载的儿童解字会合成册，其实就是一部蒙学字书。再将“儿童解字”与它之前的蒙学识字课本相比较，可以看到，“儿童解字”在汉字蒙养教育中既有继承，又有创造。

“儿童解字”对传统汉字教育的继承表现在两个方面：

第一，选讲字数体现了传统蒙学的成功经验。我国的童蒙课本，秦代有李斯的《仓颉篇》，汉代有史游的《急就篇》，南北朝有周兴嗣的《千字文》，宋代有《三字经》、《百家姓》，明代有李登的《正字千文》，清末有王筠的《文字蒙求》等。《仓颉篇》今已亡佚，《急就篇》收字2016个，《千字文》、《三字经》、《百家姓》合称“三百千”，共收字2720个，把重复字作为一个字计算，大约共有2000个单字。王筠的《文字蒙求》解说2000字左右，该书自序指出：“小儿四五岁时，识此二千字，非难事也。而于全部《说文》九千余字，固已提纲挈领，一以贯之矣。”所以，幼童发蒙期间集中认识2000左右个汉字是传统汉字教育的成功经验。儿童解字栏目把使用率最高的常用字纳入儿童识字范围，讲解的1670字都是汉字中的基本字，这种做法继承了两千年来蒙学教育的传统。

第二，使用了传统蒙学行之有效的讲字方法。传统蒙学说解汉字立足于形、音、义三要素，通过解析字形而说其音、义；同时，通过对多个汉字形符和声符特征的解析，说明汉字字群和字族在形、音、义系统的种种特征和关系。这样，就在文字层面和语言层面上由表及里地讲析汉字知识。儿童解字栏目在说解汉字过程中也采用了这样的方式。

儿童解字栏目在汉字教育上的创新体现在两个方面：

第一，选字、讲字与现实生活密切联系。这里所说的“现实生活”，指的是20世纪初中国社会的现实，其中既包括物质生活，也包括精神生活。《京话日报》呼唤提升“国民程度”，因此，儿童解字栏目在说解汉字的同时，常常连带介绍现代自然科学和人文科学知识，帮助国人认识世界，认识各种新物新理，汲取各种新知新识。

第二，在讲字过程中突出爱国维新思想。儿童解字栏目常常在说解中渗进爱国维新思想，通过说解汉字启发读者的爱国热情，以此体现“从小就教他爱国”[40]的用意。

请看以下实例：

> 望　音旺，每月十五日叫望。远看也叫望。月到十五这夜，正同太阳相对。地球虽在当中，偏在一旁，不能遮掩日光，所以月光圆满，反照到地面。日月相望，就叫望。
>
> 聋　耳朵不中用叫聋。聋有朦胧的意思。人耳朵里有三个小骨，彼此连接，外面接着耳鼓，耳鼓受了声音，自然激动，传递到小骨上，由小骨再传到脑筋，就仿佛电话匣子的机器似的。
>
> 唾　音土卧切。嘴里的津液叫唾，吐唾沫亦叫唾。古人说“唾面自干”，叫人忍着羞辱，不必跟人较量。唾在脸上不必言语，等它自己干。如今美国华工，我们再不抵制，就成了唾面自干了。
>
> 报　音抱。人有所施，我有所答，叫做报。告诉人事情，也叫报。报就当“告”字讲，如京报，报纸，都是告的意思。东西各国，报馆如林，各种报的样子也很多，大概有三宗门类：(一)官报，由官办理。(二)半官报，民办官帮忙。(三)民人自办。各种的报纸，讲时事的多，亦有专谈学问的。增长见识，开通风气，除了报纸，没有别的法子。

可以看到，蒙养教育的儿童解字栏目，鲜明地体现了“眼光向下”品性和“开启民智”宗旨。

讲书栏目

讲书栏目是《京话日报》进入第二年实行“二次改良”而新增的栏目。“读经”和“讲经”是中国古代早已有之的教育内容，《京话日报》的讲书栏目力图使古老的经学文化与现实生活沟通，把当时的爱国维新运动与中华民族传统文化结合起来。其文面形制是：先用大号字刊登经典原文，然后用小号字对该段内容作白话讲说，类似于传统的经传体式。

请看以下实例。

《孟子》中“颁白者不负戴于道路矣”一段，“讲书”作了这样的讲说：

> “颁”同“斑”一样，“负”是身上背着，“戴”是头上顶着。出京不远，头上顶物的习俗，至今不改。头发斑白的人，还得出去卖苦力气，年青力壮的，反倒躲在一旁享清福，这还有甚么伦理可讲呀？此等小节，看似平常，所关系的地方，实在不小。据孟子所说，老者可以不必卖力气了，这必是教化普及，处处有了学堂，人人受了教育。盼望着中国有这们一天，道路之上，可就清楚多了，绝不会像前门洞儿似的，老头子、老婆子，跪了一大串，对着坐车骑的小伙子，一声一声的叫大爷。他们叫着不理会，我们听到耳朵里，究竟好受不好受啊？[41]

《孟子》中“狗彘食人食而不知检，涂有饿莩而不知发”一段，“讲书”作了这样的讲说：

> 把百姓的钱米，弄了来养活牲口，就如同叫猪狗吃人的口粮一样，但知道夺了民食，喂狗喂猪，可不想想挨饿的人，已经是猪狗不如了。沿道儿上头，一遇荒年，不知要饿死多少穷人。既然遇了荒年，任凭他们冻饿死，又不赶快的办急赈，直等待满街上是倒卧，一个劲儿装没事人，为上的问问自己，这饿究竟是谁的过处呀？……就拿北京城里说罢，那些大宅大府，太太奶奶们，全爱养活哈吧狗儿，旗员老爷们，又专爱养活细狗。

养哈吧狗的，有管狗的妈妈，养细狗的，有细狗的把势，前些年很兴这个玩意儿，都是百八十条的养活着。这般爱狗的太太老爷们，走在街上，见了冻饿快死的人，心里头转念头不转呀？养狗的既是如此，再说夺民食去喂猪的，那种人更是丧尽天良，毫无人理。[42]

关于儒家学说中的“仁义”概念，“讲书”作了这样的讲说：

比方说罢，国富民强，人人不讲公德，不但无益，反要受害。若是一国的人，都受过教育，人人重公德，人人不自私，自然就纯是仁义。“仁”字讲的很宽，像现在美国虐待华工，我们中国人，齐心一意，不买美国货物，这就是知道爱同种，爱种就是仁。“义”字讲的也很宽，寻常人做好事，都称为义举，如今中国所缺的是蒙小学堂，有肯捐钱立蒙小学堂，或捐立图书馆，或捐立阅报处，这全叫作义。[43]

一位经历过传统经学教育的读者向报馆投文，指出：“说到讲书，有用汉学考据的，有重宋儒理学的，都是往深奥里追求”，“《京话日报》近来添上了‘讲书’一门，本是为字眼儿浅的人打算，在下一看，心里也被他大大的感动。他外面说的话，极俗极浅，骨子里头，可全含着补救时局的深心”，“像彭翼仲这样的讲书，请问诸位，有用没用呀？乡下教书的老先生们，果能拿《京话日报》，当作了讲义课本，在下敢落一个保，学生们的学问见解，长的必然快。”[44]

《京话日报》的讲书栏目具有通俗性，对蒙养教育有所裨益。但是，这个栏目在将古代文化与当下社会现实结合起来进行讲说的时候，往往采用简单类比的逻辑方式，显得浅白，未能体现新的思想体系。

小说、故事、唱歌等栏目

小说、故事栏目

《京话日报》的小说栏目出现于自创刊至第150号之间，共发表以下篇目：《达威德尔侦探记》（第1号至第32号，1904年8月16日至9月16日），《苦学生》（第37号至第49号，1904年9月21日至10月3日），《奇丐传》（第126号至第130号，1904年12月19日至23日），《西藏奇俗演义》（第152号至第168号，1905年1月14日至30日）和《猪仔记》（第53号至第150号，1904年10月7日至1905年1月12日）。这些篇目的文体比现今文学理论中的小说概念宽泛。其中，《达威德尔侦探记》是翻译西洋侦探小说，描述侦探破案故事。《苦学生》采用记事散文写法，描述中西各国半工半读学生以劳动挣得学习费用和完成学业之事。《奇丐传》叙写山东堂邑人武训通过乞讨兴办义学的真人真事，着重反映武训为穷苦人办学的坚韧精神，相当于人物简传。《西藏奇俗演义》从地理概貌、风物景观、人情风俗等方面，反映西藏的奇异面貌，类似于考察性特写。文中强调了爱国思想，指出：外国人对西藏怀有野心，而中国许多人"脑筋里面，简直没有'西藏'两个字的影子"，"如今要保全西藏，如非叫我国的同胞，人人心里眼里，有一个西藏，知道西藏是我们的领土，那才能激发爱力，有痛痒相关的一日。"[45]

在小说栏目里，通过曲折生动的故事情节和环境描写，以塑造人物形象为中心，揭示和反映现实生活，具有一定文学价值的作品，是杭辛斋撰写的《猪仔记》。

《猪仔记》讲述了这样一个故事：广东澳门等处有一种猪仔馆，专门干贩卖中国劳动力的勾当，像贩卖牲口一样，以年龄高下和身体强弱分别定价。这些"猪仔"大都被卖到非洲、美洲大陆和南洋各岛，专替洋人当苦力。有一位姓华的中国先生，来到锡兰岛上一个英国人办的庄园，看到一群“猪仔”，恰巧其中一个是华先生的同乡、少小时代的同学钟承祖。这位钟承祖是广东人，自幼不走正道，13 岁就有大烟瘾，终日狐群狗党，吃喝嫖赌，耗尽祖遗产业，甚至欺骗母亲，与朋友李亚贵合计把亲生妹妹强卖为妓，而李亚贵恰是一个偷坟掘墓、贩男卖女、无恶不作的恶人。卖出妹妹以后，钟某终日嗜赌，输得罄尽无遗，又去入户偷窃。正当他生活无计之时，放赌为生的晁黑狗便以欺骗方式使他在卖身契上画押，接着将他卖给洋人，成了“猪仔”。钟落入地狱，与其他“猪仔”关在一起，受尽折磨，被转卖到锡兰岛上，到一个英国人的庄园里做苦力。华先生在锡兰岛看到钟承祖，出于同情想把他救出来，但是身上的钱还不够，于是只得把自己的金表、金刚钻戒指和一套法国金银酒器拿到银行去抵押。随后，他就拿着所有的钱去找英国庄园主，同他商谈赎买钟某之事。商谈之中，华先生诚恳表白爱惜中国同胞的心意，充满义愤地谴责英方的收买“猪仔”，并力劝英人将所有的“猪仔”放归回国。

在《京话日报》连载的最后一期（第 150 号）文末后，注有“未完”二字，但是，此后的报纸再没有续载，不知何故。不过，阅读至此感到《猪仔记》的情节已经完结，或许“未完”二字系误入？

《猪仔记》揭露了 19 世纪下半叶以来英国当局收买、贩运、盘剥和压榨中国劳工的事实，抨击其虐待华工的历史罪恶。《京话日报》在 1904 年 10 月至 1905 年 4 月连续刊登《猪仔记》，这时它正发起反对南非英国殖民当局虐待华工的斗争，这篇小说在谴责英人虐行和激励国人醒悟上发挥了积极作用。彭翼仲后来在回忆录中指出：“杭辛斋编演小说，历诉华工受虐之惨状”。“受报纸影响，同胞裹足不前，救活无算。非洲工场，亦不敢肆行无忌，再如往日之虐待矣”。“本报之声价，从此增高，由五千余纸，不十日涨至八千纸”。[46]

《猪仔记》在揭露和抨击英国当局虐待华工罪恶的同时，鞭挞一部分中国人不分善恶、不辨是非、麻木不仁、浑浑噩噩的生存状态，这是值得重视的思想意义。小说中的钟承祖、李亚贵、晁黑狗等，心态丑陋，人格扭曲，作品从他们身上揭示出浑噩的中国人与羸弱的中国的关联，对当时的“国民劣性”进行剖析，发出“提高国民程度”的警示。《京话日报》在另文中还指出：“这时候的人性，已沾染的习气太深，苟且贪利，退缩怕死，把天下事败坏的不堪”，“贪财爱命这两层，竟成了我们中国人的遗传性”。[47] 中国新文学运动主将鲁迅曾深刻揭示中国人的国民性弱点，发出“哀其不幸，怒其不争”的感慨，提出重塑国民性问题。在鲁迅之前十余年，《猪仔记》已触及到国民性弱点问题，这使它成为具有重要价值的早期白话文小说。

少小时代的郭沫若曾在四川乐山读到《猪仔记》，他后来这样评价道：“这是一本小说题材的文字，叙述外国人虐待中国工人。……虽然充分地包含着劝善惩恶、唤醒民族性的意思，但从那所叙述的是工人生活，对于榨取阶级的黑幕也有多少暴露的一点上来看，它可以说是中国无产文艺的鼻祖。”[48]

《京话日报》指出：“小说的功用，实在会引人入胜。”“落笔虽浅，不可村俗，用意虽纯，不容板滞，处处要有国家思想，然后才能改良风俗。”[49]《猪仔记》是实践“改良风俗”主张的一篇小说。姜纬堂指出：“晚近之言近代报刊小说、晚清小说者，皆不知当年尚有此颇具影响之作，失于论列，应补。”[50] 此言极是。

多年来，对于《猪仔记》的故事梗概，一些新闻史学著述有几种误说，有说“叙广东猪仔馆的恶霸土棍骗卖中国人到美洲当苦力之事”的，有说“记叙中国工人在南非受到的非人待遇”的，有说“叙广东猪仔馆的恶霸土棍骗卖中国人到南洋与美洲当苦力之事”的，均与作品实情不符，当予是正。

《京话日报》在进行“二次改良”之后，曾推出故事栏目，但持续时间不长，刊登数十期后便中止。这个栏目配以图画，所刊历史故事大多体现传统道德观念。比如：《办事别灰心》写蒙古一个贤王帖木儿郎，从亲见的蜘蛛织网，屡断屡连，领悟到办成大事必须百折不回[51]。《积习难返》写一个老学究要走巴结的门路，要把一面“能照二百里”的古镜送给宰相吕文穆公，结果得到这样的回答：“我的脸不过碟子大，要能照二百里的镜子干什么？”[52]《左儒》写周宣王时代的左儒，以有道无道作为待君和交友的标准，最终为朋友而死，[53]类此等等。有时，刊登故事和历史掌故之前冠以“庄谐选录”四字，可以看作故事栏目的又名。

唱歌栏目

《京话日报》的唱歌栏目，又有“歌词”、“歌谣”、“大鼓书词”、“时事新歌”、“文明新歌”等名称。这个栏目在日出四版时刊登于第四版，日出六版时刊登于第五版。

唱歌栏目的篇章或沿用旧体诗词体例，但并不严守其语言规则；或采用大鼓词、说唱词、子弟八角鼓词的说唱曲本；有的具有民间歌谣韵味；有的以说白方式表述，近于说话。总的说来，它们大都采取通俗化写作方式，显现了“浅文白话”的语言特点。

唱歌栏目的作品大多凸显富有节拍的语音特点，但内容的文学属性则不甚突出，甚至有的只是通俗的说白，还不能称之为诗。就此可以看到，清末下层社会启蒙运动主要体现于推动社会进步，还未能擎起文学革命旗帜。它之后的五四新文化运动才提出具有新质的文学主张，创作出具有新质的诗歌作品。

唱歌栏目的篇章大都体现反帝救国和维新改良的基本主题，抒发了当时普通国人真挚的思想感情，反映了他们热切的图新愿望和朴实的生活情趣，以下选取一些作品，以现其风貌。

《好江山——愤土地之日削也》：

长江长兮黄河黄，昆仑西峙兮五岳中央，美哉美哉我中国，如花似锦好江山。好江山，江山好，如我祖国真堪宝。尺土寸地勿让人，子子孙孙其永保。无端西力渐至东，黄人战败白人雄。今日租借明日占，大家想做主人翁。大连湾，旅顺口，威海与九龙，胶州和营口，德法日美和英俄，都向中华齐动手。吁嗟乎！二十世纪强权强，强者存兮弱者亡。大好江山谁做主，岂能分割如猪羊！我为祖国歌，我为祖国祝，愿君莫负好江山，努力保得江山住。[54]

《文明种——望蒙学之改良也》：

我愿少年父，及早回头莫再误，我愿少年师，及早改良莫再迟。吁嗟乎，少年乃为国之宝，儿童教育休草草。君不见，西国德意志，又和意大利，富强都由少年始。[55]

《幼稚唱歌》：

歌将毕，兴有余，诸小儿，行徐徐。小喉发声，范（苏按：当为“宛”）转以舒，今年唱歌，来年读书。读书有志气，阿娘大欢喜。弟弟后，哥哥先，放学归，笑拍肩。[56]

其他栏目

《京话日报》的其他栏目包括上谕、宫门抄、官府衙门发布的各类告白和告示，以及种种启事、告白等。

上谕和宫门抄是中国封建社会发布朝廷信息的专用文件，其中，上谕是皇帝的各种谕旨，主要是任命、申斥、褒奖、赏赐之类内容。宫门抄按时公告朝廷各类政事活动，内容包括召见军机、召见某官，某部引领官员若干人觐见、某人预备召见，臣僚们请安、请训、请假，谢恩、谢赏，以及朝廷的典礼和祭祀活动等。上谕和宫门抄最初由朝廷内部抄录传出，宋明以来见于坊间流传的邸报。至清代，民间报房出版的黄皮京报也刊登这两类文件。至清末近代报刊出现以后，不论是有政团背景的报纸，还是民办报纸，大都刊登这两类文件。

《京话日报》虽然像其他报纸一样也刊登上谕和宫门抄，但采取两个具有特色的做法：第一，与其他报纸通常把这两类朝廷文件置于头版不同，《京话日报》把它们置于末位版面，即日出四版时的第四版、日出六版时的第五版。第二，《京话日报》最先依循常例照录它们的文言原件，但不久之后就加以改进，在其原文之后添加白话解说。

各类告白和告示是京城内外各类官府、衙门发布的文件，如内城巡警总厅、外城巡警总厅、工巡局、分巡处等所发布的告白、告示、谕单等。这些告白和告示大多与民众关系密切，主要包括治安、卫生、户口、交通、文化及民风民俗的规则和管制等内容。

《京话日报》的常规文面是：每版四围均有边框，边框内刊登报纸各栏目内容，有时刊登一些启事、告白，边框外则刊登各种告白。此外，每逢阴历初一日则增印合订本封面，这种封面以手书体大号字“京话日报”冠首，共有两页，上面刊登各种广告，包括本馆告白和社会上各色各样的告白，以及各类广告，诸如开办蒙学堂、女学堂、官话字母义塾、阅报所、讲报所以及办理捐报、贴报事务，延请讲报人、捐助济良所、捐贴抵制美货传单、新戏演出、改良词曲演唱，以及商业广告等，内容甚广。报上还发布钱行、粮市价目和车船时刻表等信息。

*　*　*

彭翼仲说：“我办这《京话日报》，专要教多数人开通”[57]，让民间多出明白人。《京话日报》从“眼光向下”的自身定位和启蒙姿态出发，在栏目设置和具体运作上显现了特出的平民品性，以亲近普通民众的面貌进入北京社会，并带动北京民间舆论的形成。彭翼仲说："我们这个报，因为卖的便宜，街上的人，就给起个名字，叫作'穷看报'，字眼儿很挖苦，含着的意思，听到耳里，我们倒很喜欢。"[58]这番由衷之言，袒露了彭翼仲对《京话日报》平民品性及其成效的自信和欣慰。

---

1 梁漱溟：《寄彭凤威姻弟等》，《梁漱溟书信集》第241页，中国文史出版社，1996年9月。

2 [美]沃尔特·李普曼：《公众舆论》，第253页，上海世纪出版集团，2006年4月。

3 《劝学篇》，福泽谕吉著，群力译，商务印书馆，1984年，第65页。

4 上海知新室主人：《知新室新译丛·演说》，载《新小说》20号(第二年八号)，1905年9月。

5 均引自梁启超《饮冰室自由书·传播文明三利器》，载《饮冰室合集·专集》第一册，上海，中华书局，1936年。

6 京话日报馆在1921年前后，出版了阮经伯撰写的10个小册子，笔者阅到国家图书馆收藏的《报界创业大家彭翼仲》。这部小册子封底在"阮经伯新出版书目"的总题下，列出了10个书名：(一)《国际商业大家李炳麟》(二)《盐业改革大家久大公司》(三)《眼镜业大家精益公司》(四)《烟业大家南洋公司》(五)《印刷业大家夏瑞芳》(六)《电话事业大家徐文林》(七)《面粉业大家荣宗敬》(八)《木业大家施光铭》(九)《啤酒业大家双合盛》(十)《报界创业大家彭翼仲》。

该书扉页在"生死之关系，紧要之告白"的总括之下，分两个板块介绍了这套丛书的内容：上一个板块叙道：自久大公司之精盐出而外国之洋盐以退，自精益公司之眼镜出而外来之眼镜以少，自双合盛之啤酒出而泊来之啤酒以滞，自南洋兄弟之烟草出而泊来之卷烟以替，自张掖公司之葡萄酒出而外来之洋酒以衰，自启新公司之洋灰出而外来之洋灰以停，自马玉山之糖果出而外来之糖果以减，自泰丰之饼干出而外来之饼干以差，自商务印书馆出而外人印刷之利以分，自大东公司之草帽出而外人之草帽以廉。

下一个板块叙道：然则吾人特患不能振兴耳，如肯振兴，一番辛勤，自有一番效果。盖国家犹玻璃瓶也，内虚则外气乘之以入，内实则空气被排而出。金钱者，国家之血脉也，实业者，开发国家血脉之器具也。血脉足则身体以强，财政富而国体自裕。留得一分元气，延得一分福命也。所以世界各文明国人，迄今并不杀人，不流血，而专夺人之食，谋人之衣也。吾国同胞不欲富强则已，如欲富强，请自提倡实业、购用国货起。

这套丛书主旨在于宣扬中国的民族产业和民族文化。值得注意的是，前九部小册子叙写的均为工商等实业，只有第十部小册子《报界创业大家彭翼仲》是叙写民族报业。

因资料缺乏，阮经伯的事迹行状未能考得，但可以判知，他是一位具有爱国思想的撰述者。

7 阮经伯：《报界创业大家彭翼仲》，京话日报社，1921年5月出版。

8 见《京话日报》第427号，1905年10月26日。

9 笔者是在"演说栏目"的范畴内统计《京话日报》演说文稿之数，这就撇除了刊登在其他栏目中的演说文稿，其实，如果以文体为范畴，"演说文稿"之数应更多。例如，一些来稿、专件，其文稿亦可视为演说。又如，新闻报道中曾附入完整的演说稿，1905年10月25日(第

426号）的本京新闻《陈万祥成了报迷》报道了京南采育镇的报迷陈万祥，“天天在街上贴报，完了事就去听讲。昨天写了一段演说来，劝说采育绅民，请他们办办讲报阅报的事。因他的演说不长，登在本段下面边，请大家看看便了”。随后便全文刊登了陈万祥题为《又愁又恨》的演说稿。诸如此类的演说文稿，都未纳入统计之数。

10 在一期报纸的演说栏目中刊登三篇演说的是第222号，1905年4月2日。

11 黄河的《清朝末年的北京报刊》指出：《京话日报》的“演说，相当于社论”。这一说法有一定影响，若干关于《京话日报》的论著亦持此说。

12 演说《作〈京话日报〉的意思》，《京话日报》第1号，1904年8月16日。

13 要紧新闻《传闻失实》，《京话日报》第125号，1904年12月18日。

14 演说《本报又得罪了德国钦差》，《京话日报》第108号，1904年12月1日。

15 各国新闻《俄罗斯人的特别性》，《京话日报》第161号，1905年1月23日。

16 本京新闻《地安门一带的巡兵听着》，《京话日报》第196号，1905年3月7日。

17 本京新闻《营兵的苦情》，《京话日报》第212号，1905年3月23日。

18 本京新闻《总是老爷有理》，《京话日报》第616号，1906年5月14日。

19 《京话日报》第506号，1906年1月13日。

20 《京话日报》第630号，1906年5月28日。

21 《京话日报》第703号，1906年8月10日。

22 本京新闻《好大的冰雹》，《京话日报》第6号，1904年8月21日。

23 本京新闻《寄信的人多多留心》，《京话日报》第563号，1906年3月22日。

24 电报《日领事谈论抵制美约事》，《京话日报》第328号，1905年7月18日。

25 要紧新闻《制造厂的弊端》，《京话日报》第179号，1905年2月18日。

26 演说《本报忽逢知己》，《京话日报》第76号，1904年10月30日。

27 附件《来稿诸君鉴》，《京话日报》第229号，1905年4月9日。

28 演说《修理沟渠河道合新旧营房的款项那里去了》,《京话日报》第353号,1905年8月12日。

29 边框外告白《来函者请看》，《京话日报》第494号，1906年1月1日。

30 《辨正传闻》，《京话日报》第186号，1905年2月25日。

31 专件《劝长九》，《京话日报》第376号，1905年9月4日。

32 演说《答书吏》，《京话日报》第228号，1905年4月8日。

33 演说《瑕瑜不掩》，《京话日报》第164号，1905年1月26日。

34 本京新闻《中国的要命鬼》，《京话日报》第550号，1906年3月9日。

35 演说《修理沟渠河道合新旧营房的款项那里去了》,《京话日报》第353号,1905年8月12日。

36 《来函》，《京话日报》第710号，1906年8月18日。

37 《来函》，《京话日报》第711号，1906年8月19日。

38 附件《诉委屈》，《京话日报》第205号，1905年3月16日。

39 附件《来稿诸君鉴》，《京话日报》第229号，1905年4月9日。

40 演说《论公债》，《京话日报》第174号，1905年2月13日。

41 见《京话日报》第362号，1905年8月21日。

42 见《京话日报》第364号，1905年8月23日。

43 见《京话日报》第343号，1905年8月2日。

44 署名翰林院待诏乐绂的演说:《讲的书真真有用》,《京话日报》第351号,1905年8月10日。

45 《京话日报》第154号,1905年1月16日。

46 见《彭翼仲五十年历史》之《报纸之声价》。又:《猪仔记》也刊载于《启蒙画报》,见1903年下半年的《启蒙画报》。国家图书馆收藏的《启蒙画报》存刊不全,其中的《猪仔记》文本有缺失,而《京话日报》刊登的这篇小说相对完整。可以看到,《猪仔记》创作于1903年,《京话日报》在1904年至1905年之间刊登这篇小说,是它的重新发表。

47 演说《论中国人的劣性》,《京话日报》第103号,1904年11月26日。

48 郭沫若《我的童年》,《郭沫若选集》(一)卷上第35~36页,四川文艺出版社。

49 演说《小说与报纸的关系》,《京话日报》第245号,1905年4月25日。

50 见姜纬堂在《彭翼仲五十年历史》之《报纸之声价》的注释,见《爱国志士 维新报人彭翼仲》117页。

51 见《京话日报》第355号,1905年8月14日。

52 见《京话日报》第352号,1905年8月11日。

53 见《京话日报》第363号,1905年8月22日。

54 见《京话日报》第174号,1905年2月13日。

55 见《京话日报》第172号,1905年2月11日。

56 见《京话日报》第171号,1905年2月10日。

57 演说《要叫多数人开通》,《京话日报》第296号,1905年6月16日。

58 演说《穷看报》,《京话日报》第142号,1905年1月4日。

第四章　让人人知道“爱国”和“发愤自强”
——《京话日报》与“国民意识”的启蒙

彭翼仲怀抱爱国情怀，诚挚地说：“作报的心是中国的”。他的办报理念是“叫人人知道爱国，人人知道发愤自强”。

《京话日报》全面报道帝国主义列强侵犯中国的行径，剖析其险恶用心，揭露其罪恶目的，呼唤四万万同胞警醒，为救亡图存而坚决斗争。

《京话日报》全面揭示社会弊端，把主持正义、揭露弊政和鞭挞邪恶势力作为自己的职责，表现了刚正无畏的强项精神。

《京话日报》建构“现代”和“世界”的信息空间，帮助国人认清世界大势，懂得爱国图强。

《京话日报》让民众知道：每一个老百姓都是“国民”，每一个国民都应该爱国。

《京话日报》曾发表读者朱景龢的演说《要叫不识字的朋友明白》（第263号，1905年5月13日），其文开首说道：

> 从去年有了《京话日报》，我就看起，我这才知道不是洋报。

彭翼仲在这句话后面写了这样的批语：

> 怎么不是洋报：机器、纸张、铅字、油墨，样样咱们不会作，都得到外洋去买，实在是洋报——就是作报的心是中国的。

“作报的心是中国的”，朴实的话语道出了彭翼仲深沉的爱国情怀。

彭翼仲投身报界时就认定，当轴者“昏聩无知”和人民“无教育，不明所以爱国之道”，是造成“国几不国”危局的原因所在。因此，他从“叫人人知道爱国，人人知道发愤自强”[1]的意识出发，把“爱国御侮”和“维新图强”作为《京话日报》的基本主题。

《京话日报》的爱国图强主题体现在三个方面：

第一，坚决地反帝爱国，把帝国主义列强豪夺中国主权、欲灭我国、欲亡我种的危局告知国人，呼唤广大民众为反帝救国而斗争。

第二，揭露老大中国的种种弊端，呼吁清除弊政，消除种种社会阴暗现象。

第三，让民众懂得世界大势，树立爱国图强意识。

揭示中国的严重危局，呼唤反帝爱国斗争

19世纪以来，东西方列强纷纷瞄准中国，以侵略战争和强权政治侵凌中国主权，践踏中国国土。《京话日报》全面报道帝国主义列强侵犯中国的重大事件，剖析其险恶用心，揭露其罪恶目的，揭示其行径的严重后患，呼唤四万万同胞警醒，为救亡图存而坚决斗争。

例如：

1904年2月至1905年9月的日俄战争，是日本和沙皇俄国为争夺中国东北和朝鲜、进而称霸远东的帝国主义战争。这一战争的海战场在中国旅顺口附近海域，陆战场在中国东北地区。虽然交战双方是日本和沙皇俄国，但是，他们肆无忌惮地侵害中国主权，在中国国土和领海上进行残酷的争夺和杀戮，

酿成极大后患，不论胜负如何，最受苦难的注定是中国人民。《京话日报》关注这场战争，进行大量报道和评述，强烈谴责日本和沙皇俄国在中国领土上造成的深重灾难。

19世纪后半叶以来，俄国向南扩张，进入新疆，进行军事、政治、经济、文化侵略。它在东败于日本之后，极力在中国西境谋取利益。《京话日报》大声疾呼“新疆和外蒙古可危”，进行大量报道和评述。

从19世纪末起，德国强占胶州湾，在山东驻军数千，用强迫手段获得修筑铁路、开采矿山等特权，并大肆建造天主教堂，开设学堂，使山东全面成为德国的“势力范围”。《京话日报》大量报道德国人的举动，把德国人侵占中国主权的事，“一样样都说出来”。

1903年11月（光绪二十九年九月）英国发动第二次侵略西藏地区的战争，1904年8月占领拉萨，强迫西藏甘丹寺长罗桑坚赞签订严重损害中国主权的《拉萨条约》，此后又大量侵占西藏利益以损害中国主权。《京话日报》进行大量报道，呼唤国人警惕英国帝国主义者的野心。

法国在云南、广西边界，极力经营，步步进逼，逐步侵犯我主权，《京话日报》密切关注，进行大量报道和评说。

总而言之，《京话日报》对当时各国帝国主义势力蹂躏中国国土和侵犯中国主权的行径，都予以揭露，并进行坚决斗争。

在频繁报道并予以谴责的同时，《京话日报》还发动数次反帝爱国的宣传战役，其中比较突出的有三次，即：1904年10月到1905年9月间反对南非英国殖民当局虐待华工的宣传；1905年5月到次年春天抵制美货的宣传；1906年2、3月间关于南昌人民反洋教斗争的宣传。

反对南非英国殖民当局虐待华工的斗争

第一次鸦片战争以后，清政府被炮舰轰开国门，无法再坚持闭关锁国政策。西方列强在通过不平等条约强迫中国开放数个通商口岸之后，将目光盯上了中国雄厚的人力资源。19世纪后半叶以来，尤其是庚子之乱以后，晚清政府国库空虚，负债沉重，国力一再衰退，于是置国人的性命和权利于不顾，与西方国家签订一系列输出中国劳工的法令，允许他们将华工输送至其殖民地，充当廉价劳动力。

1904年至1910年，英国统治下的南非迅速发展采金业，劳动力不足的问题尤其严重。为了填补这一缺口，英国当局就在中国境内大肆招募契约华工，并逐年加大招工人数。中英双方签订的协约限定，招工地点为通商口岸。但是，英国单方面将招工地点扩大至通商口岸之外的地区，从广东、福建扩展到北方数省，以致出现河北、山东和河南成为契约华工主要产生地的既成事实[2]。

《京话日报》连续揭露英方违约招募华工和虐待华工的行径，指出：英国当局到内地“满到处的乱招”[3]，甚至“北京城内外，满到处拿着旗子招工，不知北京城几时租给外国的，也变做了通商口岸？”[4]“英人是利欲熏心，不顾天理，把我中国人当做牛马，还要克扣工价”[5]。还揭露一些中国工头违背条约在内地大肆招工，替英人效劳。与各种言论、消息相配合，报上连续刊载杭辛斋撰写的小说《猪仔记》，揭露出洋华工受虐的惨状，谴责英国当局和工场主的罪恶。

英国当局对《京话日报》极为恼怒，向清廷外务部施加压力，要求政府出面压制《京话日报》。于是，北京五城公所召见彭翼仲，勒令作出具结，保证不再登载这类信息。彭翼仲先以口头方式对“勒令具结”暂且应承下来，接着立马赶往英国使馆，与萨道义公使直接交锋。彭翼仲指出：中英协约既然限定在通商口岸招工，那么你们在其他各地招工就是违约，《京话日报》就有理由揭露和反对；虐待华工的消息都有事实依据，因此，本报据实报道自是理所当然。在这番咄咄逼人的论理之后，彭翼仲提出解决问题的办法：“请萨道义公使电询英方驻南非使节，核查所载消息。如果《京话日报》刊登不实，请告我报馆，我馆依据你们提供的事实予以更正；如果查询之后不能否定本报的报道，那么本馆还有若干尚未登载的稿件，还要将它们和盘托出——从现在起，在 24 小时内等候贵公使消息。"彭翼仲从英国使馆回到报馆，等候两日，英方哑然无声，于是《京话日报》照样刊登揭露英国当局的稿件。[6]

此后，《京话日报》继续报道有关南非华工的信息，如：华工干的是最粗最重的活，"整天在千丈深坑里头，下半身泡在毒水里"，"锤石作工，石灰飞扬，连眼都睁不开"，"不到一年，有瞎了眼的，有折断了手的，都成了残废"[7]。英人违背合同，克扣工钱，饮食极差，还设私刑迫害华工。华工受苦不过，已有多人"寻死上吊"[8]。还报道了南非华工进行的斗争：众人跟矿局打官司，上方企图采取"罚矿局总办台夫特十个金榜"的办法来对付。但是大家不答应，"带来受伤的华工四百余名，满身都有皮鞭子印儿"，告到省里，总算把官司打赢，"罚台夫特监禁六个月"。报道之后，《京话日报》还谴责清政府派驻南非的刘领事，指出：这位刘领事不但不维护华工利益，还一味趋奉英国人，助其施行蒙骗伎俩，"实在对不起华工"[9]。

《京话日报》在揭露英方违约和虐待华工的斗争中据理力争，大义凛然，阻止了众多华人受骗上当，也使英人的南非工场不敢再肆行无忌。这些斗争使《京话日报》的声价大增，每日发行量由五千余份上升到八千余份[10]。

反对美国华工禁约和抵制美货的斗争

19 世纪以来，美国经济高速发展，而国内奴隶制的废除凸显了劳动力不足问题，美国政府便制定以低廉价钱从中国输入大量劳动力的应对政策。至 19 世纪与 20 世纪之交，劳力危机得到缓解，而资本主义经济危机及国内政党之间的矛盾激化，又使美国政府推出保护主义，制定一系列对其有利的政策。前后两套政策都不把华工当人而只当作工具，反映了殖民主义的残忍和霸道。然而，美国政府政策的陡然改变给华工带来极大损害：前一政策造成大量华工远涉重洋，赴美求生，后一政策悍然不顾既成事实，强行限制、歧视和排斥在

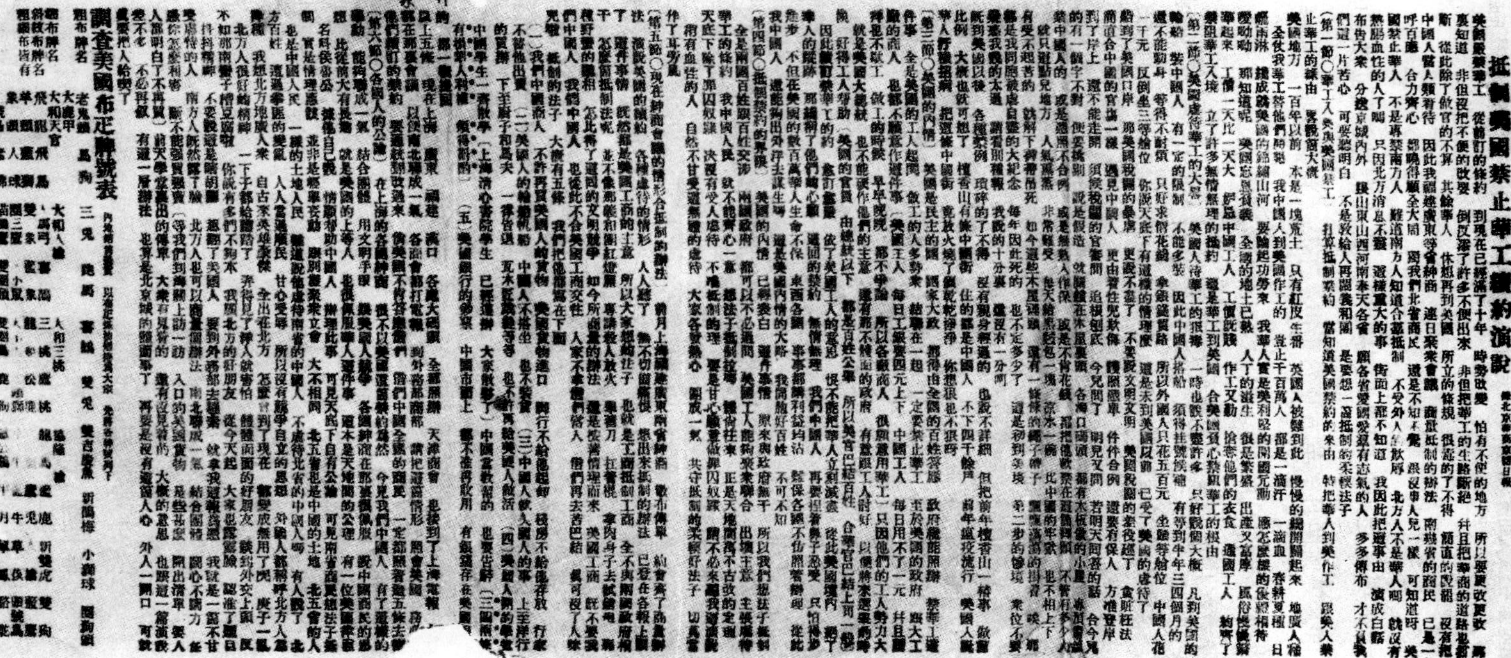

抵制美國禁止華工續約演說

《抵制美国禁止华工续约演说》 传单原件为《京话日报》第282、283、283、285号连载的演说，这一演说推动了北京市民抵制美货和反对华工禁约的运动。当时许多民众捐资翻印这篇演说，作为传单广为散发。本件是中国历史博物馆中的展品

美华工，断绝他们的生路。

美国的排华政策激化了中美两国政府和民间的矛盾，首先是旧金山市的华侨针对排华法案发起斗争，接着中国南方数省纷纷响应。1905年春，上海、广州、福建等地的商界分别发起禁用美货、拒绝与美通商的运动。这一运动迅速扩大，形成规模甚大的反美禁约热潮。

《京话日报》自1905年6月1日起连续四天刊登长篇演说《抵制美国禁止华工续约》[11]，这篇长文指出：百年以来，华工对美国开发建设起到不可磨灭的作用，但是美国发展起来之后，却实行保护主义，制定若干禁约政策，凌辱、虐待和排挤华工，造成在美华工的种种苦况。美国政府“把中国工人的生路断绝”，“把中国商人的道路也都打断”，“没有把中国人当人类看待”。呼吁中国人民“齐心一意”，“想法子抵制”——“天底下除了罪囚奴隶，决没有受人虐待不准抵制的理”。这篇演说提出一系列具体抵制办法，包括不买美货，不卖美货，不装卸、存放美货，不乘坐美国人的轮船、帆船，不为美国人做活，市场上不用美钞等。强调指出：现在上海、广东、福建、汉口，以及各处大码头，都已进行抵制，南省的商民既已这样行动，北省的中国人也应该起来抵制。“南北联成一气，结成团体，凭你怎样厉害，断不能强买强卖。”

《京话日报》的这篇演说标志着反美禁约运动在北京的开始。北京市民迅速表态，参加了这一运动。首先是学生倡议北京城的人不要买美国货，洋货店的掌柜不要卖美国货。《京话日报》连续刊登《本馆不登美商》的告白，宣布从1905年6月8日起不再为美货做宣传，“凡有关涉美国的告白，一律撤去，已收钱的，如数退还。”[12]报上还大量刊登北京民众反美禁约的消息，详细报道抵制美货运动的进展情况，连续发表支持抵制美货的评说，分三批公布北京市场上曾经行销过的美国商品商标、牌号的详细名单，号召北京各阶层人民联合起来，共同抵制美货。报上还公布在抵制美货运动中行动积极态度坚决的店主、店员的姓名，介绍他们的事迹，以资鼓励；也公布那些行动迟缓态度消极的商店和个人，劝其醒悟。这些表扬和批评，形成了强大的舆论声势。

北京市民普遍关注反美禁约运动，配合着采取自己的行动。连小学生也在通衢闹市散发传单，调查美货。市面上买卖双方都自觉抵制美货，以与市民关系比较密切的香烟来说，美国货“品海烟卷、孔雀烟卷，京城内外，已有多一半不抽的了”[13]。“不但没有买的，连街上卖烟卷的小孩，也不卖品海、孔雀烟了”，“街面上的人，手里拿着品海、孔雀烟，自己也觉得害羞”。[14]《京话日报》在宣传抵制美货的同时，还积极支持民族工商业的发展，主张由“京商”自己创办工厂，生产各种产品，进入中国市场，抵制美货倾销。

《京话日报》的宣传鼓动，使原来对抵制美货运动毫无了解的北京市民，“居然唤醒了有多一半人”[15]。北京民众自愿捐钱，将《抵制美国禁止华工续约》的演说印成传单，在北京四城广泛散发。许多热心人还将这份传单散发到京外许多地方，带动了北方社会的反美禁约和抵制美货运动。

美国禁止华工，“中国驻美公使与美政府交涉相持经年，不得解决，沿江沿海各埠发起抵制美货运动，北京方面就全靠《京话日报》来响应，来宣传号召。”[16]

《京话日报》反对美国华工禁约和抵制美货的宣传鼓动，持续到1906年5月左右。

支持南昌人民反洋教的斗争

17世纪以来，西方国家的传教士纷纷来华传播基督教和天主教，这种传播既具有宗教性、文化性，也带有政治性和殖民主义色彩。在中国文化与异质文化接触和交融的过程中，中国民众同西方传教士之间发生多次碰撞，甚至出现冲突，史称“教案”。《京话日报》曾报道多起教案，其中关于南昌教案的报道最为详密。

1906年2月22日，法国天主教主教王安之以宴请为名，向南昌知县江召棠提出扩大传教特权要求，江坚拒不允。言谈冲突愈见激化之时，王安之手持餐刀刺向江召棠，江血流如注，昏倒在地，不久即毙命。江召棠知县被刺消息传出，南昌全城鼎沸，社会各界义愤难平。王安之放言江召棠系自裁，江西巡抚胡廷干不敢得罪洋人，竭力遮掩真相，为"江系自裁"之说辩解。于是矛盾迅疾激化，事态愈加发展。2 月 25 日，数万民众集会抗议，毁坏教堂 4 处，殴毙王安之及英、法其他传教士 8 人。嗣后，英、法军舰驶入鄱阳湖，清政府派津海关道梁敦彦偕同法国使馆人员往江西查办，其结果是签订《南昌教案合同》，把江召棠的被害说成是"情急自刎"，将地方官吏多人撤职，杀害 6 名中国人抵命，并赔偿法国教堂银元 25 万两。

《京话日报》在"南昌教案"发生后的第五天，刊登题为《江西首县被杀》的专电，以后接续进行报道，详尽披露这一事件的真相及相关信息。严正指出："这场祸乱无论闹到怎样，过处全在教士一人"。[17]"神甫竟敢杀官，民人积愤已久，到此时哪能再忍。"[18]"这一案的首犯，就是法教士。地方官性命不保，从哪里去保护教堂？"[19]对法国公使和清廷办理此案的人"不问青红皂白，又把罪名搁在华人身上"表示极大愤慨，否认了当地人民"排外"的说法，赞扬这些勇敢的牺牲者是"义民"、"好男儿"，对他们遭受政府当局拘捕和刑戮表示了沉痛的哀悼。还对当时中西各报"吞吞吐吐"、"含糊其辞"地掩盖真相充满义愤，抨击他们"预留地步，以便借词推诿"的险恶用心。[20]

1906 年 3 月 29 日，《京话日报》以一个整版的篇幅刊登江召棠遗体颈项以上受伤部位血肉模糊的特写照片，在按语中指出："江西南昌县知县江大令召棠被天主教请酒谋杀，凶手便是劝人为善的教士。教士既下毒手，又肆毒口，捏造情形，说是自刎。本馆再四辩白，今特把江大令受伤的照像做成铜板，印入报内，请大众看看，有这样自刎的没有。"[21]这幅新闻照片以无可辩驳的事实，直击法国当局的谰言，表现了坚守事实真相、不屈服于法国当局压力、对清政府的奴颜屈膝充满义愤的刚直精神。在中国新闻史上，《京话日报》刊登这幅新闻照片具有“开先例”的重要意义。[①]

与帝国主义势力直接交锋

反帝爱国始终是《京话日报》的重大主题，许多新闻、评论揭露并谴责帝国主义列强在中国披猖恣肆、为所欲为的罪孽和暴行，表达了强烈的爱国感情和顽强的斗争精神。以下摘列一些新闻和演说的标题，可见其概：

《忠告日本内田公使》（第112号，1904年12月5日）

《胶济铁路（德国修建）扰民实情》（第119号，1904年12月12日）

《论近十年来中外通商情形》（第144号，1905年1月6日）

《外国府的势力可怕》（第162号，1905年1月24日）

《外患图说》（第165号，1905年1月27日）

《法国兵不法二则》（第177号，1905年2月16日）

《俄国兵照旧逞凶》（第188号，1905年2月27日）

《好霸道的日本人》（第195号，1905年3月6日）

《大呼四万万同胞》（第196号，1905年3月7日）

《再忠告内田公使和日本官兵》（第251号，1905年5月1日）

《德人注意山东州县》（第255号，1905年5月5日）

《英国东方驻防的数目》（第267号，1905年5月17日）

《华人被欺》（第268号，1905年5月18日）

---

① 《京话日报》刊登这幅照片前4日，在本京新闻《为江大令开追悼会》（第566号，1906年3月25日）中指出：“上海新闻纸上印有江大令死后照相，刀痕数处，决非自刎。”复旦大学新闻系姚福申指出：“上海《时报》和北京《京话日报》是国内日报中最早使用新闻照片进行宣传报道的两家报纸，其最早的事例，便是‘南昌教案’……1906年3月17日上海《时报》刊登江召棠被刺后的照片，《京话日报》3月29日登载江召棠被刺之照片。”（《国内日报上最早的新闻照片揭露“南昌教案”真相》，见《新民晚报》网站）据此，《京话日报》是在《时报》之后刊登这一照片。另外，1906年3月29日的《中华报》（第457册）也在首页刊登江大令被刃的同一张照片。因此，比较贴切的说法当是：上海的《时报》与北京的《京话日报》和《中华报》刊登的江召棠遗体照片，是国内日报上最早出现的新闻照片。

因为身处京城，彭翼仲不可避免地与帝国主义势力直接交锋。他以英勇无畏精神和灵活机动的斗争方式屡屡取得胜利，大长国人志气，大灭外敌威风。在前已述彭翼仲同英国公使萨道义的直接较量，其后，彭翼仲还同德国人发生了两次面对面的斗争。

第一次：1904 年 11 月，《京话日报》报道德国人在山东的举动之后，德国驻京公使手持报纸到清政府外务部，要求干预《京话日报》。外务部在搪塞该公使之后，转而要求彭翼仲自行与德方交涉。于是彭先生亲访德国使馆，说明报纸所载各节均采自上海某某中外报纸，本报既已报道，自当承担责任。但是，本报必须尊重原报，如果原报对所作报道予以更正，本报一定更正，收回影响；如原报不予更正，本报就不能否定已作的报道。这番说辞使德国人哑然无对。此后当然不会发生原报更正之事。于是，德国人意欲封杀《京话日报》却讨个无趣，既未能阻止这一报纸的报道，又使自身丑态暴露无遗。

第二次：1905 年 4 月 20 日，在东交民巷口，一个赶车运货的德国兵嫌前面的中国人力车迟滞，连连举鞭痛打车夫和车上的老者。彭翼仲正巧看见此事，对凶暴的德兵愤怒不已，便尾随其车行至德国兵营。刚到兵营立马与门岗对表，其时为午后两点三刻五分。嗣后，《京话日报》刊登了彭翼仲在《京话日报》上撰写演说《羞的我无地自容》，披露了此事，痛责德兵无礼，严正要求德方长官必须惩罚滋事士兵。[22]

嗣后，德国公使到清廷外务部活动，要求政府出面，责成报馆主人冷却舆论。外务部派人来到报馆，要求"速速了结"，并转述德方提出的要求：须要彭氏亲去德兵营辨认打人者。彭翼仲便明言相告：当时两个德兵并坐辕端，本人尾追在后，不能亲睹该兵面貌，但可以肯定举鞭打人者乃是右坐之兵。既然出事时间、地点都已明确，德兵官长据以查出其人不是难事，何须转移目标，变成要彭某人去指认打人者。彭翼仲的严正不屈使德方无可躲避，为摆脱骑虎难下的尴尬，只得查出那个士兵，予以惩戒，把这件事了结。[23]

彭翼仲以勇敢无畏态度同英国公使和德国公使进行斗争，他为此说道："本报出版以来，也幸有两位公使的提倡，就是因此封了门，把这《京话日报》永远停止，也算是中国的国民与外国人争权的纪念。将来外交史上必要说道，某年某月某日，《京话日报》因记英属南非洲招工的事，与英国钦差某大臣交涉；又某年某月某日，《京话日报》因记载德人在山东的势力，又与德国钦差某大臣交涉。怎样个起头，怎样个结果，公是公非。将来的外交家，公法家，必有个定论，本报就只出这一百余号，总算得没有白费工夫。在中国报界上，也落得个好名声，岂不是钦差大臣的成全。"[24]——举重若轻的话语中闪现着大义凛然精神。

庚子年以来，"京城各界为洋人之威力所慑，上自政府，下及劳动，无一人敢撄其锋"[25]。彭翼仲不畏惧外洋的种种恐吓和压力，同他们进行坚决斗争，使京城民众深受鼓舞。这些斗争提升了《京话日报》的信誉，"销数遽达万份以上"[26]，成为北京发行量过万的第一种报纸。

揭露社会弊端，鞭挞国内邪恶势力

清末社会弊端严重，《京话日报》把主持正义、揭露弊政和鞭挞邪恶势力作为自己的职责。彭翼仲说："本报自出版以来，意在维持内政，监察政府，剔除积弊。凡各衙门的弊病，明说暗说，毫不容情。并广采舆论，有知道各衙门弊病的，可以给本馆来信，登报之后，由本馆担责任。"[27]这种坚决指斥时弊并勇于承担责任的态度，在《京话日报》上贯串始终。

《京话日报》揭露和鞭挞国内邪恶势力的报道和言论有很多，如：

当时以兵力统治北京的"步军统领"姜桂题军队（属淮军系）横行京城，一般商民最为惧惮。姜军的一位高官李统领用超长超重的大敞车为家人出殡，行至东单牌楼南边，遇到执行交通管制规定的警兵干预，这位李统领自恃无忌，不予理睬，指使手下营兵大打出手，造成警兵多人受伤。事后，姜桂题竟亲自出面，到工巡分局撒野，口吐村言，横蛮无理，丑态毕露。[28]报上披露了姜桂题军队的这些丑行，指出"姜军野蛮习气不改"，"横行霸道，平日无教化"[29]。

又如，当时刑部和提督衙门俗号为"南衙门"、"北衙门"，都是极为黑暗凶惨、令人可怖的所在。报上屡屡揭露刑部和提督衙门积弊，将他们断狱时的种种劣行公之于众，诸如提督衙门上下各员要尽威风，借以"讹钱"，让原告和被告两方暗地里托人情，"加倍花银子"；虽然官方已经明令禁止刑讯，但是刑部还是照旧搞逼供信，等等。严正指出，刑部和提督衙门"由着性儿弄权，官、吏、皂通同作弊，怎想外人不说是黑暗地狱"[30]！

北京修理沟梁河道和管理新旧营房的官款，每年的开销数目巨大，但是，既不见修理沟梁河道，也不见修理八旗营房，由此可见执政的腐败[31]。

掌管北京马路工程的大人老爷，"平常酒食车马，花天酒地，今天逛小班，明天走饭局，拴四轮马车，买姨奶奶，安外家"[32]，都是侵吞公款而自肥自乐。

各类官员专擅于谋私利，利用职权任用自己的人，"路工局的委员不是堂倌的人情，就是总办的私人"，大肆营私舞弊，鲸吞公共利益[33]。

京城步兵营负有维持街面责任，往往以"侵占官街"为借口设置障碍，不准铺户开市。为此，各铺户必须花费各种"面子钱"，先行贿赂步兵营，以此求得开门。开张之后，为了维持生意，还必须常常贿赂[34]，如此等等。

《京话日报》还披露京外当权者的丑行，如：武汉的蛇山本已开挖成道，但该地长官张宫保生疮不见好，说是"蛇山凿断，坏了龙脉"，竟把挖去的蛇山再行填补，"每日两三千人做工，限十天完成"[35]。汉阳兵工厂是当时全国最大的军械厂，但是"所造枪弹很有毛病，大小多不一律，也不能合膛，……药力不加足，放了出去，子弹不等到靶上，半路就落了下来。"[36]南方一些地方竟出现"送活人"的官场应酬，在下者欲巴结上官，竟在苏州、扬州和上海一带购买貌美的穷苦人，供养三五个月，调教语言，教给某种技艺，与她拜为兄妹，然后往上呈献，许多人竟以此得意[37]。如此等等。

揭露和鞭挞社会邪恶现象、谴责社会邪恶势力是《京话日报》的一个基本主题，本书在前所述的诸多事项，特别是在引起“彭翼仲案”发生的藤堂调梅事件和秘密杀害保皇党人吴道明、范履祥事件中，都体现了彭翼仲刚正的态度和勇敢无畏的强项精神。以下着重表说《京话日报》在“那王府活埋侍妾”和“春阿氏案”两个事件中所主持的社会公义。

对那王府活埋侍妾暴行的揭露和斗争

王府是满清朝廷为王公贵族修建的栖息之所，集中于北京内城。位于宝钞胡同的那王府，第一代先人为策凌亲王，这位亲王历经康熙、雍正、乾隆三朝，备受器重，曾效力边疆、征战漠北，为巩固和稳定北部边疆建立了卓越功勋，获得“蒙古喀尔喀大扎萨克和硕赛音诺颜亲王”的封号和“超勇”赐号，享受殊荣，由此得到这所王府的赏赐。至同光年间，袭爵而居于此的是策凌亲王第七代后人，名为那彦图，于是这所王府被称为“那王府”。1905年8月，那王府发生一件命案：王爷的小妾不满意厨子做的菜，唠唠叨叨，王爷不耐烦，与她发生口角。王爷正急着要赶赴颐和园办理公事，小妾还嚷个不停，他大不耐烦，一气之下，说了句威吓她的话，就匆匆离家。王爷说的是什么话呢？就是：“你再吵，就把你活埋！”而这句气话竟惹出一起命案：王爷离家之后，王府管家长九就“抓住把柄，实作起来”，把王爷的小妾“当真给捆了个结结实实”，又给加上四道绳子，拉过一床被褥，裹在她身上，往她嘴里堵棉花，头上蒙手巾，然后整个的给装在口袋里，叫人搭出，送到那王府的家庙，“又雇了四个小工，每人十吊钱，就把个侧夫人给活埋了”[38]。这位长九平日记恨侧夫人，一下子逮住了机会。王府的人赶紧打电话给王爷，告诉他家里发生的事，等到王爷赶来，已经晚了，侧夫人死了！王爷把长九叫来盘问，长九竟挺有理地回答：“王爷走时，不就吩咐小人把她活埋的吗？”[39]

这位长九平时无所惧怕，斗胆包天，府内大小事情大多由他做主。活埋侧夫人之后，他严掩众口，不许对外透露真情。《京话日报》得知此事，派人亲自采访二十多次，尽力排除那王府的戒备和阻难，进入府内，仔细调查，获得大量第一手信息，并向社会披露。[40]报上严正指出：“那王府活埋人一节，北城一带，到处传遍”，“这件事情，十分灭理，有人说亲眼目睹，一口同音，是长九动手活埋的。”[41]一时间内，京城舆论沸沸扬扬，民众对那王府的丑行怒不可遏，强烈要求严惩残忍的长九。长九便对报社威逼利诱，并编造谎言，淆乱视听。《京话日报》如实刊登长九的狡辩之辞，以“本馆加注”方式予以反驳，指出：“报馆有报馆的责任，打算尽我的责任，听见了就得说说。……报馆争的是公理，长九作的事，报馆要说，不是长九作的事，也是要说。……报馆是替天下人说话的地方，专讲公理，不徇私情。徇了私便够不上报馆的资格。”[42]

《京话日报》关于那王府活埋侍妾事件的宣传报道，揭露了权势者草菅人命的暴行，表现了维护公理的严正立场。

访查春阿氏案，揭露官府的讼狱黑暗

1906 年 7 月，北京发生一桩时事公案，称“春阿氏案”：旗人阿洪阿的女儿三蝶儿嫁给小菊儿胡同的春英为妻，以夫为姓，故称春阿氏。新婚未及三月，其夫突于夜间被杀，春阿氏也被打伤。春英家人报官，咬定春阿氏“私通奸夫而谋杀本夫”，必欲置之死地而后快。而该案在审理过程中屡屡出现疑点和难以解释之处，表明“春阿氏杀夫”之说难以成立。拖延很长时间，审案官员始终未能理清头绪和查明真相。但因在审理过程中屡屡使用严刑逼供，迫使春阿氏屈打成招，致使案情愈显复杂。最后，审案者便采取敷衍塞责态度，将春阿氏判为“永远监禁，遇赦不赦”，而圣旨居然作出“依议，

钦此”的批示[43]。此后，春阿氏遭受惨无人道的酷刑和折磨，万念俱灭，只求速死。年余之后，毙命于狱中。

在“春阿氏案”发生和审理过程中，《京话日报》连续刊登有关消息报道、读者来函及质疑文章，表现了对这一事件的极大关注。报纸向社会公开这一案件，揭示其中种种“叫人不解”之处，指出事关人命，吁请知晓内情者向报馆告知实情，“提供真正凭据”，以平民心。并强调指出：“本馆将借此参考提署的公事”[44]。

《京话日报》连续刊登大量民众来函，揭示了诸多实情：春阿氏的公公娶了诨名为“盖九城”的妓女为妾，此人刁蛮、凶悍，与常进出其家的普二有染，被春阿氏无意撞见，于是便视其为眼中钉，极欲置之死地。法庭采用残忍的刑罚熬审春阿氏，薰硫磺，拧麻辫子，又逼迫她六十多岁的老母一起跪锁，老太太经受不过，只得叫女儿屈认。而春阿氏出于孝心，不得不屈招。知情人还揭露了承审官收受贿赂：“承审的官，一个姓朱，一个姓钟，还有科房的刘某，全都使了钱，是一个窦姓给拉的纤。”“人人传说，承审官使了四百两银子，所以才这样判断。”“人命重案，竟敢贪图贿赂，真是大胆！”[45]署名“疑心子”的来稿对本案的侦查、审讯和官员所作判决逐项予以辨析，把承审官说法中诸多不合情理之处呈现在世人面前，愤慨指出：“这样欠通的问官，岂可问这样的重案，不但不能服春阿氏的心，并且不能服众人的心。……但盼着遇见一位明白问官，把这案问的清清楚楚，不怕春阿氏杀夫是真，也得有个真凭实据，内中也必有个大大的因由。……不把此案问清，人心可就都不舒服了。”[46]

在《京话日报》收到的读者来函中，替春阿氏申冤的十居八九，替盖九城分辩的只有一两件。报馆特地派出专人调查本案，撰写专件，证实诸多来函所揭露的事实真相，尖锐地指出：人命关天，置人命于不顾，一味地顾及“官事”，这是何种司法[47]！还在编者按中指出：中国社会改良维新，需要改定法律，依法判案。因此，“极力调查这回事，并不是为一人一家的曲直”。提督衙门的黑暗未免太无天理了，希望知道底细的人，再与本馆来信。“如有真正凭据，本馆敢担争论的责任。”[48]

此后，《京话日报》连续报道“春阿氏案”，不断披露事实真相。比如：审讯过程中屡屡采用逼供信，“天天跪锁，两个膝盖已碎”，[49]“上堂不问别的，就逼着认谋杀亲夫，不认就搭上锁来。打算声说别的情节，一概不准。”[50]还由春阿氏的屈打成招揭露提督衙门的讼狱黑暗，指出：“人命关天，本不是儿戏事，滥用非刑，一概不准，请问现在过堂，哪个不用非刑呀？”“凡犯罪的人，一奉明文交刑部，必须先有该犯至亲好友，托人把刑部恶吏关照，先讲价钱。自大门起，然后二门，栅栏，牢门，所儿里，监里，管铺的，书班皂隶，都须把银价说定，才敢送人犯到部。”如果讲妥价码了，入狱监禁的时候，“哪一处讲妥，哪一处如同走平道一般”。连那些皂隶们，如果没有钱贿赂的话，也能让你吃不了兜着走。在过堂的时候，“揪头发，拉耳朵，真比阎王殿的小鬼厉害万分；堂上说‘打’，这班虎狼恶吏动起刑来，尽着力打。”相反，如果有银钱到手，堂上说“打”，他们就会装装样子对付过来。[51]

面对刑部已经判案的现实，《京话日报》表明了这样的态度：“听说刑部已经定了案，春阿氏定成死罪。如果是实，请刑部把他的罪状早早宣布出来。倘若含含糊糊定了罪，不叫旁人知道，中国的讼狱，可算黑暗到家了。”[52]此后，一位读者来函指出：“贵馆请刑部宣布罪状，刑部守定了秘密宗旨，始终不肯宣布。现在预备立宪，立宪国民将来都有参与政事的权利，何况春阿氏一案本是民事，官场本是给民间办事，既给民间办事，为什么不叫民间知道呀？……果真定成死罪，屈枉一人的性命事小，改变了法律，再出这样没天日的事，中国还能改甚么政治呀！我与春阿氏非亲非故，既是中国人，不能不管中国事。……唉，中国的黑暗世界，几时才能放光明呀？”[53]民众已从对这一个案的关注引起的义愤，提升到对中国讼狱政治改革的期待。彭翼仲在琴心女士《来函》后加上四字按语“总有一天”，断定专制制度已到穷途末路之时。

“彭翼仲案”发，彭先生被拘禁于刑部监狱时，春阿氏也监于此狱。他亲自了解刑部对她的残酷虐刑，“日日熬审，跪链、拶手，备极酷虐，而卒无奸夫可指。”并指出：“余每闻提审春阿氏，即蒙首塞耳以卧，不忍闻其镣铐声也。”[54]

“春阿氏案”的沸沸扬扬，耸动朝野，反映了清朝末年的民智渐开和对司法弊端的义愤。1913 年夏，《京话日报》第二次出版的时候，一位读者致函报馆，戏称“代春阿氏冤魂致谢”[55]。就此可以看到，《京话日报》在积极介入北京实事过程中不畏强势、不惧威逼、唯真相是求的公正态度，对北京社会产生很大影响。

《京话日报》还发动若干社会运动揭露和鞭挞社会邪恶现象，如通过对鸨主张傻子虐待妓女罪行的揭露和斗争，促使京城开办济良所，通过对种种文化陋习的针砭，促使文化改良运动的开展，等等。本书将在第七章予以表说。

宣讲世界大势，呼唤爱国图强

数千年来，中国人只知“天下”而不知“世界”。这个“天下”是“普天之下，莫非王土，率土之滨，莫非王臣”的封建王朝，是与封建专制制度伴生的威权概念，它决定了中国社会的制度文化，也造就了举国民众的屈从、封闭、狭隘和无作为心态。而“世界”是具有新的本质意义的概念，它的基础是世界的物质性，由此确定了世界的发展性和人类在世界上的作用和意义。《京话日报》让读者眼光越出国门，移向世界，使广袤范围内的众多国家、众多民族以及各种各样的物质文化、社会文化和精神文化，都呈现在他们眼前。

《京话日报》传播世界上各类信息，举凡工具器物，科学技术，经济文化，军事政治，意识观念，民情风俗，伦理道德，思想制度等，各种新事新物，新知新识，新情新理，“都用通行的俗话把它们演说出来，好叫中国的老百姓长长见识”。这样的信息传播是从前的邸报和黄皮京报所没有的，也是大多数国人未曾接触到的。这类报道，扩展了从《启蒙画报》开始的启蒙教育内容，向国人建构了“现代”和“世界”的信息空间。《京话日报》在这样一种新的信息背景下抨击种种阻碍社会进步的旧观念、旧习俗、旧风气，强调指出：现在的世界，是优胜劣败的世界，是强存弱亡的世界，是竞争的世界。“能竞争，就能名振天下，就没有人敢侵夺主权，人民就不能受人的欺侮。不能竞争，一定作外人的奴隶，作外人的牛马”[56]。国家的进步，全仗着人民，“国以民为本，民是一国的主脑”，“要是民俗顽固，世风腐败，虽是国家励精图治，整顿武备，练陆军，操水师，还仍是不能自强。即使开铁路，办矿务，铸造银元，行用金币，也仍是不能致富。就是立学堂，派游学，设译书局，也仍是不能得人才的用处”。“所以要求国家进步，不先从百姓身上着想，凭你怎样去做，终是个没有题目的文章，做好了也是不中用的”[57]。为此，中国人必须摒弃旧思想，才能立足于世界。身处当今之世，“人民迷信不破，万不能与各国竞争”[58]。

《京话日报》关于世界大势的宣传鼓吹有一个鲜明的指向，就是帮助平民大众建立“国家”和“国民”意识。《京话日报》大声疾呼中国人必须懂得自己身为国民，应有国民意识。指出：“国家的大势，全仗着人民。人民要强，国势便不能弱。人民弱了，国势再不能强。”[59]中国人要把国家放在心上，懂得自己身为国民，必须爱国，必须自立。国是大家的国，土地是大家的土地，“四万万合成一个心，‘同胞’两个字算是给作结实了，将来国家转弱为强，雪国耻，报国仇，都在这‘同胞’两个字上。”[60]“国家的存亡兴败，全在乎国民有独立的精神没有。国民有独立的精神，国虽小也能兴，国民没独立的精神，国虽大也要灭亡……我们中国的好国民，要打算中国不亡，不作人家的奴隶牛马，必得大家齐心努力，争着国家独立。”[61]

维新思想家梁启超说：“国民者，以国为人民公产之称也。国者积民而成，舍民之外，则无有国。以一国之民，治一国之事，定一国之法，谋一国之利，捍一国之患。其民不可得而侮，其国不可得而亡，是之谓国民。”[62]《京话日报》致力于促使民众建立“国民”意识，提升“国民程度”，其思想意义与梁启超同，但是，所采用的表达方式却与梁启超等维新思想家有明显区别，它注重于“形而下”，采取切近普通民众生活实情和心理特点的方式说理，因而更为民众接受，从而得到甚好的启蒙收效。

请看下面这则生动记录：尚友讲报处的讲报人王子贞同偶遇的车夫交谈，使他懂得“爱国是自己的事”。后来，王子贞在一次演说中，讲述了这件事——

> 有一天我出门，雇了辆车。车夫问道：“你是王子贞么？”我说：“是呀！”车夫又说：“你那里立了尚友讲报处，是洋人使出来传道的罢？”我说：“怎么见得？你们可别误会错了，皆因我们稍明白一点时局，知道报纸的益处，所以讲给人听听，好叫大家都知道合群爱国。”车夫愣了愣，问道：“什么人都用的着爱国吗？”我说：“是呀，上自天子，下至叫花子，都得爱国。”他说：“国是皇上家的，与我赶车的何干？似乎我这一类的，不必多管闲事。”我说：“不然，就拿妇女说罢，平素不讲女教，不懂爱国，他得懂的爱簪环首饰罢，庚子秋间，他有点不大遂心，首饰都被洋兵抢了，忘了没有呀？凡是人有所爱的，吃喝穿戴，妻子银钱，庄宅地土，谁也舍不得撇开。若是不爱国，任你天大的力势，一概都爱不成功。”车夫又说：“那样说起来，我也得爱国吗？”我说：“对呀，你也得爱国。我问你庚子乱前，有几辆车呀？”他说：“两辆。”我说：“如今还有罢？”他说：“逃

> 勇拉去一辆，洋兵拉去一辆，后来见着我那心爱的车，跟那可心的骡子，骡子看见我，张着嘴直叫，就奔我来了。洋兵恶恶狠狠的给了他两枪刺，鲜血直流，拉着车一直的飞跑去了。好难听，没抹油的车轴，支钮支钮一阵乱叫（洋兵白拾的车，向不抹油），我心里头，好似刀扎一般，真叫人万分心疼啊！”我说：“真真对了，你那车跟骡子，恋念旧主，不得和你亲近，还受了重伤，车骡二物，是一齐骂你呢！”车夫气哼哼的说：“他骂我什么呀？”我说：“他骂你浑吃闷睡，为何不知爱国，为何不知爱国！”车夫说：“骂的对，那正是我的毛病。”[63]

在这番交谈中，王子贞围绕车夫个人生活遭际，点明庚子之乱给他带来灾难，而庚子之乱也正是国家的灾难。这位车夫从交谈中感受到个人不幸与国家不幸的紧密关联，悟出“有国才有家”的道理，于是跳出原有心态，懂得爱国也是自己的事。

在当时的北京社会，《京话日报》及其热心传播者以通俗贴切的讲说，帮助许多普通人逐渐建立国家意识和国民意识。请看他们的由衷心声——

一位自称“小民”的读者说：

> 报上说过，不爱国没有不爱家的，父母兄弟姐妹妻子，哪一个是不当爱的，可是也不容易啊！国家若是糟了糕，我的父母兄弟姐妹妻子，都跑在哪里蹲着去呢？所以不爱家就拉倒，要爱家先得爱国。[64]

一位开切面铺的“小买卖人”说：

> 我是一个小买卖人，常常坐定了追想，想我们中国人，五官四肢，哪一样也不比外人缺少，东西洋各国何等的强，我们中国，

何等的弱。从前我很糊涂，以为外人是天生的异样，这几年一瞧，敢情是大大不然，外人也没有甚么新鲜的，所不同的地方，就是把一个“利”字看得清楚，重大家的公利，不重一己的私利，所以才能够富国强兵。[65]

一位身为“下人”的读者说：

贵报所登国民捐一事，我看见就乐的了不得。我们作下人的最微贱，如今四万万国民里头，我们的身子也在其内，也算一个国民，您说可喜不可喜呀！[66]

一位自称“民人”的读者说：

我们这当民人的，都得知道我既是这国人，就得想法子保住这国，别叫外国占了去。有人说我们一个平民，有甚么法子保国呢？这是不懂得“国民”两字怎么讲了……国离了民，必不成为国，民要离了国，也不成为民。既是为民，都有保国的责任。[67]

在当时的北京城，人们创造出许多富有民间气息的表达方式，通俗易晓地解说“国家”、“国民”概念，营造了建立“国民意识”和提升“国民程度”的社会氛围——

一个饽饽铺卖出的饽饽，用面团捏成一攒艾叶，上面趴着一个蝈蝈儿。店铺掌柜以这种方式体现了他的心意：“取其‘艾’与‘爱’同音，‘蝈’与‘国’同音”，所以叫做“爱国饼”。[68]

东安市场讲报处想出个激励大众的法子来，支搭了一个席棚，棚内安放着一个极大的扑满，足有四五尺高，上写关于国民捐的白话演说，四周围贴着各种图画，全是中外古今爱国自强的故事。“卜巽斋、张瀛曙二人，每日午前开讲，向着这个大扑满，演说爱国的感情。”[69]

当时，戏院、讲报社等公众场合经常举行演说会。在一次演说中，王子贞讲到一个新造的汉字圝：

> 诸位请看这个新鲜的“圝”字，这是李子光为劝国民捐造的。直到如今，这个字还没有名儿。今天因为田际云演戏助国民捐，请彭翼仲、张展云和在下来演说，我们三人商议妥当：翼仲演说改良剧本的益处，展云演说女学的关系，在下还是演说国民捐。国民捐总得出在爱国的热诚，所以在下写了“爱”字，又想起李子光造的那个字，也仿造他的主意，写了这个“國”里套着“家”字，我并给他起个名字，就念作“我”。若要国家强，除非人人有国家的思想，……既然知道圝是我，就得发真心去爱圝啦！[70]

后来，报馆编辑呰窳说：这个圝字，本是李子光所撰，王子贞加的字音，彭翼仲定其义为“有国才有家”。“凡人有国才能有家，有家才能有我，有家有我，然后才能有国，既打算有家有国，千万不可忘圝。”[71] 彭翼仲说：王子贞把“国”、“家”二字，凑起来念“我”，“这层意思，又显豁，又真切，人人别忘了我，人人就有了国家思想了。”[72] 这个圝字在北京不胫而走，“有个丁有庆，本不明白国家的关系，见了圝字，恍然大悟，生了一片热心，可就知道爱国了。心心念念，要去报效国民捐……”[73]

在中国社会由封建专制向现代国家转型的时候，《京话日报》大力鼓吹“爱国图强”主题，既体现了政治意识、国家意识、民族意识，又体现了文化意识、科技意识、现代社会意识。既立足于国家的存亡和利害，又立足于国民意识的建立和张扬。这是彭翼仲和他的同志者怀抱国家与人民情怀，引导民众实现的一种精神飞跃。李泽厚用“启蒙与救亡的双重变奏”[74] 来概括清末至五四之间的思想运动和社会运动的发展脉络。在这一双重变奏中，具有平民品性的《京话日报》以其富有影响力的宣传鼓吹，促使下层民众发出了标志人心解放的由衷声音。

---

1 演说《本报忽逢知己》，《京话日报》第 76 号，1904 年 10 月 30 日。

2 参阅桑艳东：《契约华工在南非（1904 ~ 1910）——兼论南非华、印侨工之比较》，《华侨华人历史研究》，2001 年第 1 期。

3 要紧新闻《禁止内地招工》，《京话日报》第 32 号，1904 年 9 月 16 日。

4 要紧新闻《地方官何在》，《京话日报》第 27 号，1904 年 9 月 11 日。

5 要紧新闻《山东停止招工》，《京话日报》第 41 号，1904 年 9 月 25 日。

6 此事详见《彭翼仲五十年历史》之《报纸之声价》，《爱国报人 维新志士彭翼仲》第 115 ~ 117 页。

7 演说《阿呀，众位呀，请看南非洲华工的结果》，《京话日报》第 372 号，1905 年 8 月 31 日。

8 要紧新闻《非洲华工的苦情》，《京话日报》第 475 号，1905 年 12 月 13 日。

9 要紧新闻《非洲的华工后了悔》，《京话日报》第 394 号，1905 年 9 月 23 日。

10 见《彭翼仲五十年历史》之《报纸之声价》，《爱国报人 维新志士彭翼仲》第 116 页。

11 见《京话日报》第 282 至 285 号，1905 年 6 月 1 日至 4 日。

12 见《京话日报》第 288 号，1905 年 6 月 8 日，这一告白从此日起连续刊登数日。

13 演说《说团体》，《京话日报》第 299 号，1905 年 6 月 19 日。

14 署名冯善元的演说《中国有盼望了》，《京话日报》第 301 号，1905 年 6 月 21 日。

15 署名珠尔杭珂的演说《京话日报一周年的祝辞》，《京话日报》第 347 号，1905 年 8 月 6 日。

16 梁漱溟：《记彭翼仲先生——清末爱国维新运动中一个极有力人物》。

17 专电《江西县首被杀》，《京话日报》第 540 号，1906 年 2 月 27 日。

18 要紧新闻《派员查办南昌教案》，《京话日报》第 545 号，1906 年 3 月 4 日。

19 要紧新闻《江西地方官真冤》，《京话日报》，第 549 号，1906 年 3 月 8 日。

20 《南昌教案的结果》，《京话日报》第 549 号，1906 年 3 月 8 日。要紧新闻《含糊其词》，《京话日报》第 545 号，1906 年 3 月 4 日。

21 见《京话日报》第 570 号，1906 年 3 月 29 日。

22 见彭翼仲撰写的演说《羞的我无地自容》，《京话日报》第 242 号，1905 年 4 月 22 日。

23 见《彭翼仲五十年历史》之《报纸之声价》，《爱国报人 维新志士彭翼仲》第 116 页。

24 演说《本报又得罪了德国钦差》，《京话日报》第 113 号，1904 年 12 月 6 日。

25 《彭翼仲五十年历史》之《报纸之声价》。《爱国报人 维新志士彭翼仲》第 116 页。

26 《彭翼仲五十年历史》之《报纸之声价》。《爱国报人 维新志士彭翼仲》第 116 页。

27 演说《修理沟渠河道合新旧营房的款项哪里去了》，《京话日报》第 353 号，1905 年 8 月 12 日。

28 事见演说《兵智不开的坏处》，《京话日报》第 234 号，1905 年 4 月 14 日；本京新闻《姜军门气的直撒村》；《京话日报》第 235 号，1905 年 4 月 15 日；要紧新闻《工巡局很替姜军留体面》，《京话日报》第 241 号，1905 年 4 月 21 日。

29 本京新闻《姜军野蛮》，《京话日报》第 474 号，1905 年 12 月 12 日。

30　演说《提督衙门的弊病》，《京话日报》第705、706号，1906年8月12、13日。
31　演说《修理沟梁河道和新旧营房的款项哪里去了》，《京话日报》第353号，1905年8月12日。
32　演说《英文书述说华工受虐情形感言》，《京话日报》第574号，1906年4月2日。
33　演说《路政黑暗》，《京话日报》第605号，1906年5月3日。
34　演说《说步兵营》，《京话日报》第365号，1905年8月24日。
35　各省新闻《修复蛇山》，《京话日报》第51号，1904年10月5日。
36　要紧新闻《制造厂的弊端》，《京话日报》第179号，1905年2月18日。
37　各省新闻《官场应酬奇谈》，《京话日报》第23号，1904年9月7日。
38　均见本京新闻《三记活埋人的事》，《京话日报》第368号，1905年8月27日。
39　本京新闻《四记活埋人的事》，《京话日报》第370号，1905年8月29日。
40　见专件《海内同观》、《七月二十二日凶手长九亲自来的原稿》和《长九暗中指使的来函》，均在《京话日报》第375号报，1905年9月3日。
41　本京新闻《刨出死人来放焰口》，《京话日报》第366号，1905年8月25日。
42　专件《劝长九》，《京话日报》第376号，1905年9月4日。
43　清廷大理院结案奏折，光绪三十四年三月二十三日。
44　本京新闻《疑案》，《京话日报》第684号，1906年7月22日；本馆具白《命案可疑》，《京话日报》第691号，1906年7月29日。
45　均见专件《疑案来函大意》，《京话日报》第692号，1906年7月30日。
46　来函《春阿氏原供与乌翼尉访查不符》，《京话日报》第703至705号，1906年8月10至12日。
47　专件《调查春阿氏案情》，《京话日报》第695号，1906年8月2日。
48　均见专件《调查春阿氏案情》，《京话日报》第695号，1906年8月2日。
49　本京新闻《不辨自明》，《京话日报》第740号，1906年9月17日。
50　本京新闻《暗无天日》，《京话日报》第725号，1906年9月2日。
51　均引自演说《刑部虐待犯人的实情》，《京话日报》第696、697号，1906年8月3日、4日。
52　本京新闻《请宣布春阿氏的罪状》，《京话日报》第721号，1906年8月29日。
53　署名琴心女士的《来函》，《京话日报》第743号，1906年9月20日。
54　均见《彭翼仲五十年历史》之《春阿氏案》，《爱国报人 维新志士彭翼仲》第146页。
55　《彭翼仲五十年历史》之《春阿氏案》，《爱国报人 维新志士彭翼仲》第146页。
56　演说《说竞争》，《京话日报》第426号，1905年10月25日。
57　演说《进步》，《京话日报》第62号，1904年10月16日。
58　演说《迷信与妄信大有分别》，《京话日报》第684号，1906年7月22日。
59　演说《同胞》，《京话日报》第695号，1906年8月2日。
60　同上。
61　演说《独立》，《京话日报》第575号，1906年4月3日。
62　梁启超：《论近世国民竞争之大势及中国前途》，《饮冰室合集》文集之四，第56页，中华书局1996年版。
63　王子贞的演说《爱圂》，《京话日报》第634号，1906年6月1日。
64　署名李文镕的演说《小民爱国》，《京话日报》第237号，1905年4月17日。
65　署名王长兴的演说《小买卖人敢说大话》，《京话日报》第257号，1905年5月7日。

66 署名魏兴的演说《当下人的也算是一个国民》，《京话日报》第391号，1905年9月20日。

67 署名卢素存的演说《国民》，《京话日报》第439号，1905年11月7日。

68 署名谲谏生崇芬的演说《爱国饼》，《京话日报》第406号，1905年10月5日。

69 邕寙的演说《爱国大扑满》，《京话日报》第589号，1906年4月17日。按：邕寙的演说《扑满俗叫闷葫芦罐》（第361号，1905年8月20日）说：京城里有一样东西，姓扑名满，别号闷葫芦，是个瓦胎的罐子，专门预备孩童收钱用的。至大的有如胆瓶，极小的也似饭碗，滚圆一个身子，底盖连在一处。饿空了的肚子，专等着吃钱。顶上有一个横嘴，刚刚的容下一个国宝。既然把钱吞入，再也不能"哇"出来了，直等到恶贯满盈，也就是丧命的日子到了。只听"当啷啷"的一声，摔碎在地，一个钱也没有消化，所以就叫做扑满。

70 王子贞的演说《爱圜》，《京话日报》第634号，1906年6月1日。

71 演说《文字与国家的关系》，《京话日报》第631号，1906年5月29日。

72 邕寙的演说《圜》，《京话日报》第645号，1906年6月12日。本京新闻《圜字真能感动人》，《京话日报》第651号，1906年6月18日。

73 本京新闻《圜字真能感动人》，《京话日报》第651号，1906年6月18日。

74 参阅李泽厚《中国现代思想史论》，东方出版社，1987年6月第1版。

第五章　“天下人说话的地方”
——《京话日报》与北京舆论环境的开启

《京话日报》致力于“开通下等社会”，《大公报》主办者英敛之指出：“北京报界之享大名，与社会程度适当其可者，要推《京话日报》为第一。”

《京话日报》植根民间生活，贴近下层社会心理，成为颇具影响的新闻媒体，引领了具有新型精神内涵的社会生活，创建了北京民间舆论环境。

《京话日报》获得广大平民大众的关注、靠近、接受和欢迎，口说和听闻的传播方式广泛流行，民间纷纷设立阅报所和讲报所，街头出现贴报和说报的生动景象。

《京话日报》营造了新的话语氛围，引发众多默默生存的平民大众借助报纸向社会讲话，促成了人心觉醒。

《京话日报》自然而然地成为平民大众的言论平台，人们把它看作“天下人说话的地方”。

1907年11月，当彭翼仲远放新疆、《京话日报》被封禁一年有余的时候，《大公报》主办者英敛之由天津来到北京，考察了当时的北京报界。英氏指出：虽然《京话日报》遭受禁闭，但是，北京城里“旋兴旋灭之报逾十数种”，“各报纸之篇幅格式次序，一皆模仿《京话日报》，不敢稍有更张”，“此等报演说纪事，概用白话，取其易于开通下等社会，用意本极可嘉”[1]。英氏作出这样的评断：“北京报界之享大名，与社会程度适当其可者，要推《京话日报》为第一。”[2]

英敛之所说的“易于开通下等社会”和“与社会程度适当其可”，点出了《京话日报》独具特色的品性和定位，道出了《京话日报》植根民间社会，获得广大民众亲近和喜爱的关键所在。

民间社会的舆论媒体

北京从1421年（明永乐十九年）起，五百年来，一直是中国的首都，这使它成为一个高度政治化的符号。自清中叶以来，由于国际因素的影响和作用，以农为本的中国社会不可避免地受到冲击并引起变化。但是，这些变化首先发生在拥有众多商埠的沿海各地，主要在中国南方；北京在朝廷的强力控制下，尽力排斥外来影响，仍然延续着中国固有的制度、观念、意识、礼仪、习俗、方式，保持着封建王朝的威严、盛气、繁文缛节，甚至缓慢平和的节奏，明显地执守农业国的价值体系和精神体系。直至清末，北京仍然充满封建帝国的都城气象，甚至“从自然景观上看，北京俨然是乡村的延伸。至于它的城市气质，更是保留着乡土社会深入骨髓的精神遗传”[3]。直至民国年间，进入北京的外乡人对这个古老城市的印象，依然是“具城市之外形，而又富有乡村的景象之田园都市”[4]。

任何社会都有上层文化和下层文化，北京也不例外。数百年来，北京形成并强化了对全国具有绝对影响的政治力量和文化力量，吸纳了全国各地的大量官吏、文人、教员、学生，以及归属于知识阶层的各类有能之人，形成浓厚的精英色彩。清朝最高统治者和精英文化阶层，在北京文化领域中占据主导地位，处于社会舆论的核心位置。而满汉分居内外城的政策，又强化了统治阶层与下层民众的分隔。

在具有精英文化的同时，北京还具有植根民间的平民文化，这种平民文化其实反映了中国社会绝大多数人口的基本状况。论者指出：“中国文化向来是一种平民性质的文化”[5]，“北京的市民日常生活的常态是平民化的”[6]。但是，由于主流精英文化的强势作用和上层社会对平民社会的排斥和忽略，北京人口中最主要、最大量的普通民众却处于社会舆论的边缘，甚至是缺席状态。这些民众普遍抱持社会角色的“自外”心态，并由“自外”心态带来“自外”身份，在社会生活诸多方面成为“局外人”，以致他们中许多人安守于固有观念、意识和思维习惯，缺乏接近和求索社会生活新内容的主动性，甚至形成排斥和否定新事物的习惯心理。

“首都北京”的巨大符号遮蔽了许多维新改良者的视线，像康有为、梁启超这样的维新改良领袖，都是眼光向上，关注着执政阶层和精英文化阶层，把社会改革的愿望寄托在他们身上。因此，彭翼仲以“眼光向下”姿态对《京话日报》作出平民定位，就在北京社会的被忽略地带找到了立足之地。《京话日报》植根民间生活，贴近民众心理，自然而然地获得广大平民的关注、靠近、接受和欢迎，并在此基础上引领广大平民撇除自外心态，从社会边缘移向社会中心，以此构建了北京社会新的舆论环境。英敛之对《京话日报》作出“与社会程度适当其可”的评价，确乎揭示了这一民间报纸对北京社会真实情状的洞悉，以及对北京中下层民众生存状态、文化状态和精神状态的恰切把握。

《京话日报》创办之时就提出自己的理念：“通幅概用京话，以浅显之笔，达朴实之理，纪紧要之事。务令雅俗共赏，妇幼咸宜。尤恐报费或昂，无力者艰于购阅，特减之又减。”[7]由此确定了报纸发行的三项措施：“白话做报”、“赔本贱卖”和“零沽整售，均听其便”。

彭翼仲认为，市面上寄卖的京外各报，以及京内的《顺天时报》，销数甚少，“均平扯算，也过不了两千张”。“论北京城的人，至少也有一百万。一百人里有一个人看，也应该销一万张。为什么连两千张也销不了呢？”首要原因就是“各报的文理太深，字眼儿浅的人看不了”[8]。为此，决计用白话做报，“但能识几个字的人，都看得下去。就是不识字，叫人念一念，也听得明白”[9]。

彭翼仲还认为，北京民众不能接受报纸的另一个原因是“卖的价钱太大，度日艰难的人买不起”。为此，决计“赔本贱卖”和“减之又减”，每张只收三个当十大钱，“这三个大钱，譬如买了一块糖，吃了一根纸烟”，[10]大多数市民对此能够承担。

彭翼仲进一步认为，当时南方数种白话报往往按“册”销售，或作月刊，或作半月刊，或作旬刊，或作周刊，造成读者诸多不便。于是采取“天天刷印”和“单张零卖”的发行办法，使北京民众每天“便把外面的事情，通身全知道了”[11]。此外，“又恐篇幅零星，容易散失，特印成洋装书式，散之则每日一张，合之则一月一册。零沽整售，均听其便”[12]。

采取以上措施之后，《京话日报》迅速进入北京民众的日常生活。下工的劳作者“到了晚半天，都从褡裢里掏出三个钱来，都说‘我来一张’”[13]。“作小买卖的人，都要买一张《京话日报》看看。”[14]“连说书的拨船的，都知道看这个报啦。”[15]林纾指出，像《京话日报》这样的白话报，读者包括了“都下引车卖浆之徒”[16]。当时的上海《警钟日报》曾以惊异的口吻报道，北京“担夫走卒居然有坐阶石读报者”[17]。《京话日报》曾刊登这样一则新闻：“多闻阅报社，前几天去了个叫花子，身披破衣裳，提溜着棍子，抱着沙锅，见人并不讨钱，蹲在门外看报纸。看了足有半天，站起来才走。”[18]社会地位如此低下者也乐于接近《京话日报》，可见它确实进入了下层社会。

本来没有看报习惯的北京人自然而然地靠近《京话日报》，甚至把它作为生活的必需品；而北京新起的报纸传播风气，又促使平民大众与《京话日报》亲近。于是，报纸进入了北京市民的生活，成为了他们的必需之物，北京人中出现了前所未有的“报迷”和“报痴”：

一个自称“小民”的人说：

我李文鎔是个小民……，怎么懂得爱起国来呢？只因鼓楼街同善钱铺卖报，门外贴着《京话日报》，天天去看，看来看去，上了点儿瘾，我就买些回来。[19]

一个自称“无名苦学生”的人说：

在下因受了点儿报毒，一天一天的，什么事也不爱干，竟想着看报。岂不知啊，越看越利害（可又不能不看），脑子里头，直是挂了一块“京话日报”四个字的匾额……一动一静，总也忘不了这四个字。他们这个报，可实在没有什么妖术邪法呀，的确是看了这个报，就生出一个自然而然的忧国心，恨不能中国一时自强，心里这块热血，才可散开似的。[20]

一个担当护军的旗人说：

自从上了《京话日报》的瘾，天天傻看，看来看去，如梦方醒。才知道内忧外患，国势十分的糟糕。[21]

一个自谓“生来笨嘴笨舌，不爱说话”的人说：

在下从去年腊月十九日起，看了《京话日报》，不上几天，就仿佛那吸大烟似的，真上了瘾了。想这个有益处的瘾，我要劝人都来上上。天天亲自到街门口，等候着送报的人。[22]

一个自言“成了报迷”的人说：

在下得了一个毛病，无是无非，天天的长吁短叹。也不是账逼的，也不是病磨的，就是这《京话日报》给害的，已经成了个报迷。一天不看就难受，看了之后更难受。[23]

一些受旧式文化影响颇深的人，原先对白话报纸抱有成见，但读过《京话日报》，不禁改变了态度。例如，一位作过八股文章八韵诗的读者，起先嫌《京话日报》言语太俗，“全用的是些白话，一点文法也不讲”。但是借来一册合订本回家看后，顿生感慨：“嗳呀，可不好了，害得我真苦，抓耳挠腮，在院里直打转儿。”“这报里头的滋味，句句说得入骨，可称为强国强民的大灵丹。”[24]一些粗识文字的人，在对所能看到的报刊进行比较之后感到，《京话日报》最便于读懂。例如，一位旗人说：“自从庚子年后，时常跟着家兄，看看时务书报，无奈总是半瓶子醋。谁知自看了《京话日报》，才恍然大悟，知道了国家的事情，敢情是这样的危险。”[25]

《京话日报》进入北京社会之后，逐渐形成越来越大的影响，拥有涵盖社会各层各界的读者群，就连清廷也下旨要求“呈两宫御览”，表明紫禁城中人也需借助此报观览民情。《京话日报》还传播到靠近京城的各省各县，以及更远的四边各地。除北京外，天津、保定、通州、锦州、新民、开封、西安、山东、山西、南京等地，都设有代派处。远至东边的奉天、黑龙江，西边的陕西、甘肃等地，都设有代售点，拥有固定的读者群。

美国传媒理论家李普曼在《公众舆论》中指出：“购物大众对一份报纸的忠诚不是有任何契约来规定的。”“至关重要的是，我们每个人都喜欢根据报纸如何看待我们认为与我们有关的那部分新闻来对它作出评判。”[26]《京话日报》把平民大众带进社会舆论，以平等相待态度促使他们关心现实社会，自然而然地获得了平民大众的欢迎和喜爱，这便是它所赢得的受众评判。它因此植根于民间社会，成为清末下层启蒙运动中颇有影响力的媒体，引领了具有新型精神内涵的社会生活，创建了北京民间社会的舆论环境。

民间建立阅报社和讲报社

阅报社，又称阅报所、阅报处；讲报社，又称讲报所、讲报处。这两种与现代报纸相伴随的传播形式，最先出现于国外。例如，日本于1874年创办的《读卖新闻》，就将“读”与“卖”联系起来，使报纸的读讲与出售成为紧密关联的一件事。中国的阅报社和讲报社最早出现于南方数省，《京话日报》曾多次报道有关信息，并呼吁北京民众也建立阅报社和讲报社。

北京最早的阅报社创立于1905年春季，它是位于甘石桥西斜街路北的西城阅报处。这个阅报处由几位湖南人办起，他们自愿摊捐，解决了租赁房屋、购买报纸和雇请专人等必需费用。[27]开办之后，“每天从早到晚，请人随便去看，还预备着茶水，不取分文，无论何等人，都可以去。”[28]这一举动得到一些上层人士支持，管学大臣张野秋尚书就先捐银五十两，作为试办经费，后来又加捐推广费一百两。[29]民间多人也对它捐钱支持，总算把风气打开了。彭翼仲对西城阅报处的建立由衷欣喜，多次报道它的信息，向其捐赠《启蒙画报》、《中华报》和《京话日报》的合订本，并且每日赠给一份单面印刷的《京话日报》，供其张贴。[30]

西城阅报处建立之后一个月，王子贞等四人创办了尚友看报处，即将创办之时，《京话日报》刊登了他们的这样一件来函：

> 我们四个人，也要立一个看报处。大家凑钱，买了二十多样报，暂在西单牌楼北边，就是王子贞的照相馆里。等着有了富裕钱，再找好地方，必定要尽心尽力的办理。桌凳家具，已经备齐，外

省各报，陆续寄到。先把本京报买来，请大众看看。如有不到的地处，求大雅君子随时赐教。

西单牌楼北边路西尚友看报处

王子贞　魏华轩　陆达夫　赵承绪　同启[31]

在西城阅报处和尚友看报处建立之后，北京四城陆续办起一些新的阅报社，它们是：东单牌楼观音寺的中外阅报处、大宛试馆的首善阅报处[32]、朝阳门外大街路南关帝庙内的乐群阅报处[33]、护国寺阅报处[34]等。大约两个月内，北京东南西北各城建立了十多个阅报处。[35]

就在阅报社纷纷建立的情势下，第一个讲报社出现了，它是行医者卜广海于1905年5月创办的会友讲报处。彭翼仲以欣喜的心情报道了这件事：

西四牌楼（苏按：当是东四牌楼[36]）六条胡同口外，有个会友堂药铺。药铺里的卜先生，名称广海，行医多年，积蓄点儿钱，在药铺隔壁，置了一处棚房，租给人家开茶馆，外带着说评书。近来看了报，有立阅报处的，有沿街贴报的，激动了爱国爱群的热血，也想要尽一点儿心。想了一个妙法子，比阅报贴报还得劲：阅报贴报，专为识字的人预备，不识字人，明白不了；要叫不识字的人也明白，除非是用嘴说。先生辞退了茶馆，改为讲报处。写了一封信来，叫我天天送一张报。请定了两位朋友，都是热心爱国，并且口齿清楚，天天讲报给人听。外送茶水，不取分文。卜先生真是英雄，我们见得到，没工夫去办，得卜先生帮忙，可真把我乐傻了。因此送了他一份合订本的《京话日报》，可惜头两本已经卖完。如有收存头两本的，不妨借给他们讲讲，文理深的，不必讲，更不可讲。卜先生真是英雄呀，哈哈，哈哈，哈哈！[37]

几天以后，天津的《大公报》也报道了这一北京新闻：

有卜广海者，在东四牌楼六条胡同口外会友堂药铺行医多年。间壁置有棚屋一处，向赁为茶馆说书之用。兹因街上贴有《京话日报》，顿发感情，谓说书不如说报之有益，遂将此茶馆改为讲报处，并定购《京话日报》一份。馆主人念其为公益起见，并出自药铺之人，因送给钉本之《京话日报》一册，以便逐日讲说。从此，下等社会可以重见天日矣。[38]

东四牌楼六条胡同口外的会友讲报处创办不足一个月，李星五和陈乐园在东直门外关厢地方借用回民申家茶馆，开办讲报处，名为第二讲报处，活动内容为“每日从一点钟起，五点钟止，讲说《京话日报》。”[39]

虽然阅报社主于阅报，讲报社主于讲报，但是，早先建立的一些阅报社也效法讲报社，增添了讲报功能。例如，西城阅报处“新增演说，每日两次，早八钟，十一钟止；晚四钟起，七钟止。专就《京话日报》所载，用白话讲解”[40]。“首善阅报处添设宣讲”[41]，西北城阅报社“于六月十五日开讲，在西北城护国寺对过斋宝禅寺庙内，备有茶水，不取分文”[42]。如此等等。这样一来，不论创办之初以“阅报社”为名还是以“讲报社”为名，在运作过程中大多兼行阅报和讲报，以致在《京话日报》上，常常把阅报社和讲报社统称为“报社”。

办阅报社需要房屋、场地、桌椅和供人阅读的多种报纸等基本条件，最先出现的西城阅报处和尚友讲报处，以及后来成立的多所阅报社和讲报社，大多靠民间力量备齐各项条件。例如：

护国寺斋宝禅的寺庙主人，提供房屋、桌椅，支持热心人在寺庙内开设西北城阅报社，并另备茶水，不取分文。[43]

一位叫刘廷槑的“教书匠”，自愿减价出租新街口路北新修的三间房，助人建立阅报处[44]。

一位名叫文彝之的汉军副参领，自愿捐出西直门大街的一处铺面房，助人开设多闻阅报社[45]。

健锐营厢黄委参领恒寿芝，自愿将门头村的祖遗房产数间捐给热心人开设阅报处，不收租金[46]。

地安门外帽儿胡同真武庙的寺庙主人，为通志讲报社腾出房子。[47]

东安市场讲报处房屋窄小，北池子恒顺棚铺掌柜关子厚自愿捐助凉棚一架，用于接纳越来越多的听讲报者[48]。

德胜门外关厢路西热心人开设化俗讲报社，得到杨家茶馆主人借给的茶馆，正俗讲报社借给的大量报纸，以及日新讲报社和尚友讲报社的大力扶助、支持和指导[49]。

过去的研究者曾对北京民间的阅报社和讲报社提出“由《京话日报》馆开设”的说法，此说不甚切当。彭翼仲道明了实情：“各处讲报所，均非本馆经办，事冗鲜暇，未能常常往听。”[50]不过，《京话日报》对阅报社和讲报社始终十分关心，频繁刊登他们的各类告白，帮助他们解决各种问题，促进他们提高实效与推出新意，有时还直接参与他们的事务，纯然把他们的事当做自己的事。

《京话日报》坚信：“要开通下等社会，非用口说不行”[51]，而“演讲之学，本属专门，我国无此人才，迁就之处正多”[52]，于是对各讲报社的讲报之事尤为关注。报上多次刊登告白，邀请有能力者承担讲报，约请有意者到报馆面谈[53]，甚至提出，“如肯当众试演尤妙”[54]。报上屡屡交流和研讨讲报之事，指出：“既要讲报，千万不可节外生枝，自己以为口才好，说了许多闲篇儿，一个不留神，还许要得罪人呢。并不是我们自夸，果能照着报上念，念得一字一板，到了筋节儿上头，再上点儿精神，必然能够动人。文一点儿的字句，再给大家分说分说，念完一段，重新把前后的意思一叙，只要说的有精神，也就够人家听的了。”[55]“宣讲的时候，自己总得有个真见识，到了筋节上，能够推出一番至理，演说给大家听听，那才中用……从我口里出来，要能打进他的耳朵里去，这话才不算白费。外国讲究演说的学问，也不过如此。有肯出头的，可以拟一个简明章程，赶紧快办。”[56]

读者高子江向报馆致函，说出了亲身经历的一件事：前天在一处讲报所听报，一位讲报的先生，上台一开口，“就把听报的损了个苦情”，一下子，听报的人“呼呼的全散了”！为此指出：讲报的人“应该先看看听报的是何等人”，对他们采取适宜的表达方式，“就着人家所知道的，细细批解，再把那些个新理，想法子往人家脑子里装”，不然的话，“听的主儿不懂，那也是白费舌”。[57]

读者的意见引起彭翼仲的重视，他在这篇演说后写了这样的附注：

> 讲报所日渐增多，诸位何妨结个团体。找一处地方，每逢星期，趁着各学堂休息的功夫，请大家聚在一处，练练演说的功课，并准外人听讲。练习出些讲员来，设立讲报处，也就不致再为难了。本馆很愿赞成，未知诸位以为如何？
>
> 翼仲附注

彭翼仲说出了众多阅报社和讲报社的愿望，此后不久，北京各阅报社讲报社于1906年2月6日在西河沿首善阅报处举行茶话会。与会者交流经验，商定了《北京各阅报讲报社商拟茶话规则》，内容包括宗旨、择人、择报、讲报、克己、联络、研究、交涉、经费诸多方面，其要点是：

> 凡我同志，既以热心劝人为己任，各宜认明公理，脚踏实地作事。
>
> 凡愿来各社襄助义务者，须经多数同人调查，若果热心文明，社中自应竭诚欢迎，共认同志。诚恐流品不齐，反多阻力。
>
> 应择忠君爱国、合群保种、知耻自强的报纸为主义。此外如怪诞不经，驳杂不纯诸报，一概不备。
>
> 所有各社认讲诸君，应于各报中择其宗旨纯正者，细心讲解。

既为阅报社之同人，自当以身作则，始可为各社会之矜式。切不可言语骄人，损害报社名誉。

各社既系志同道合，自因固结团体，无分畛域，方合同舟之义。

各社开办，或由募款，或由集资，均宜自筹。

今后每月会晤一次，如有新创立的阅讲报社，当致送本章程。[58]

这次结社活动体现了一种志同道合精神，形成了“热心文明”、“忠君爱国”、“合群保种”、“知耻自强”、“遵循公理”、“投身公益”、“宗旨纯正”、“以身作则”、“固结团体”等共识，推助了阅报社和讲报社的合作和互动。

这次聚会的参加者来自19家阅报社和讲报社，它们的名称是:日新、进化、爱国、西北城、正俗、首善、尚友、会友、爱群、代立、合群、同人、多闻、西城、乐群、宣明、广益、说书讲报处、阅书报处。此外，虽未到会但表态接受众议的有通志阅报社。[59]

其实，参加这次活动并不是当时京城阅报社、讲报社的全数，在这次聚会之前，《京话日报》报道过的阅报社和讲报社还有：克明阅报处[60]、灯市口讲报处[61]、健锐营讲报处[62]、正黄旗阅报社[63]、青云店讲报阅报处[64]、骡马市大街讲报处[65]、花儿市福音堂阅报处[66]、京南采育镇阅报处[67]，安定门二条胡同医院里设立的讲报处[68]、马兰峪横街阅报处[69]、内务府同人设立的公立阅报处[70]等。可以说，至1906年2月6日以前，北京的阅报社和讲报社已有三十家左右。

首善阅报处茶话会之后，京城阅报社和讲报社又举行了几次聚会，如，1906年2月25日在首善阅报处，第一次聚会的参加者再次聚会[71]。1906年7月5日东北城日新阅报社举行的成立周年聚会，各阅报社讲报社、各学堂约一百四五十人到会。该阅报社主办者陈贵甫报告一年来工作，松友梅、乐绶卿发表演说，爱群报社志仲悌代表各报社发表祝词，各社同人及来宾纷纷登台演说。会后，全体与会者合影留念。[72]

1906年7月，各阅报社和讲报社制定了《研究演说会章程》，对于阅报社、讲报社的经营和管理，拟定若干具体规章。《研究演说会章程》的主要内容是：

> 本会以研究演说启发民智，俾人皆有爱国思想为宗旨。
>
> 本会系联合各报社诸同志，会议演说，公同研究，故名“研究演说会”。
>
> 本会原为普劝同胞、开通风气起见，必择忠君、爱国、合群、保种者演说，此外不涉他事。
>
> 本会暂借同人阅报社，俟有合宜地址，再行扩充。
>
> 除星期外，每日上午十一点钟至一点钟演说，任人听闻，余时阅报。
>
> 逢星期日专请各报社同志研究演说学问。
>
> 凡演说时，须依次顺序，此人演说未完，他人不得掺语。
>
> 演说时，须静坐勿哗，以昭郑重。
>
> 各报社同志临本会时，须先赐报社名片及本人名片，以便接待。
>
> 附禁例十条：（一）不得谈革命；（二）不得讽刺朝政；（三）不得排击宗教；（四）不得囿于迷信；（五）除去彼此界限；（六）不得语近谣惑；（七）不得谈论闺阃；（八）不得转文；（九）不得言语过激；（十）不得语近攻讦。
>
> 以上均是草创，有未尽善之处随时公拟。[73]

研究演说会的成立，使民间自发成立的阅报社和讲报社形成社会化的大团体，提升了北京社会报刊传播的理性色彩。

1906年8月，各阅报社和讲报社成立演说会，推举陈桂甫、春治先、松友梅、文石泉、志仲悌、乐绂卿为评议员，借用日新讲报社作为工作地点。[74]——这个演说会由民间力量自发成立，它提升了京城阅报社和讲报社的社会公益性和民间组织性，标志着北京民间阅报社和讲报社活动提升到一个新的水平。

从1906年2月6日在首善阅报处举行茶话会，到《中华报》和《京话日报》被查封的1906年9月29日，北京又成立了许多阅报社和讲报社，它们是：兵部湾北头马神庙内的首善报社[75]、草市讲报处[76]、公议阅报社[77]、京南阅报处[78]、阜成门阅报处[79]、国民小学义塾讲报说书处[80]、东安市场讲报处[81]、通俗半日讲报社[82]、德胜门外关厢路西的化俗讲报社[83]、樱桃斜街路西万福轩的半日讲报说书处[84]、永定门外西罗家园的公益讲报社[85]、护国寺东口外的开智阅报社[86]、罗圈胡同的公立讲报社[87]、交道口日新阅报分社[88]、护国寺西口外大街路西的开智阅报社[89]等。

除了以上正式成立并开展活动的阅报社和讲报社，《京话日报》还报道了京城内外准备成立的阅报社和讲报社，例如：

"罗圈胡同在理会领袖何来平，跟大众一齐商量，在本公所里头，要立一处讲报社，大家都很乐意。"[90]

"内城中局警巡乐斌，巡长锡琛，……新近约请同志，在内西华门，创立讲报处。"[91]

"前门外洋药行贾氏等多人，打算立一处讲报社，择地在琉璃厂。"[92]

《京话日报》1906年7月30日的一篇演说反映了阅报社和讲报社兴盛的生动情景："由去年到今年，一年多的工夫，北京城内外，设立的讲报阅报社，不下三四十处。算起内外城地面，哪条大街上，都有讲报阅报处。"[93]

其实，至"彭翼仲案"发生的1906年9月底，《京话日报》反映的信息中涉及到的阅报社和讲报社已有五十所左右。

1900年代，北京内外城阅报社、讲报社雨后春笋般涌现，这种出现于民间社会的文化景象，令人追怀并引起思索。虽然各阅报社、讲报社的主办者文化程度和经济实力各不相同，但是，他们都怀着为社会服务的心愿，自觉地为开启民智和提升国民程度贡献力量，其行动本身就是广大民众国民程度得到提升的生动表现。

街头贴报和街头说报

北京的街头贴报和街头说报也自发产生于民间，《京话日报》热忱支持和帮助这两种与下层民众十分切合的报纸传播方式。

街头贴报

《京话日报》本有一种惯例，“每天印出报来，必粘贴在门外一张，请过路的人，息息脚步随便看一看，总有益处。”[94] 但是后来出现的贴报活动，不论规模还是影响都大大超越了报馆原来的这种做法。

1905 年 3 月，一些热心人在街边设立木牌，上面粘贴《京话日报》，路人可以在木牌前阅报，不识字的人也可以在这里听人念报。彭翼仲说：“自从三十一年二月（即 1905 年 3 月）起，一时出了几位热心人：一位松俊三，一位文哲臣，一位刘瀛东。第一处在京城街上贴报的，就是松俊三跟文哲臣，随后刘瀛东、马稚松诸位，约了同志的人，创办阅报处，又制造木牌，沿街贴报。”[95] 又说：“满街上贴报的，从松俊三、刘瀛东起首，也就越来越多。”[96] 根据彭氏之说，京城贴报的发起人是松俊三、文哲臣、刘瀛东、马稚松等人。但是，在《京话日报》上未见关于马稚松贴报的报道，只可找到关于松俊三、文哲臣贴报的零星信息，这就是报上刊登的居住在东城的十位贴报人共同署名的一则启事：

> 东城闹市口，一直的到小街子北边，多贴《京话日报》，才

能够供给大家观看。今约会同志，量力捐助，稍尽中国人爱中国人的心。特将贴报各处录下，远近行人，驻足看看。这报不是洋报，这个报馆是中国人开的。报上的话，若与诸君有碍，可以函商，千万别撕别扯。[97]

在这件启事下，逐一列出十位贴报人分别确定的九个贴报地点，以及各个点的承担人。其中，在裱褙胡同东口八根旗杆和齐化门内三元子处贴报的有松俊三，在西裱褙胡同东口路北砖瓦铺和六条胡同东口路南天德馆贴报的有文哲臣。

虽然在《京话日报》上关于松俊三、文哲臣、马稚松贴报活动的信息难于见到，但是，关于刘瀛东的信息却很多。

刘瀛东，名田海，广东人，湘学堂英文教习。家道寒微，但人极开通，自愿出资在街头贴报。他到报馆找彭翼仲，提出订购单面印刷的《京话日报》30份，用于南城沿街张贴。彭氏当即允诺，并决定“减半价收纸价，印工白送”[98]。

刘瀛东的30个贴报点在南城，从贾家胡同中间东墙到后孙公园练勇局对过，他每天步行两个小时左右，依次张贴《京话日报》，风雨无阻。他在一篇演说中这样说：

列位呀，在下沿街贴这《京话日报》，并没有别的意思，为的是咱们既是中国人，就当知道中国的事，大家伙儿，看看这个报，就能知道点儿了。还要叫人知道好歹，不可胡作非为，并知道怎样做人才合理，怎样待人才够朋友。卖什么要吆喝什么，干哪一行，要说哪一行的话。但求人人不做亏心没理的事，别生对不住父母国家的黑心，人人如此，中国可就有了指望了。更有一层顶要紧的意思，叫中国人明白外洋的情形。列位想一想，咱们要是明白了外洋情形，二十六年的乱子，断断也闹不出来。人贵自立，不依靠人家，可也不必招惹人家，有理讲倒人，三头六臂的魔王，他也不能把理给吓反了个儿。

要问我专贴这《京话日报》的原故，我也是因人而起。跟报馆的彭翼仲，原先也没有见过面，他既为公，我也不为私，他的报很有血性，比去年做的更好，人人全看得懂。内中更有一层苦情，不怕列位笑话：我刘瀛东家里很穷，别的报实在贴不起，这回捐贴本报三十份，报馆的彭翼仲，明白这是为大家伙儿的益处，让了我多少便宜。不但我知情，走来看的人，也得念人家的好处。列位呀，请来看一看罢，要说我这回事是假，或疑心是彭翼仲使出来的，我有一个对证，请问我的同学，我贴报的头一天，跟他见过面没有？再问问我们同乡，有我这样一个人没有？

闲话少说，在下贴的这种报，没看见过的人还不少。贴了几天，买卖家刷报单的，不知这是甚么事，当不当，正不正，常把报单贴在我的报上，实在是不合公理。打算求求地面官，交派交派五城练勇，替我照护照护。官面儿上的事，我很外行，又怕碰人家的钉子，不敢去求人，在下一个人，实在照顾不到，求各处有好心的朋友们，替在下照料照料，只要不准人家撕去，诸位的功德，也就不小了。这可是为大伙儿起见，并不是给报馆捧场。我中国人，私心太重，不懂甚么叫公益。在下做的这件事，就是公益。地面官如肯做真事，就请赏个脸，交派交派。已经贴报的地名，登在下面边，将来有添贴的地方，我再登报。（苏注：以下是三十个地点的名称，略）[99]

刘瀛东之后，京城陆续出现许多贴报的人和事：

湘学堂多人捐钱若干，捐助《京话日报》数份，用于贴报。[100]

东北城自称“一群穷小子”的七人，捐贴《京话日报》10份，并捐款制作贴报用的木牌30件[101]。

继立堂等十人，从东城闹市口到小街子北边贴报9份[102]。

前同文馆学生齐宗康捐助贴报木牌30面，女学堂靳某等7人每月各捐助贴《京话日报》1份[103]。

自刘瀛东等人发起之后，贴报迅疾风行，至1905年4月底，京城地面的贴报“约计已有百份，京外尚有数十份”[104]。

后来，京城内外又有许多人热心贴报，如陈凤韶等9人采取捐钱和捐报两种方式，资助刘瀛东贴报[105]。大学堂学生韩述祖等33人、译学馆学生韩述彦等46人劝募经费，用以制造木牌70面，在前门一带栽立，用于贴报。韩述祖和韩述彦还带头捐钱和捐报，解决了用于粘贴的报纸。两校共79人采用“常捐”即一直保持对贴报的捐助。此外，大学堂还有41名学生采取“短捐”即一次性方式，分别认捐5角至2元不等[106]。

彭翼仲对民间出现的贴报十分感慨，他说：“你们大家贴《京话日报》，为的是众人，……你们既如此热心，倒撤了我许多的心火。京城里头，究竟还算是有明白人。就是把我赔累死，我也是含笑九泉了。”[107]而众多贴报人对彭翼仲“大公无己，单面报价减同寻常，一律热诚爱众”深表感佩，同时想到“纸料既加，成本较厚，因公累私，我辈何安？”于是议定一个折中之数，“每份每日加一文，每月计两吊四百文。”[108]报人彭翼仲与众多贴报人之间，存在着多么真挚的信赖和体恤！

街头说报

1905年5月，一位从山东来京的读者向彭翼仲致函：

> 昨阅初十日报，朱景龢先生《要叫不识字的人明白》[109]，看了那一段演说，足见救世苦心，实在令人钦佩。弟由山东来京，携有半律瑟一面，志在弹演圣谕，宣讲故事，也想唤醒愚蒙，尽点义务。

今见朱君抱此热诚，并愿招人帮讲报章，甚对在下的本意。诸君如不见弃，请贵馆代为致候，即望驾临山左会馆，面谈为盼。[110]

彭翼仲十分赞同这位读者“弹唱报纸”的提议，他在这篇来函下写下这样的注语：

足下此举甚合我国民人的程度，如不嫌劳，请先到东四牌楼讲报处弹演弹演。

“弹唱”是民间喜闻乐见的表演方式，路边地头随可施展，形象生动，引人入胜，具有群众性和通俗性。彭翼仲让这位热心人到卜广海的东四牌楼讲报处“弹唱”报纸，显然希望他在已能接受讲报的受众中尝试说唱报纸。

正当彭翼仲热切希望用民间说唱方式传播报纸的时候，出了一位醉郭。

醉郭，名郭瑞，京西老庄子人，出身贫苦，少年自学认字，后来做了教书匠，因为喜好喝酒，得了个“醉郭”的诨名。庚子之乱，家业全毁，于是来到京城，在天桥一带说唱度日。醉郭看到《京话日报》，十分喜欢，“买了几张，到街上去念，又要了几张抵制美约的演说”，向民众宣传。[111]后来，彭翼仲把醉郭请到报馆，“当面商量，请他在街上去讲报。一听这句话，满口就应承，从此天天去讲。”[112]此后，醉郭常在街头讲唱《京话日报》，成为引人注目的街头说报人。

随着《京话日报》的影响越来越大，醉郭的演唱也越来越精彩，名声越来越响亮。听他讲唱的人，一天比一天多，北京南城常常出现“满市争听醉郭唱”的场面。清末北京管地方治安的兵叫“堆子兵”，他们的长官叫“巡城御史”。巡城御史发现醉郭讲唱造成交通堵塞，就派堆子兵驱赶醉郭。但是醉郭不理不睬，照样讲唱，与他们发生几次冲突。为此，彭翼仲亲自到协巡营，要求他们“允许醉郭在街上讲报，队兵不得再拦阻”[113]。同时还“要求队兵保护，每遇见他，指定一处宽敞地方，由着他去讲”[114]。彭翼仲还为醉郭拟写了许多唱词，两人因《京话日报》成为知心朋友。

有一次，巡捕大施野蛮，殴打醉郭，并将他捆缚于树，曝晒在烈日之下。《中华报》报道了此事，主笔杭辛斋激愤地写了这样的评论："诸君莫轻视醉郭也。今日之谈热心讲开化者，非不曰热心公益，愿尽义务也，而要不能详尽其内容。盖兀兀碌碌，非为利则为名耳。而醉郭一醉之外，万事皆空，终日昏昏，不忍以醒眼看今日之世界。吾辈对之，当不能无愧色焉？"[115]

《京话日报》数次刊登醉郭撰写的唱词，这些唱词抒发了醉郭"爱国自强"的执着心志，活现了他街头说报的风采。

《醒世词》唱道：

> 危难谁保国民险，火到眉尖尔不知。现今时局危乎危……外则边疆未靖，内则国债支离，再不团合大体，同胞振起无期。百折不回，一心要开通民智；尽心竭力，死而无期！[116]

《醉郭不醉》唱道：

> 现今变法自强，总要励精图治。你有你的责任，我有我的心志。你为防微杜渐，我为演说报纸。若说围绕多人，越多我越欢喜。[117]

1905年12月11日，地安门外烟袋斜街的正俗阅报社建立，西北阅报社、爱国阅报社、日新阅报社、爱群阅报社、多闻阅报社及远近同道者多人，同往祝贺，醉郭也在其中。午后一点开始演说。首先是醉郭登台演说，接着春治先、聚云章、王子固、陈贵圃、成恩坡、多祝三诸人陆续演说。"听者满室，屋渐有不能容纳之势。至晚五钟始散，亦可见风气大开矣。"[118]街头说报人醉郭进入了阅报社和讲报社的活动范围。

醉郭之后，北京又出了一个普尽臣，他往往“扯开揉碎的细说，指手口画的苦劝。恐怕人家听不明白，急的脸红脖子粗，顺脑袋流汗，看样子实在可笑，听他说的话又可敬”。要是他好喝酒，“简直的出了第二个醉郭”[119]。

老北京城的街头说唱者采用通俗平易的表演方式，在民间社会深受欢迎，影响甚大①。醉郭作为义务说报人，以独具特色的说唱方式宣讲《京话日报》，强化了这一报纸的平民品性，更使它融入下层社会，与广大民众亲近，得到他们由衷的接受和欢迎。1900年代的北京街头说报，确乎是富有生动魅力的报纸传播景象。

平民大众的言论平台

《京话日报》把“开通下等社会”作为自身定位，从报纸本身到发行传播的各个方面都尽力体现这一定位，因而造就了具有崭新精神内质的社会文化景象。人们不禁要问，《京话日报》的编辑者与广大受众的文化背景、社会身份本有诸多不同，甚至有明显差异，但他们却处在一个共同的言论环境之中，出现了富有活力的互动，这是怎么造成的呢？论者指出：“为了吸引更多潜在、有待开发的对象，二十世纪初的启蒙者，多方设法，务期用尽所有可能用得到的方式，把高远的理想落实到满目疮痍的广阔土地上。人民看不懂艰难晦玄的符号，他们可以换一套表现方式，用下里巴人的村言俚语写出他们的救世良言。再不懂，他们可以把书写的文字换成口说的语言。”[120] 这一论述揭示了清末启蒙知识分子贴近民众的自觉心态和实际做法，《京话日报》的表现确乎可圈可点。

《京话日报》致力于营造与受众亲和的话语氛围，把是否有利于读者接受作为办报的出发点，由此决定了具有特色的表述内容和言说方式。报馆编

① 老舍的话剧《茶馆》中，有一个幕间唱“数来宝”的大傻杨，老舍借这个人物来串联情节。大傻杨就是北京社会常见的民间说唱者。

辑者不是单边地、居高临下地进行宣教，不把“形而上”的抽象论理作为主要的表达方式，不靠大量使用新概念、新主义来体现思想意义，而是联系人民大众的现实处境，就身边事讲通俗话，以自然而又近人的方式体现维新改革的思想要素，表达“开启民智”、“爱国图强”的重大主题。比如，《京话日报》创办伊始连续登载七篇演说，向从来未曾接触报纸的民众介绍报纸为何物，揭示报纸对人的重要作用，指出：“看报可以发财”（看报使人见识广大，消息灵通，而它们就是“发财的根基”）、“看报可以去病”（某小姐看报纸之后改变心态，治好了一直没有治好的心病）、“看报可以省钱”（以报上的信息安排家用，可以挑选合适的商品，选择合适的价钱）、“看报可以代游历”（看报可以知道“东西洋各国的要紧事，本国南北各省的要紧事”）、“看报比读书还强”（看报可以知道世界各国的各种学问，胜过出门寻师访友），如此等等。从来不知晓与不曾阅读报纸的普通百姓，读到这样的“大白话”，便会自然而然地领悟它们所传递的新的意义内涵。这样的“告知”便富有成效地体现了“开启民智”的作用。在《京话日报》上，类似的表达十分多，是一种贯串始终的常用言说方式。

本书第一章说过，《中华报》偏重于发布宏观性信息和趋势性资料，常常采用归纳、演绎等论理方式进行“形而上”的理性表述。相比起来，《京话日报》则长于联系社会现实，进行“形而下”的表述。两报的不同定位决定了不同的言说方式。彭翼仲同为两报主办人，但在言说方式上却使两者呈现明显分别，反映了他在实际运作上对“开官智”的《中华报》和“开民智”的《京话日报》的具体把握。彭翼仲说：“我们这京话报，是专为没有读书的人说法，更不能不委屈迁就，迎合看报人的眼光，作个引线，慢慢的引人入胜。”[121]“引线”的比喻生动点出民间报人彭翼仲适应受众、服务受众的办报态度。1913年11月，一位侯先生来到报馆，劝彭翼仲补求学问，共同研究高深的学理。彭翼仲对他说：“如今是到了什么时候，哪还有如此安闲岁月？社会上的情状，真真是朝不保暮，既不能离开社会独立，作一个人群以外的我，就得跟着多数的人群，一同在这潮流旋涡里转。眼看着船要打翻，再不招呼大家一声儿，同心合力的求生路，大家逃不了命，自己也一定活不成功。有了这层危险，独善其身的念头，不敢不打消。既然见得到此，断断再没有退后的道理了。所以鄙人经了几次风波，始终不变宗旨，就是这个原故。"[122]彭翼仲在《京话日报》运作过程中所持的态度、所选择的话题和所采用的言说方式，都由其关注平民大众实情的切实心态决定。从彭翼仲身上可以看到，在清末下层社会启蒙运动中，启蒙知识分子为了靠近普通民众，在文化习尚和功利取舍方面自觉进行了改变和调适。

现代政治文明范畴有一个重要概念——话语权，指的是不同人群和个体在国家政治生活、经济生活以及各类社会生活中表达自己意志的权利，即发言的权利。封建专制制度决定了君、臣、子民的森严等级，也决定了下民只有顺应，不能逆拗，只能听从，不能发言，在社会生活中没有话语权。《京话日报》打破了传统的言论秩序，营造了新的话语氛围，引发众多默默生存的平民大众借助报纸向社会讲话，主动行使自己的"话语权"。尽管还很初步，也很肤浅，但却引领了人心的觉醒进步，带动了社会的发展变化，造就了具有新意的社会现象，在这样的过程中，《京话日报》自然地"成了人民的喉舌——一个公众的言论机关"[123]。

许多本来与书面文字隔绝的普通民众，纷纷在《京话日报》上发表言论，显现了此前未曾有过的精神状态，他们的语言平凡而又本色，但却体现了不可等闲视之的人心觉醒。

一位下层市民说：

> 在下看了《京话日报》，很有点儿动心，也要想着说一说话，可恨我不通文理，只好顺着嘴儿开合罢。好在《京话日报》不讲文理，彭先生也不笑话人，甚么野调无腔的呀，甚么歪歪斜斜的呀，都可以删改删改给登上。[124]

一位身为巡警的人说：

自从去年看了《京话日报》，越看越对劲，才觉着开了点心缝儿。又见贵报上，准人说话，说话又不要钱，我真乐极了。乘着便宜，我也要张张嘴……[125]

一位穷苦的学生说：

幸亏彭翼仲开了大公门，只要是为公益起见的，也不论什么字眼儿拉，文墨儿拉，好歹必给你登上。[126]

一位身为旗人的老护军说：

自从看了《京话日报》，不但多认识几个字，心里还透了点窟窿眼儿……我也想在报上说说，又苦于不能提笔行文。幸亏这白话报上，不论字眼儿。好歹胡拉乱扯，涂抹了一篇，求彭先生看看。有别字不成句的地方，还求更改更改，登在报上。看报的诸位，可别笑话，这就很难为我这六七十岁的老小孩儿。[127]

一位家庭妇女说：

在下是一个当家人的，论规矩罢，可不该多说少道的。名分差了，言语也就不值钱了。只因您这报，不论贵贱，亦登过当家人的来稿，所以我才敢说。[128]

一位开切面铺的小生意人写了一篇演说，题为《小买卖人敢说大话》，文中提出，中国人要“重大家的公利，不重一己的私利，所以才能够富国强兵”[129]。说话者身为“小买卖人”，但不甘于默然，把关系国家命运的“大话”说出来。“小买卖人”敢于说“大话”，这真是具有历史意义的大变化！其实，那些自称为“勾栏中人”、“下贱优伶”、“不识字的兵丁”、“无名的苦学生”、“不开化的女子”等，也同他一样，都是“小人物”说“大话”。众多下层民众自发地说出与国家、民族命运和国民责任相关的种种言论，正是他们国民意识觉醒的生动表现。

在《京话日报》上，常常出现编辑者与读者以及读者之间的对话和互动，此外，还自发形成一种本群体成员的对话。演说《旗人劝旗人》（第188号，1905年2月27日）是一位旗人与其他旗人的交谈，话题内容涉及家乡东北和现在居住的北京的种种实事，主旨是“启蒙”和“开智”，语气十分亲近。此后，许多来稿纷纷采用这种表达方式，如《宗室劝宗室》（第206、207号，1905年3月17日、18日），《教友劝教友》（第209号，1905年3月20日），《蒙师劝蒙师》（第281号，1905年5月31日），《学生劝学生》（第312号，1905年7月2日），《侍女劝侍女》（第321号，1905年7月11日），《书吏劝书吏》（第354号，1905年8月13日），《回回劝回回》（第384号，1905年9月12日），《家臣劝家臣》（第409号，1905年10月8日），《巡捕劝巡捕》（第609号，1906年5月7日）等。这些演说反映了普通人民之间的交流和相互影响，显现了他们在新的舆论环境中的活跃心态。

“在晚清白话报中，《京话日报》的读者来函和投稿特别多”，[130]这是《京话日报》“与社会程度适当其可”定位的必然结果。为了扶助民众向社会发言，报馆编辑者对一些演说来稿修改、润色，发表时还加上“修改十分之几”的批注。例如，杨寿廷的《当家人的也要说一说》（第226号，1905年4月6日），题下注“修改十分之四”；孟三的《拒美约以后的为难》（第345号，1905年8月4日），题下注“修改十分之二”；回少亭的《我可不吸大烟了》（第345号，1905年8月4日），题下注“修改十分之四”；李荣萱的《奉劝女同胞快入学堂》（第351号，1905年8月10日），题下注“修改十分之五”；白云观道士蔡然彬的《办警务的老爷请看》（第667号，1906年7月5日），题下注“修改十分之五”，等等。还有一些来稿，题下注某人口说，某人代拟，反映了主诉者通过请人代笔而向社会发言，例如，《小女孩子不愿白吃饭》（第315号，1905年7月5日），题下注“九龄女孩，请人代笔”；《记天津盐山县城东马村王步文之妻吕氏母子捐钱事》（第412号，1905年10月11日），题后注：“王吕氏口说，闻氏代稿”。其实不限于演说文稿，报上刊登的许多普通民众的稿件，都经过了报馆编辑者的修改、润色。《京话日报》还设有“来稿题名”专栏，公布准备刊用的稿件题目，以免投稿者悬念。后来稿件渐多，不能备载，又改为在报末公布不准备用的稿件题目和作者姓名，“免负诸君热心”（第312号，1905年7月2日）。这些做法都体现了对来稿者的关心和尊重。平民品性使《京话日报》同广大民众建立了密切关系，营造了富有活力的话语氛围，读者自然而然地把《京话日报》看作“天下人说话的地方”。

美国新闻理论家沃尔特·李普曼《公众舆论》的中译本译者阎克文对该书基本观点作了这样的概括：“毋庸赘言，‘舆论’的主体就是‘公众’，换句话说，舆论总是公众的舆论。”“无论从词源学意义还是从它本身的性质而言，舆论都不过是一些意见。公众舆论自然就是公众的意见或者大家的意见。”[131]许亚荃指出：“专制社会的结构意味着越是深入社会的底层，其意见表达与舆论所代言的社会人群愈加广泛，其公共特性亦愈为凸显。”[132]从《京话日报》可以看到，办报人立足于下层社会，通过与受众的亲密融合，围绕许多公共话题进行概括、提炼和传播，还引发一些社会运动，从而营造了具有新型思想意义的公众舆论，对于推动社会进化和人心进步发挥了重要作用。沃尔特·李普曼指出：“在近代以来的社会中，公众舆论主要作为一种政治现象，可以说只出现过两个源头，即开放的舆论生成与流通系统和封闭的舆论制造与灌输系统，尽管它们都会产生一个复杂程度不相上下的舆论过程，但是结果却大不一样。”[133]《京话日报》作为公众舆论载体所建构的信息流通体系和舆论模式，反映了百年之前中国民间社会“开放的舆论生成与流通系统”的历史面相。论者指出：“北京称得上有‘舆论环境’的出现，实自彭翼仲的《京话日报》始”[134]，确乎揭示了历史实情。

1 英敛之：《北京视察识小录》，《大公报》第1943号，1907年11月26日。
2 同上。
3 李楠：《京沪两地晚清、民国小报的语言文化现象》，《复旦学报（社会科学版）》，2007年第3期。
4 见郁达夫写于1935年的散文《住所的话》，载《郁达夫散文》，浙江文艺出版社，1999年版。
5 王富仁：《平民文化与中国文化特质》，《文艺争鸣》2005年第1期。
6 李楠：《京沪两地晚清、民国小报的语言文化现象》，《复旦学报（社会科学版）》，2007年第3期。
7 题为《请看〈京话日报〉》的本馆发行启事，见《大公报》第773号，1904年8月14日。此告白连续刊登多日。
8 演说《作〈京话日报〉的意思》，《京话日报》第1号，1904年8月16日。
9 同上。
10 题为《请看〈京话日报〉》的本馆发行启事，载《大公报》第773号，1904年8月14日，此后连续刊登多日。
11 演说《作〈京话日报〉的意思》，《京话日报》第1号，1904年8月16日。
12 题为《请看〈京话日报〉》的本馆发行启事，载《大公报》第773号第1版，1904年8月14日，此后连续刊登多日。
13 演说《告我国人》，《京话日报》第136号，1904年12月29日。
14 署名冯善元的演说《中国有盼望了》，《京话日报》第301号，1905年6月21日。
15 署名可轩的演说《又要来恭维〈京话日报〉》，《京话日报》第303号，1905年6月23日。
16 林纾：《致蔡鹤卿太史书》。
17 见《警钟日报》，1904年11月17日。
18 本京新闻《叫花子看报》，《京话日报》第673号，1906年7月11日。
19 署名李文镕的演说《小民爱国》，第237号，1905年4月17日。
20 署名玮臣的演说《请看疯话》，《京话日报》第266号，1905年5月16日。
21 署名荣禧的演说《如梦方醒》，《京话日报》第360号，1905年8月19日。
22 署名退化的演说《回想当年》，《京话日报》第218号，1905年3月29日。
23 署名宗室继极的演说《请治毛病》，《京话日报》第309号，1905年6月29日。
24 署名伊树轩的演说《呦，我也入了迷了吗》，《京话日报》第314号，1905年7月4日。
25 署名爱新觉罗文寿臣的演说《妄谈国事》，《京话日报》第350号，1905年8月9日。
26 [美]沃尔特·李普曼《公众舆论》，第236页，上海世纪出版集团，2006年4月第1版。
27 要紧新闻《西城创立阅报处》，《京话日报》第228号，1905年4月8日。
28 本京新闻《阅报处风气大开》，《京话日报》第265号，1905年5月15日。
29 要紧新闻《阅报处真要开办了》，《京话日报》第257号，1905年5月7日。

30 本京新闻《阅报处已开》，《京话日报》第238号，1905年4月18日。
31 《启事》，《京话日报》第270号，1905年5月20日。
32 本京新闻《又要立阅报处》，《京话日报》第269号，1905年5月19日。
33 边框外广告，《京话日报》第311号，1905年7月1日。
34 本京新闻《护国寺也要开阅报处》，《京话日报》第314号，1905年7月4日。
35 见彭翼仲撰写的演说《山西白话演说报的祝词》，《京话日报》第333号，1905年7月23日。
36 卜广海的会友讲报处位于东四牌楼六条胡同口外，在《中华报》和《大公报》的报道，以及《京话日报》后来的报道中，都指明该讲报处位于东城。
37 要紧新闻《说书馆改了讲报处》，《京话日报》第259号，1905年5月9日。
38 中外近事《医生演说报章之创闻》，《大公报》第1031号，1905年5月15日。
39 边框外告白《第二讲报处广告》，《京话日报》第281号，1905年5月31日。
40 边框外告白《西城阅报处广告》，《京话日报》第308号，1905年6月28日。
41 边框外告白《西河沿首善阅报处延请讲员》，《京话日报》第325号，1905年7月15日。
42 边框外告白《西北城阅报社广告》，《京话日报》第326号，1905年7月16日。
43 边框外告白《西北城阅报社广告》，《京话日报》第326号，1905年7月16日。
44 署名刘廷林的演说《散学馆大改良》，《京话日报》第323号，1905年7月13日。
45 本京新闻《慷慨好义》，《京话日报》第393号，1905年9月22日。
46 本京新闻《参领开通》，《京话日报》第511号，1906年1月18日。
47 本京新闻《又开讲报处》，《京话日报》第447号，1905年11月15日。
48 本京新闻《棚铺的掌柜热心》，《京话日报》第626号，1906年5月24日。
49 化俗讲报社的边框外告白，《京话日报》第690号，1906年7月28日。
50 《如麟君台鉴》，《京话日报》第446号，1905年11月14日。
51 边框外告白《第二讲报处广告》，《京话日报》第280号，1905年5月30日。
52 《如麟君台鉴》，《京话日报》第446号，1905年11月14日。
53 告白《西河沿首善阅报处延请讲员》，《京话日报》第325号，1905年7月15日。
54 告白《延请讲报人》，《京话日报》第454号，1905年11月22日。
55 署名宗室凤平的演说《劝立讲报处》的"翼仲按"，《京话日报》第283号，1905年6月2日。
56 本京新闻《讲报也不是容易事》，《京话日报》第415号，1905年10月14日。
57 均引自署名高子江的演说《奉劝诸位讲报的先生》，《京话日报》第492号，1905年12月30日。
58 摘引自《中华报》第409册，1906年2月9日。
59 《北京各阅报讲报社商拟茶话规则》，《中华报》第409册，1906年2月9日。
60 边框外告白，《京话日报》第300号，1905年6月20日。
61 本京新闻《美牧师被讲报人感动》，《京话日报》第364号，1905年8月23日。
62 本京新闻《健锐营设立讲报处》，《京话日报》第401号，1905年9月30日。
63 本京新闻《健锐营设立讲报处》，《京话日报》第401号，1905年9月30日。
64 本京新闻《陈万祥成了报迷》，《京话日报》第426号，1905年10月25日。
65 本京新闻《讲解的效验》，《京话日报》第431号，1905年10月30日。
66 本京新闻《教会要添阅报处》，《京话日报》第444号，1905年11月12日。
67 本京新闻《采育镇要开办阅报处》，《京话日报》第455号，1905年11月23日。

68　本京新闻《医院设立讲报处》，《京话日报》第484号，1905年12月22日。
69　唱歌《要强歌》，《京话日报》第472号，1905年12月10日。
70　《内务府同人公立阅报处广告》，《京话日报》第490号，1905年12月28日。
71　边框外告白《北京各阅报讲报社同志鉴》，《京话日报》第536号，1906年2月23日。
72　中央新闻《日新阅报处开会纪盛》，《中华报》第556册，1906年7月7日。
73　专件《研究演说会章程》，《京话日报》第675号，1906年7月13日。
74　《演说会成立》，《中华报》第609册，1906年8月30日。
75　本京新闻《棚匠独办阅报处》，《京话日报》第524号，1906年2月11日。
76　要紧新闻《小买卖人有大热心》，《京话日报》第544号，1906年3月3日。
77　本京新闻《西城根地方很文明》，《京话日报》第573号，1906年4月1日。
78　告白《京南阅报处鉴》，《京话日报》第577号，1906年4月5日。
79　《创立阜成门阅报处广告》，《京话日报》第595号，1906年4月23日。
80　《告白》，《京话日报》第606号，1906年5月4日。
81　本京新闻《棚铺的掌柜热心》，《京话日报》第626号，1906年5月24日。
82　《通俗半日讲报社广告》，《京话日报》第656号，1906年6月23日。
83　广告，《京话日报》第690号，1906年7月28日。
84　告白，《京话日报》第697号，1906年8月4日。
85　广告，《京话日报》第711号，1906年8月19日。
86　本京新闻《又立一处阅报所》，《京话日报》第717号，1906年8月25日。
87　广告，《京话日报》第735号，1906年9月12日。
88　本京新闻《踊跃听讲》，《京话日报》第740号，1906年9月17日。
89　广告，《京话日报》第747号，1906年9月24日。
90　本京新闻《在理公所要立讲报社》，《京话日报》684号，1906年7月22日。
91　本京新闻《警员创立讲报社》，《京话日报》第712号，1906年8月20日。
92　本京新闻《洋药行创立讲报社》，《京话日报》第715号，1906年8月23日。
93　署名代萧益三演稿的演说《奉劝崇文门外的财主办公益事》，《京话日报》第692号，1906年7月30日。
94　演说《穷看报》，《京话日报》第142号，1905年1月4日。
95　彭翼仲的演说《山西白话演说报的祝词》，《京话日报》第333号，1905年7月23日。
96　演说《要叫多数人开通》，《京话日报》第296号，1905年6月16日。
97　《附件》，《京话日报》第268号，1905年5月18日。
98　《本馆告白》，《京话日报》第241号，1905年4月21日。
99　刘瀛东的演说《沿街贴报》，《京话日报》第248号，1905年4月28日。
100　告白，《京话日报》第246号，1905年4月26日。
101　《来函》，《京话日报》第258号，1905年5月8日。
102　《附件》，《京话日报》第268号，1905年5月18日。
103　告白《捐助贴报》，《京话日报》第275号，1905年5月25日。
104　告白《刘瀛东致报馆函》，《京话日报》第273号，1905年5月23日。
105　告白《捐助贴报》，《京话日报》第333号，1905年7月23日。

106 本京新闻《热心贴报》,《译学馆学生捐助贴报常捐》和《大学堂学生捐助贴报短捐费名单》,见《京话日报》第402号、第403号,1905年10月1日、2日。

107 《来函》的注语,《京话日报》第258号,1905年5月8日。

108 告白,《京话日报》第273号,1905年5月23日。

109 署名朱景龢的演说《要叫不识字的朋友明白》中说:"中国不识字的人太多,阅报贴报的用意虽好,可就苦了我那不识字的朋友了","叫我们这多数不识字的朋友明白,就得照着卜先生的法子做"。这篇演说载于《京话日报》第263号,1905年5月13日。

110 《来函》,《京话日报》第266号,1905年5月16日。

111 本京新闻《醉郭热心》,《京话日报》第332号,1905年7月22日。

112 彭翼仲的演说《山西白话演说报的祝词》,《京话日报》第333号、334号,1905年7月23日、24日。

113 本京新闻《协巡营保护醉郭》,《京话日报》第471号,1905年12月9日。

114 本京新闻《听讲报的多起来了》,《京话日报》第468号,1905年12月6日。

115 中央新闻《醉郭被殴》,《中华报》第612册,1906年9月2日。

116 《京话日报》第433号,1905年11月1日。

117 《京话日报》第475号,1905年12月13日。

118 中央新闻《正俗阅报社开业纪盛》,《中华报》第363册,1905年12月4日。

119 本京新闻《第二个醉郭》,《京话日报》第739号,1906年9月16日。

120 李孝悌:《清末的下层社会启蒙运动:1901 ~ 1911》,河北教育出版社,2001年11月,第264页。

121 演说《本报忽逢知己》,《京话日报》第76号,1904年10月30日。

122 彭翼仲的演说《请侯先生指教》,《京话日报》第790号,1913年11月16日。

123 梁漱溟《记彭翼仲先生——清末爱国维新运动一个极有力人物》。

124 署名喜悦亭的演说《被家所累》,《京话日报》第332号,1905年7月22日。

125 署名麟洲的演说《巡警良言》,《京话日报》第306号,1905年6月26日。

126 署名玮臣的演说《吸大烟的多看看》,《京话日报》第311号,1905年7月1日。

127 署名陆盲的演说《老护军不怕挨骂》,《京话日报》第343号,1905年8月2日。

128 署名张玉的演说《文明奴隶》,《京话日报》第274号,1905年5月24日。

129 署名王长兴的演说《小买卖人敢说大话》,《京话日报》第257号,1905年5月7日。

130 杨早:《清末民初北京的舆论环境与新文化的登场》,北京大学博士研究生学位论文,2005年5月,第19页。

131 《公众舆论》之《译者前言》,第1页,上海世纪出版集团,阎克文、江红译。

132 许亚荃:《白话报刊与晚清公共舆论》,《南昌大学学报》(人文社会科学版),第38卷第6期,2007年11月。

133 沃尔特·李普曼《公众舆论》之《译者前言》,第2页,上海世纪出版集团,阎克文、江红译。

134 杨早:《清末民初北京的舆论环境与新文化的登场》,北京大学博士研究生学位论文,2005年5月,第11页。

第六章　“专要教多数人开通”——《京话日报》的“浅文白话”

彭翼仲说：《京话日报》“专为没有读书的人说法”，“用浅文白话，把天下的大局，现时的景况，外人把我们怎样看待，我们自己怎样会弄到如此，天天的说，说来说去，自然会有人听得入耳”。

《京话日报》因其平民品性而呈现“浅文白话”的语文风貌。这一平俗风貌体现在语言和文章两个范畴之内。

“浅文白话”使《京话日报》成为卓有成效的大众媒体，推进凡俗语言向书面语言的进入，促成原本与书面语言无缘的社会成员对书面语言的接受和应用。

《京话日报》与同期出现的白话报刊反映了白话语言由口头形态向书面形态转化的情状，是汉语书面语言在“三千年未有之大变局”背景下发生变化的生动面相，对其后的五四白话文运动起到酝酿和准备作用。

《京话日报》创办之时就指出：“决计用白话做报，但能识几个字的人，都看得下去。就是不识字，叫人念一念，也听得明白。”[1]以后还多次表达白话办报态度：“我们这《京话》报，是专为没有读书的人说法”[2]。“民智不开，实在是文理深的坏处”[3]。“用浅文白话，把天下的大局，现时的景况，外人把我们怎样看待，我们自己怎样会弄到如此，天天的说，说来说去，自然会有人听得入耳。”[4]彭翼仲还开诚布公地向投稿者说道：

> 本报名为《京话》，虽不是地道京腔，亦可十得三四。创报的宗旨，本因为浅近人说话，与《中华报》不同，不得不勉强迁就。近接各处投函，往往长篇大论，文意很深，还有很费解的句子，要叫我们登在这报上。投函人一番热心，不替登上，未免扫兴；要照着原意编白话，我们人少事繁，也万没有这个工夫，要求原谅。如有高见，请编成白话，跟我们宗旨相合，必可代登。
>
> 彭翼仲敬白[5]

《京话日报》的浅文白话风貌体现在语言和文章两个范畴内，以下分别予以表说。

把文言原稿转写成白话

将文言语义转述为白话是《京话日报》的一种常规性处理方式，报上屡屡所说的“演为白话”，就是指这类语言加工。

第一，将文言原稿“演为白话”的有新闻类稿件。

彭翼仲曾说：“各门的新闻，大概是从别的报纸上摘来，演成白话。”[6]此言既交代了外报文稿是《京话日报》新闻信息的一个来源，又指出在对外稿进行“演为白话”的语言加工之后，方才采用。例如，各国新闻《俄罗斯人的特别性》开首语说，“日本《太阳报》有一段说俄人侮弱畏强，特把他摘出来，演成白话，好叫我国民知道”（第161号，1905年1月23日），要紧新闻《假公济私》开首语说，“《北洋官报》说美国人假公济私，我们把他演成白话，请大家听听”（第362号，1905年8月21日），就反映了这一情况。其实，虽然大多数新闻稿中并未出现这类说明性文字，但编辑者都对原稿作了白话转写的处理。

《中华报》和《京话日报》曾同时刊登过内容相同、来源也相同的新闻信息。但是，在《中华报》上是文言文稿，反映了外报原稿的语言面貌；在《京话日报》上则是白话文稿，经过了“演为白话”的语言加工。以下撷取两报刊登的同一新闻信息，通过对它们行文的比较，可以具体认识《京话日报》的白话转写。

《中华报》的电报《金山埠被灾详情》：

> 美国金山埠陆军司令官纷斯登将军报告地震巨灾之惨状，称埠内毙死者亦一千余名，罹灾者十万名，粮饷一事尤为匮乏。猛火烧屋，黑烟蔽埠，远由洋面可以望见，或恐全埠已在火中。又云华人街及日本人街亦均被灾。埠内所有系碇船舶幸一律免于危险，李兰士斯坦普杜大学堂被害甚巨，约计全埠损害当在十兆两左右。[7]

《京话日报》的要电《旧金山地震大火》：

> 美国旧金山地方（美人叫三法兰西十哥）忽然地震，房倒屋塌，有炉火的房屋很多，登时延烧，全境之内，没有一处完全地方。焚烧压伤，死亡男女一千余名口（不知有华商多少），逃出数万人，无处栖身。美政府已经拨款百万，派人买粮食赈济。各国政府，都应该寄电相吊。两国邦交，如同朋友一样，有了晦气事，总得吊一吊。这回江大令身死，今天士民去吊祭，也是这个道理。[8]

两则新闻稿表述的是同一事件，《中华报》使用书面语言，《京话日报》则使用口语化的生活语言；《中华报》的表达紧扣体现新闻主旨的人和事，《京话日报》则对报道对象有所牵连、扩展和发挥；《中华报》重在体现新闻信息的客观性，《京话日报》则渗透进撰写者的主观态度。

可以看到，《京话日报》新闻类文稿的“演为白话”，体现了通俗易懂的语文特点，从而有利于普通民众接受。

第二，将文言原稿“演为白话”的有来件、来函类稿件。

在来件、来函类文稿中，也常见到编辑者“演为白话”的说明，如《奉天日本告示》（第 211 ~ 216 号，1905 年 3 月 22 ~ 3 月 27 日）按语指出：“昨由奉天寄来告示一张，我把大概的意思，演成白话，登在报上”，其后便是这篇告示的白话转写稿。又如一位叫江碧梧的读者用文言写成一函，投交《京话日报》，揭露了德国人在山东经办的轮船火车上出现的虐待中国乘客情形。信末指出：“想贵报主持公论，予以登报，更求海内热心人，演成白话之文，叫我同胞人人知道。”彭翼仲将江氏此函原文刊登在《中华报》（第 336 册，1905 年 11 月 17 日）上，题为《德国轮船火车虐待行客记》。又将江氏此函“演成白话”，刊登在三天之后的《京话日报》上，题为《德国轮船火车虐待客人的情形》。文前指出：“二十一日《中华报》上，有燕侨江碧梧来函，说的是德国轮船火车虐待客人的情形，想筹划个推广抵制的法子。来函本是文话，要给译成白话，并转告我国同胞，请大家仔细看看。”（第 452 号，1905 年 11 月 20 日）

可以看到，当时具有一定写作能力的人往往习用文言，而对白话书面语言显得生疏。《京话日报》便从“白话办报”态度出发，对他们的来函、来件进行“演为白话”的语言加工。

第三，将文言原稿“演为白话”的有演说类稿件。

演说类文稿的作者包括各层各界各类之人，习于文言者投交报馆的往往是文言稿件，为此，在刊登之前，编辑者都对其原稿进行“演为白话”的加工。例如，署名陈干的演说《一个步兵的志向》（第 205 号，1905 年 3 月 16 日），编辑者在题下注指出：“原件文意深长，节取几段，演成白话，我当兵的兄弟们听着。”署名棘中人宗室女子的演说《立学缘起》（第 298 号，1905 年

6月18日），编辑者在文后附注中指出：“原函文言，代演白话。”演说《越南人劝国人游学记》（第518号，1906年2月5日），编辑者在开首语中指出：“上年本馆演说越南亡国的情形，不知我们中国人，看见动心不动心。新近见广东报上登着一段话，是《越南人劝国人游学记》，我今天也把他演成白话，再动一动中国人的心。”演说《游台湾记》（第685号，1906年7月23日）的开首语指出：“有一位姓仇的，是湖南湘阴人，在日本留学多年，癸卯年到台湾游归一次，回到日本，作了一段《游台记略》，载在日本《政俗撷要》上。我们把他演成白话，登在报上，请我中国四万万同胞看看，就知道亡国的苦处了。”这些说白表明，凡已刊登的演说文稿，编辑者都对原稿进行了“演成白话”的语言加工。

读者朱仞千的文言稿件《新党旧党说》刊登在《中华报》上，而该文的白话转写稿刊登在《京话日报》上，以下选取两文的同一段落，以观《京话日报》的“演成白话”。

《中华报》文言原稿：

> 国家当过渡时代，必有激昂慷慨，自命为新党之人；亦必有坚持固执，自居于旧党之人。二者宗旨既判，遂生意见；意见既生，遂成仇敌——遍观历史，各国皆然。独吾中国今日两党之内容，有非此一二言所能尽者，请细为剖陈之。[9]

《京话日报》的白话转写稿：

> 国家逢着新旧过渡的时候（过渡如同一道河，两边河岸，一边是新，一边是旧，从旧的那边慢慢渡过新的这边来，就叫过渡），必有些个热心任事人，自称为新党的；也有那顽固不化的老先生，自认为旧党的。两边分了党派，意思既不相同，说话办事，可就

合不到一块儿了；意见不相合，久而久之，必定成了仇人。考查各国的史书，大概都是如此，也不独一国为然。惟有我们中国，现在这两党的情形，也不能一两句话说尽了的，请众位听我细说一说。[10]

可以看到，原文的遣词造句，合符合节地体现文言的篇章法度，也习用文言语词。而该稿“演成白话”之后，文章的面貌就发生通俗化改变，具有口说性色彩，还添加了平俗易懂的说明性文字。

在演说栏目中，进行这类“演成白话”语言加工的文稿甚多。

第四，将文言原稿“演为白话”的还有上谕、宫门抄等朝廷文件，以及京城各类官府文件。

《京话日报》最先原文照录上谕、宫门抄等朝廷文件，但在接受读者意见之后，便对它们进行“演成白话”的语言加工。这一变化起于一位被称为定先生的读者，他到报馆来表示，希望在宫门抄和上谕之后用白话作注解，“叫那些文义浅的看看，也好明白”。彭翼仲当即接受这一建议，并告诉他，“就打算从明天起”[11]。于是，从第二天起，在上谕和宫门抄的原文后，增加了对其内容的白话注解。

《京话日报》对上谕和宫门抄的“演为白话”，既包括用白话讲解原文之意，还包括对原文涉及的礼制、官制、国政、外交诸多内容的通俗化讲解。例如：实行这一语言加工方式的第一期报纸，宫门抄下是这样的白话解说：

宫门抄：怎么叫“宫门抄”呢？宫门就是皇宫的大门，“抄”是抄写，拿一件小事比方罢，就同住宅的门簿一样，每天的事，记载出来，报房报馆都要抄，所以叫“宫门抄”。

值日：“值日”就是该班，各衙门轮着该班，有本衙门应奏的事，就在值日这天递折子。各衙门几天一值日，有一定的轮子，可以算得出来，诸位从今天记起，再轮到商部、銮仪卫、厢黄旗值日，就是一个轮子。[12]

又如，在一件上谕的原文“五月二十日夏至，大祀地于方泽，朕亲诣行礼”之后，是这样的白话解说：

冬至郊天，夏至祭地。郊天的天坛叫圜丘，在永定门里路东。祭地的地坛叫方泽，在安定门外头。天圆地方，所以地坛叫方泽，泽有低下的意思。皇上亲自去行礼的，都称大祀。[13]

有时，编辑者还借题发挥，阐说对社会现实问题的见识。例如，一件诏令禁止鸦片的上谕，《京话日报》在以白话解说原意之后，还增加了以下内容：

外国生计学家说：要看一国的强弱，先看他生利分利的人有多少。中国号称四万万人，除了二万万女子不能生利，二万万男子，倒有多一半抽大烟的。既抽鸦片烟，便不能生利；不能生利就得分利，中国四万万人，连女子带抽鸦片烟的，倒有四分之三不能生利的，怎能不穷？……中国不强种的原故，一半在鸦片烟，一半是女子缠足，既禁了鸦片烟，还得严严的禁缠足。[14]

上谕和宫门抄是清廷的最高文件，《京话日报》用白话语言对它们进行解说，有时还借题发挥阐述己见，是富有创意和勇气的做法。

《京话日报》还对与广大市民关系密切的京城各类官府文件进行“演为白话”的加工，本书将在第七章中予以表说。

为平民大众服务的语言解析

19世纪至20世纪初，新的社会意识和科学文化信息撞击中国社会和中国文化，冲击着中国人的思维方式和表达方式，成为中国文化走向现代形态的重要推动力，也极大地影响了汉语书面语言由文言向白话的转化。这一时期勃兴的白话文报刊，以与生活现实关系密切的白话语言鼓吹爱国维新和开启民智，使书面文本呈现了新的语言形式和语言面貌。语言学理论指出：在语言诸要素中，词语最活跃、最多变、最善变，最具有适应社会生活发展变化的功能。因此，文言和白话的文体之别，主要体现在词语上。对《京话日报》作一梳理，可以看到，它应用白话词语表达意义主要采用四种方式，即：用白话语言解说文言词语；用白话语言解说国门之外传来的概念和词语；用白话语言表述文言书面语意；在行文中大量使用北京方言词语。这四种方式或见于正文，或见于解释性文字，共同造就了《京话日报》白话词语的面相。

以下用《京话日报》若干具体的实例，分别予以说明。

第一类，用白话解说文言词语：

1. 凡赏赐兵丁的物件，就叫做犒。现在日皇，因辽阳大胜，特派御医告诫，侍卫伊藤，带着洋酒、点心、烟卷等类，赏赐辽东各兵队，均匀分派，以资鼓舞。[15]

2. 觞是个酒杯，称觞这两个字，是祝寿的典故，凡是作生日，小一辈的拜寿送酒，都可以叫做称觞。教场五条的徐都老爷，人家都称他班侯先生，是医学堂的汉教习，今年是六十岁的整寿。他的门下和亲友同寅，大家凑分子，替他祝寿。[16]

3. 古人说“民生在勤，勤则不匮”，匮是作空乏讲，言能勤便不至于空乏。……要救这空乏，除了勤俭，没有第二个法子。[17]

4. 瑕瑜不掩，这四个字，是一句省文的雅话。分开了说，却是两句。一句是瑕不掩瑜，一句是瑜不掩瑕。好玉叫瑜，有毛病的玉叫瑕，掩是遮盖的意思。[18]

5.（官府发布的告示收束之语是“右仰知悉”）：“右是指上边的话，如同《大学》上‘右传几章’的‘右’一样。‘仰’是‘仰望’的意思，向来的官事，话头儿都是很高傲，惟独这个字，却是恭谦的很。‘知悉’是叫大家都知道。”[19]

6. 自奉旨裁汰冗员（原注：没有用的官员，就叫做冗员，这“冗”字是个多余的意思），各省都纷纷的议论。[20]

7. 再叫汪桂芬，唱出《乌盆记》的鬼蜮，那可就味同嚼蜡了（原注：就如点灯的洋油蜡，拿来当作食物一般）。[21]

8. 前户部尚书董酝卿大司农恂，罢官之后，留在京城，并没有归田（原注：告老还乡的官员叫做归田）。……那年去世，连个谥法都没有得着（原注：大臣故后，特旨赐一个名儿叫谥，如文正公之类）。[22]

9. 国子监向来称为太学，也称国学，原是国家教育上最重要的地方。自从另设大学堂，倒把这国学太学，丢在一边去了。[23]

10. 劝劝那些不明白的八旗同胞，从今痛改旧习，发愤自强，不但没有人来排，还许要添一分的敬重呢，又何必改名换姓，弄得数典忘祖（原注：就是忘了自己的根本）。[24]

11. 惟查近来奸商，故意挑剔，市面日形壅滞（原注：钱不周流，就叫壅滞）。[25]

12. 在我的意思，要盼他潜移默化（原注：潜移默化，就是慢慢改好），终归作个好人，这也是我居心不轻薄的地方。[26]

13. 不在其位，未便越俎（原注：越俎两字，就是多管闲事），不读书识字，哪里配当巡捕。[27]

14. 既没土地，又没资财，还有一种性情，不肯劳力，到了今日，才这样的伤心惨目。与其坐以待毙（原注：等死），不如想个法子。[28]

15. 先说说日本的留学生，既到了一万三千多人，就难免良莠不齐（原注：有好有歹），所以近来的日本留学界，闹的稀糟。[29]

第二类，用白话解说国门之外传来的概念和词语：

1. 有一定的法，不能更改的，就叫做宪。一国里头，君臣上下，公定各项法律，立定之后，皇帝也不能更改。一切政治，都要照法律办理，就叫做立宪政体。[30]

2. 凡事总要体贴人情，入情入理的小说，没有人不爱看的，所以报上添这一门。讲究作买卖罢，是招徕生意的好法子。讲究开风气罢，也是改变民俗的原动力（原注：原动力怎么讲呢？就汽机说罢，非火不能生热，非热不能化汽，非汽不能动机。追本穷原，火就是汽机的原动力。汽是水汽）[31]

3. 问了问他的平生，是山东黄县人，……在大阪经商多年，开着个杂货店，又在烟台开一座烟卷公司，也算是中国的一个资本家（原注：出本钱作买卖，叫资本家）。……与其找这不把稳的事，用间接法子发财（原注：隔着人的事，就叫间接），何如自己求自己，还是直接发财妥当（原注：直接发财就是将本图利，不必托人）……这就是我为商的历史（原注：经历过来的实事，就是历史）。……他说华商在外国，总算有团体（原注：大家结成一团）。……好在华商在日本贸易（原注：做买卖就叫贸易），资本也还丰厚。[32]

4. 至于劳力一节（原注：自己没资本，凭着力气挣钱，就叫劳力家），四百兆同胞，有产业的很少，除去有产业的，余者都是劳力的。……按世界各国，独劳力家最苦。所以二十世纪各国经济革命（原注：由耶稣降世起，一百年为一纪，经济革命，就是劳力家与资本家反对）已露萌芽。[33]

5. 厚积资本，全在多立银行。因为什么呢？银行是商务总汇的地方（原注：由零款可以聚成总款），既讲商战，银行是商战的前步先锋。……什么叫商战呢？就是变着方法来通商，利权一个敌不过他，把一国的母财（原注：可以生利的本钱叫母财）被他吸尽，把这一国吸成死人一样，然后再用第二个着儿来治你的命（原注：快枪快炮，海军陆军）。……查外国的银行，有好几样名目，有国家银行（原注：国家所有，不是朝廷所有），有储蓄银行，有工业银行，有商业银行，有农业银行，有外国通商银行。[34]

6. 如今我中国同各国的外交，本没有势力可讲，幸亏在这二十世纪（原注：一百年为一纪，从耶稣降生至今，已有一千九百零四年，过了一千九百年，就是二十世纪了）是文明进化的世界，论理不论力的时候。要像从前野蛮世界，动不动就讲用兵，贫弱的国，还能够立在世上吗？[35]

7. 德国殖民大臣，候议院散会，要游巡各殖民地，以便考查情形（原注：得了人家的地，生养自己的人，就叫殖民地）。[36]

8. 南非洲地方，有一个小国，名叫特兰司法尔，又称杜兰司哇尔，又称特国，又称杜国（原注：中国译外国地名，没有一定准称呼，故此译出人名地名，多有不一样的）。论他全国的土地，不过七十万方里，论他的人民不过百余万。地方虽是这样小，人民虽是这样少，全国人民的志气，可大不相同。[37]

9. 粤汉铁路公司，私举的总副办雪梨华商，先不承认，经代表人叶炳南(原注:代表人就是首事人)电告商部,并公举唐詹、容闳,作为副总办。[38]

10. 也有赴西洋留学的,也有赴日本留学的,也有官费的(原注:国家出学费),也有私费的(原注:自己出学费),四五年的光景,输入中国的文明(原注:趸回来的新学问),未尝不是留学生的力量。[39]

11. 从旅顺起,到营口,再到奉天,又望北,经吉林、黑龙江两省,穿蒙古草地入俄国地界,一直望东,直到俄国京城,这条路名,叫西伯利亚铁路。单说东三省这一段,也叫东清铁路,全路两万多里,十四天工夫可到。本来要铺双轨(原注:垫车的铁条叫轨,双轨是两条路,一来一往,不致碰撞)。现在俄人,因屡打败仗,把工程停止。[40]

12. 伊索普寓言(伊索普是西洋人名,所编的寓言,小学堂作为课本)有一段笑话,说有一个兔儿,跟乌龟赛跑,他两个约定,谁先跑到墙跟谁赢。比齐了一同开腿,自然是兔儿跑的快喽,谁知兔儿跑过了乌龟,十分得意,打算自显其能,爬在地下息一息,这一息不要紧,一大意可就睡着了。乌龟舍命的往前扒,一息也不敢息,等待兔儿睡醒了一看,呦,乌龟已经跑到墙跟儿了。现在中国的情形,就如同半路上睡着了一样,已经惊醒,难道还不追追人家吗?[41]

13. 作警官的,凡好穿华美的衣服,好游逛,好宴会,最是大忌,总要清心寡欲,竭力给人民作公仆(原注:担当教化人的责任,如同公共的奴仆。现时维新人有用"公仆"、"公奴"起别号的,千万要名实相符)。处处要拿着启发人民为乐事,不但是一己的功劳,也是国家的幸事。[42]

14. 这类人本没有求学的心,无非在外洋地方,给中国多招些个笑话。外国人看学生为全国的代表(原注:全国人的榜样),不怪外人笑话了。[43]

15. 南美洲温尼苏剌,本是一个民主国,因被美国胁制,勒令要许多条款。温尼苏剌不肯依从,美国已投递哀的美敦书(哀的美敦书,就是战书),大约南美地方,不久必有战祸。[44]

第三类,用白话表述文言书面语意:

1. 心思所专向的,便叫做志。志是万事的根本,如同铸铜铁、造枣儿糕的模子一般,模子要是不好,再造不出好花样来。志气藏在心里,虽是个看不见的东西,只要看他做出事来,便可看见这个人的志气。所以称呼有作为的人,都说是有志之士。[45]

2. 天下的万事万物,莫不如此,就论草木鸟兽昆虫,也都是竞争进步,才能从开天辟地,生存到今。这句话骤然说来,众位听了,似乎有点摸不着头脑,不免纳闷,待我比方出来,自然慢慢的能明白了。是怎么个比法呢?譬如有两棵树,种类不同,却生在一处,一棵树长得极快,枝叶又旺,又很结实,不怕风雨,一棵树长得极慢,枝叶又少,又脆弱经不起风雨。这两棵若生在一堆,自然那长得快的,最先出土,等得那慢的发芽,那快的已好几尺高,枝叶茂盛,把那慢的遮在底下,既吃不着露水,又受不着阳光,哪里还生长得了?自然的萎败下来,独让那快的,开花结果,传子留种,愈传愈多,那慢的便不知不觉的消灭尽了。这树木是个没有知觉的,岂知道争斗么?原是理势当然,无可逃避的,这就叫天然的竞争。[46]

3. 要知我中国现在的局面,已仿佛一个破旧不堪的大船,漂在大洋里头,篷帆不整,篙橹俱无,前后左右,却有无数的火轮铁甲(原注:比外洋各国),船底下磊磊落落的,还有无数的暗礁（原注：比本国各种会党）。就是风平浪静，稍不留心，一碰一撞，已是不可收拾，哪还经得起大风大浪？[47]

4. 俭字的写法，有四个人两个口，分明是人多口众，不可不加节省的意思。但是不问情由，只知节省，就不免要流入鄙吝啬刻一路。所以先要把理路分得清楚，须知俭之称为美德，在能节省无益的费用。[48]

5. 山东铁路大权，全归德国人手里，从青岛到济南，久已开车，从济南到德州，土道也快完工，还要由德州造到天津。唉，也不用说别的，譬如有一座庄子，这庄子里的路，成了别人的产业，请问这庄子的本主人，还能安安稳稳的管业么？[49]

6. 我们中国，虽是著名的人多，所缺少的，就是热肠子。要是不想法子，把那冷肠子煨热了，中国还有自强的日子吗？[50]

7. 总而言之，我们中国的大人先生，在十年前，都把机器作用，看的太轻，说是奇技淫巧，我们讲孔孟之道，用不着他。到了现在，又把机器看得太重，听得要用机器了，便吓得不敢过问，仿佛不知要用多少钱似的。非得有绝地通天的本领，不能用这神出鬼没的家伙。所以一切都要仰仗外人，动不动就得上大当。[51]

8. 中国的民风，开化起来，沿江沿海各省，总比内地容易的多。这个缘故，就是交通的好处了。怎么叫交通呢？轮船来往，已经有了好几十年，百姓的耳朵眼睛里头，听见看见的真不少。常跟各国人交往，可就医好了那闭塞不通的病。这就叫作交通。[52]

9. 所喜这几年里，朝政维新，民智渐渐开通。今年前半年，南省因着美禁华工，想了个不买美货的法子来抵制，不上几个月，二十多省，全都知道了。到了八月，北京又提倡国民捐，不几天工夫，认捐的人，缕缕行行不断，这股子热劲儿，就仿佛新添的煤火，只要把炭烧着，再求大力量的人，用一把大蒲扇，多给煽两下子，火苗儿可就冒起来了。[53]

10. 中国有两句俗话：“官不修衙，客不修店。”按着这头一句看起来，中国作官的，连自己的衙门都不肯修理，何况是民事国事呢？再按着第二句话看起来，客人住旅店，无非是三天五天，十天半个月，店又不是客人自己的，与客人无丝毫的关系，决没有那样冤大头的客，出钱修理客店，这不是明摆着的理吗？要把这两句俗话，凑在一块说，中国作官的，把自己的衙门，又何尝不当作客店呢？自己又何尝不以客人自居呢？[54]

11. 高丽釜山海面，本月初十日午后，忽起飓风，自两点钟至八点方止。沿海一带的民房，都被吹毁，船只沉没，更不计其数（原注：海里四面来的大风，叫飓风）。[55]

12. 体面的客人叫宾，西宾就是西洋贵客的意思，摆设酒席叫做宴，恭宴是格外恭敬的意思，这是讲恭宴西宾这四个字。有了宾必有主人，那主人到底是谁呢，是外务部那桐尚书与联芳侍郎，请的是各国使馆的官员，席设金鱼胡同，那尚书的府里。[56]

13. 登报之后，有甚么是非，都归本馆一面承担，标榜的毛病，不可不防。（原注：怎样叫标榜呢？说句街面儿上的话罢，就是捧场。捧来捧去，慢慢的怕成了党与）……凡是我的同心，都是我的师友，齐心一意，个人尽个人的义务就得了（原注：义务就是分所当为）。[57]

14. 日蚀月蚀的“蚀”，本可以写作“食”，《孟子》上“如日月之食”，就写的是“食”，只因用了这个“蚀”字，以误传误，越闹越可笑，天狗吃月亮的谣言，大概是这一个字的毛病了。“蚀”本是虫食物，古人不明日月蚀的理，只见他缺了一块，莫名其妙，无可比方，就比作了虫食物，所以叫“蚀”。[58]

15.“天演淘汰，优胜劣败”，这八个字怎么讲呢？“演”就是造化，如同演戏一样，“天演”是说天道的造化，“淘汰”是刷洗干净的意思。“优”是强，“劣”是弱，有了强的，弱的必败，为天地间的至理。“前事不远”是怎么讲呢？有两句古语，说前面的车翻了，可以作后面车的镜子，该当格外小心。[59]

第四类，大量使用北京方言词语：

1. 讲报是讲报，演说是演说，抬杠又单是抬杠（原注：京城俗语管争论叫抬杠），三样事大不相同。[60]

2. 由外面皮儿上着手，也很得费一番苦心，凡是劝化妇女小孩和下等社会的人，不从皮毛上着手，先讲些爱国合群的高论，恐怕是对牛弹琴，越说越拧勺子。[61]

3. 还许有怀里揣着马勺的，诚心找寻我们的错儿。今天来一封匿名信，明天来一封铅笔书，小娃娃的举动，真是有趣，亦真是可怜。[62]

4. 没有别的法子，打算借你们这个报，登上我的一段说儿，再劝一回。……因为一点的小事，闹的很大，简直的给顽固人添话把儿。[63]

5. 营里的大人老爷们，很魁梧的大个子，摆在何处都不合式。藏头露尾，很不冠冕。其实不妨出来行一个礼，坐在祭堂，同大家谈一谈。偏偏不这样办，窝憋在一个小屋子里，塞的满满当当，自己跟自己藏蒙哥儿，又怕人家看见脸（原注：藏门旮旯，小孩叫作藏蒙哥儿）。[64]

6. 你一个穷小子，死乞白赖的要立会，莫非立了会，你就有饭吃了吗？[65]

7. 妇人有心要追，哪里追得上？告明守门的巡捕，替他去追，巡捕支吾，叫他到段上去报，说话的工夫，小绺早就没了影儿。妇人无可如何，只好认晦气。若是不缠足，哪能把小绺放跑了？缠足的坏处，你说吃亏不吃亏？[66]

8. 活佛的法力，一点儿也不灵，听见兵败，撒鸭子就跑。[67]

9. 真个那般大老官，自己安富尊荣，就能把国家大事，抛在脑勺子后头吗？[68]

10. 中国从古至今，每以神道设教，动不动就是祷告上帝，如今民智没很开通，猛孤丁的全要废去，不但添人的疑惑，还恐怕人心离散，越发要出多少谣言，碰巧还要激出大变呢！[69]

11. 老者排着老腔儿说：“老二呀，你不知道，现在红靛颏儿、蓝靛颏儿正在脱毛的时候，非喂这种活食不可，要是喂不好，可就把毛脱噘窝了（原注：毛尾不齐），你说活食要紧不要紧？”[70]

12. 在下本是个没络儿的人，每月里的进项，不敷糊口，打着算盘过日子。省出钱来，做这件与人有益的事，也尽一点我的爱国心。[71]

13. 一般无知识的下人，就在旁边说奉承话：“这是阿哥的衣禄食禄，前生带来的口福，阿哥的造化，可真不小哇！”嗳呦，真好造化阿！不多几年的功夫，简直的吊在灶火坑里去了（原注：“造化”、“灶火”同音，北京俗话）。[72]

14. 德京电报说：上海日本总领事，新近回国，在沿路上，跟各报馆访事人说：“这回华人抵制美约，不买美货，他们这个团体，究竟不很结实，恐怕不能长久。”唉，外国人啊，你真是钻到咱们脑子里来了啊！中国人啊，可不要掉在人家话把儿底下啊！[73]

15. 本报把旗营的弊病，抖落了好几回。……是人都想要脸面，挤对的无计奈何，只好随和了大家罢。[74]

报上使用的北京方言词语还很多，如：闲溜达、纳闷、敢情、取乐儿、绕脖子、消停、使巧着儿、咬文吮字、耍笔头儿、痰迷、对过、闲磕牙、话把儿、鼓捣、着痒不着疼、吃挂络儿、提溜、窝儿反、兜底、吸溜……等等，它们使《京话日报》具有浓重的京味色彩。

《京话日报》采用以上四种语言解析方法，反映了编辑者在语言应用上靠近普通人民大众的主动姿态。浅显易懂的口头白话进入书面状态后，便于文化程度较低的广大民众接受，有助于他们接受各种信息。

平实通俗的说话文本

《京话日报》的许多受众文化程度低下，从来就与书面语言隔绝，与种种出版物"风马牛不相及"。但是，因为《京话日报》推行一种平实通俗的"说话文本"，使得刊登在报纸上的文稿有利于普通民众阅读、讲说和听闻，从而为他们乐于接受。

以下选取《京话日报》演说栏目中的一些具体篇目，解说其通俗平实的"文章作法"。其实，通俗平实的语言特色在诸多栏目中普遍存在，不限于演说栏目，不过，以演说篇目为例，便可得见《京话日报》文体风貌之概。

在演说栏目中，有一类文稿从大处命意，用通俗化的表达阐述深刻的思想意义。

例如，《中国外交吃亏的原因结果》（第 590 号，1906 年 4 月 18 日）阐述的"中国外交吃亏"问题是一个重大主题。此文先述原因：第一，"糊涂"，"不辨轻重，不知利害"。第二，"没宗旨"，忘了根本，"反把大利给了人家”。第三，“自家捣乱”、“人家可要用手段了”。第四，中国外交官“大半都是唾面自干的性情”、“能忍能耐能吃亏”。然后总束其意，指出以上原因造成了中国外交吃亏的结果。虽然全篇约一千字，但大处立意，触到实质，点及要害，又为一般人所能懂得，不愧为通俗文章中的“大手笔”。

再如，演说《说定识与定力》（第547号，1906年3月6日），分四层阐述其理：第一，一个人无论要做什么事，不可缺少脑里的见识和胸中的定力。第二，有了真见识，然后才有自信的能力。第三，有了一准的定力，才能扎稳脚根，实现自己的主见。第四，一要有学问，二要有阅历，才能有定识和定力。最后联系现实指出：生在这个新旧交替的时候，有定识和定力，就能办好公益事。全篇立足于生活现实论理，凡俗的语言体现了厚重的哲理力量。

有一类文稿以公众认可的事理为前提，然后联系具体的现象、表征和事物予以阐述。

例如，《中国人早婚的害处》（第525号，1906年2月12日），先标举“强国先强种”的前提，然后点出中国之所以弱国弱种，大病根在于“婚嫁太早”。接着联系实情，揭示中国早婚的害处：第一，最害养生。第二，最害传种。第三，最害教育。第四，最害自己的学问。第五，最害生计。最后指出：“一人一家如此，一国也都是如此，国家怎能想不弱？”

再如，演说《劝有学务责任的人提倡白话》（第496、497号，1906年1月3日、4日），先提出前提——人民的强弱决定国家的存亡：“作民人的不作亡国人，国就亡不了；作民人的要作亡国人，国就存不住。”“而今要看一国的强弱，先要看他的民人是糊涂还是明白。”接着指出：中国危弱到这个地步，实在是民智不开的缘故；言文分家使得广大老百姓越来越远离文化；要打算中国大开民智，非处处改用白话不可。然后便一一说明白话的好处，即：“最省目力”；“除文人的骄傲”；“免瞎读”；“保圣教”；“小孩子容易懂”；“长记性”；“天下没弃材”；“与穷人很方便”。最后指出：

“有这八样好处，有学务责任的，何不提倡提倡白话呢？”

有一类文稿从具体事物开谈，纵横开阖，最后归结出理性结论。

例如，《说顺星》（第 511 号，1906 年 1 月 18 日），从京城正月初八日烧香磕头、求得顺星保佑的民间风俗谈起，指出其目的在于求得顺星，保佑全年诸事顺利。但是，不论民间如何虔诚迷信，天上的星照样管不了中国人的吉凶祸福，这就说明并不是天遂人愿。接着转而详细讲述天文知识，说明八大行星及太阳、月亮之间的关系。最后指出：“这日月星辰，于全世界都有益，岂是专为中国人预备的？岂是专为中国几个糊涂人预备的？”——本文从具体事物挑出话题，针砭现实存在的落后现象，最后归结到讲述科学文明。

再如，《开官智》（第 241 号，1905 年 4 月 21 日），此文虽未署名，但以其内容可知出于彭翼仲之手。此文叙说自己“撇掉了官，藏在京城，呕心挖肝的苦办报”的往事，然后从亲身经历中揭示，中国的贫弱是由于中国人的愚昧不开化，因此，为了开启国人之智，本人作出办报的选择。接着表述国人开智的必要，一一指出“民智不开”、“兵智不开”和“官智不开”的害处，最后强调指出：“要打算强中国，总得先开官智。”

有一类文稿围绕某一具体事由，表述事实本身，再提升到理性层面，提出见解。

例如，《本报忽逢知己》（第 73 至 76 号，1904 年 10 月 27 至 30 日）详细叙述本报主人为英国单方面订立苛刻条例、招募华工一事，与英国公使萨道义进行周旋和斗争的过程，最后提出：英人能看破本报的用意，甚至超出许多国人；本报为此把英人看成一个知己；既然他们已知本报深意，本报更当毫不妥协地同他们斗争，以实现办报意图。

再如，《再劝劝教书先生》（第 215 号，1905 年 3 月 26 日），话题从西城一个爱逃学的小学生发端，批评当下的蒙养教育：教书先生“手拿戒尺，吹胡子瞪眼”，要求学生瞎念瞎背。接着论明：这个孩子逃学，原因是教书先生的理念和教法不对头，因此亟须改良教育，最后指出：教育的目的首先是“开通小孩的知识”，其次是“鼓动他的天机”，而教师的责任正在于“造就国民”。

还有一类文稿朴素真实地自由讲说，用率真的“大白话”披露真情，表达见识。许多初涉社会舆论的下层人民，习于采用这类表述方式。

例如，一位曾经吸食鸦片者的《狠心断洋烟》（第 194 号，1905 年 3 月 5 日），就是一番恳切的自说自道：

> 我没吃烟以先，看见吃烟的发了瘾，打哈息，流鼻涕，连串儿的放屁，话也说不出来，这种怪样子，我在旁边看见，真真要乐的肚肠子痛。我既知道吃烟有这些毛病，我怎么会又吃上了呢？因为跟吃烟的朋友常在一块儿，常常劝我吃一两口，都说不能上瘾。我可也是这么想，一来二去的，过了些日子，敢则不吃不行了，这可就是上了瘾了。我上了瘾，毛病更多，不但流鼻涕，打哈息，外带着流眼泪，不但不放屁，连屎也拉不出来，急的我两眼瞪的包子那么大，吃了多少药，也还是拉不出来。旁边就有人说，你真啬刻子极了，狗看见你也发愁。这个话，虽是挖苦我，确感动我一点儿傻心。我这傻心是甚么呢？我既受了这个害处，我当把这害处告诉人，已吃的人，叫他想法子不吃，未吃的人，叫他不要吃，也不管他听不听，凡能说话交谈的人我就说，这就是我的傻心眼儿。新近听说，户部赵大人要把洋烟加税，吃烟的人注册，但不知能办的到办不到。我想断大烟实在是不容易，若是没吃过烟的人，不准他吃，等过三十年后，还许断绝了。最坏的事就是烟馆，因为什么呢？我就是烟馆上的瘾，家里有家长，不准开灯，往朋友家去吃，有时候朋友不在家，就不便躺在人家炕上吃烟，没有别的法子，便去进烟馆，况且很方便，

烟友也可常见面，彼此也可谈谈心，这家的膏好，那家的灰多，又是谁家的老枪，真不含糊。没得说了，再造作些个谣言，天天在欢天喜地之中，有多么开心哪！竟顾开心了，可就不管这个累到何时为止。再说一句顶要紧的话，吃烟的人，艰于子嗣，就能生子，自从卧在娘胎里，已经上了瘾了，你想这个害有多么大呀？这个害处真不小，断了罢，断了罢，别的我都不为，我还为我的狗，也叫他多吃点地道东西，免得饿着肚子，上顿不接下顿的苦等着。

这番自道并未阐说何种“形而上”的理论，但是实诚地表达悔悟之心，并希望同嗜者狠心戒瘾。在这篇演说之后，彭翼仲加了这样的注语：“这段演说，又诙谐，又讥讽，现身说法，叫人破涕为笑，登在报上，亦可以唤醒沉迷。为多数人说法，如此措辞，真是对症的妙药。”这一注语点出了该文的意义和特点。

以上诸例足以说明《京话日报》平实通俗的文体特色。总的说来，《京话日报》上的普通民众言论，大多采用“形而下”方式，就身边事说浅近话，朴实地表达了笃实真挚的思想意义。笔者以为，不妨将这样的表达方式称为“小表述”。请看以下两篇“小人物”的“小表述”文章。

第一篇，演说《记天津盐山县城东马村王步文之妻吕氏母子捐钱事》（第412号，1905年10月11日）：

吕氏本是个孀妻，丈夫去世，丢下五个孩子。田产不多，靠着吕氏织布为生。赚几个钱，添补着过日子。这两年的光景，手下稍微的松动一点，就叫他两个大点的孩子去读书。

这一天，两个孩子回到家中说：“在学房里头，听见老师讲《京话日报》，敢情中国欠外国的债，有好几万万哪，日子越多，利钱越大，到几时才还完了呢？一天还不完，一天受人家欺侮，真是难过极了。”两个孩子，咳声叹气的发愁。

又一天从学房回来，大声大喊的叫母亲，说：“娘呀，这可好了哇，京城里有人办什么国民捐，人人都可以捐钱，替国家还债，不论多少。我们弟兄两个，商量着总要捐一点，凑着替国家还还债。”

他母亲说：“那是皇上家的大事，自有官员大臣们管，咱们作百姓的，哪里管得了呢？”两个孩子，急赤白脸的又说道：“娘呀，您这话可不是那么说的呀！既然叫作国民捐，如同自己还自己的债一样。国家出利钱，也是百姓的膏血，等到三十多年还清，不知道要出多少利钱呢？据我们想着，早早的还清了，实在是个大便宜事。”

听到这里，吕氏可就为难起来了。对着两个孩子说：“咱们的日子，虽然不受冻饿，全凭我每日织这几尺布，除了吃饭，七拼八凑的，刚够供给你们读书，哪里有富余钱认捐呢？不依从你们，我的心里，也十分过意不去。实在没法子，现存着有两匹布，你们拿了去罢，卖多少钱，都把他认了国民捐，一个钱也不必剩下就是了。”两个孩子，喜笑颜开，每人抱着一匹布，赶到集上，卖了三吊二百制钱。

吕氏母子，一同走到学房，对老师说明原由，就请给写了这一篇白话。那三吊二百制钱，烦人带到京城，托亲友存起来。等着立了收捐处，该应怎样交法，一切奉托。

这篇演说，题后有这样的附注：“王吕氏口说，闻氏代稿”，可见是两个孩子的老师替他们的母亲代笔写成。全篇只是具体道说一位农妇和两个儿子之间的对话和行动，但却生动地显现了凡人小事中“爱国图强”的思想活动和具体行动。

第二篇，演说《化无益为有益》（第441号，1905年11月9日），作者是一位裱糊匠：

> 小人是个裱糊匠的手艺，整天际合糊涂浆子打交道，习染年久，把我的一腔子热血，化合的跟浆子差不多了。自从听了讲的《京话日报》，可把我肚肠子冲刷了冲刷。说起我们这行业，合纸马铺交买卖，同是作些个无益的买卖。记得学徒的时候，我师傅成友兰，说过一句良心话，他道这两个行当，本是朦神赚鬼哄傻人的事由儿。那纸马铺里卖的是，什么财神马儿咧，老爷马咧，娘娘马儿咧，一张薄纸片，印上个大鼻子大脸，叫人家买去烧香磕傻头。还有元宝黄钱千张咧，银锭烧纸咧，许多纸片货，买了去一烧，不知有甚么好处。我心里也是很纳闷，究竟是有益呀，还是无益呢？
>
> 论到我们的手艺，给人家糊顶棚糊窗户，这事还算有点用，到了糊那纸人纸马，楼库车船，金山银山，童男童女，阴宅冥器，种种的样子货，据我瞧着，一股脑儿全算上，都没有甚们多大的实用。这个陋风俗，相沿的已久了，一时也不能够改变。前几天走到一处，有许多人围着看，喝，摆列的一大片，什么车船轿马人儿，楼库花盆儿，还有纸糊的几个大兵，青布缠头，扛着洋枪，号坎上贴着“亲兵”两个字，身子后头，可支着一根秫楷棍儿。在下也看了看，不由得暗笑。把这些烧货，大概一计算，至少也得五六十两银子。心里可又一感动，要把这项钱，挪到实在的用处上，总比烧了他强的多罢。唉，我这是何苦来，替人家瞎算的那份子账。人家有的是富余钱，愿意这们烧，与我何干呢？可怪的那小户穷人家，遇见家里出了事，也得如此这

般，或是当当，或借加一钱，总得糊点子楼库车儿马儿的，烧纸化银锭，闹许多的瞎事，要没有这个过节儿，又怕亲友们笑话。拉下亏空债，慢慢的再还罢。这些事也不必比外国，就比回回教，他们也没有这个礼。难道说他们死的都是大傻子，都不懂得花成串的元宝吗？

我愁闷好些日子，总盼望着把这陋俗改改良。纸马铺子专卖纸张，那些神马儿，从此不预备，不必等待日后官禁止。我们这一行，也结个小团体，专糊顶棚合窗户，一切烧货，全不应酬。人家没有地方买去，慢慢的也许把这风俗改好了。

我可不是合同行的结冤家，我也不奉教，千万别错会了意，也为的是化无益为有益。时事艰难，总要拿钱当钱花，焚烧活的时候，又免得人家误作失了火。这些有用的钱，通共合算起来，买这些无益的东西，付之一炬，说句笑谈，可怜焦纸。

现今的时势多们艰难呀，国民捐又多们要紧呀，正是打算自强的时候，就得把迷信陋俗打破。风俗改正，人心也就诚实了。既知道这是朦赚的事，又何必花这项冤钱呢？报纸上说过分利生利一段话，这些无益的东西，还不算是分利吗？小人本没有甚么大见识，说的对与不对，还求高明人指教指教。

这位裱糊匠披露了自己心中发生的思想冲激，坦言过去从事的各种“样子货”都是“朦赚的事”，主动希望“把这陋俗改改良”、“把这风俗改好”，并表示“打算自强”的态度。

以上两篇演说通过平易自然的说白，道出“凡俗小人”的生活、心境、思想认识以及自觉自愿的行动。虽然言辞平白，但是真切地反映了清末下层社会启蒙运动中“提升国民程度”的具体情形。

在《京话日报》中，具有朴质文化风格的文稿甚多，它们是百年之前普通民众真实生活和真实心境的本色记录。此外，虽然报馆编辑者属文化人，但他们出于靠近民众的心态，也自觉使用朴质无饰的表达方式来撰写文稿。比如，彭翼仲就常常以写平易之文自勉，还向读者作这样的表白："惟独像我这类诗文入手的，仿佛染黑了的布一样，无论怎么洗，万万的是不能干净了。躲避了'之乎者也'，又遇见了'况且虽然'，还要时常地露马脚。用点子陈谷子烂芝麻的成语，这都不是白话的规矩。……看报诸位，还要时常指教才好。"[75] 在清末下层社会启蒙运动中，启蒙知识分子如何在语言上和表达方式上靠近下层民众，如何调适自己的文化习尚，如何使所办报纸成为卓有成效的大众媒体，《京话日报》作了富有成效的探索和实践。

《京话日报》呈现了五四白话文运动之前具有浓厚平民色彩的语文风貌。白话文的本质精神在于"言"与"文"的统一，即"怎样说便怎样写"。白话文报纸《京话日报》把广大民众生活中使用和流通的"活语言"转入书面形态，以此推行一种平实通俗的"说话文本"，促进了白话书面语言的应用和流传。论者指出：五四白话文有两个源头，一个是"松动的文言"[76]，一个是"欧化白话文"[77]，这两个论断所揭示的两种类型，反映了书面语言在内涵范畴发生的转化，即从文言体式向白话体式的转变。相比起来，《京话日报》大量刊登的平实通俗的"说话文本"，则反映了白话语言在存现状态上的转化，即原本活跃于口头形态的白话语言，如何转化为书面形态。当然，这种早期的白话文本存在着"直录"生活语言的简单化倾向，缺少足够的语言加工和提炼，与其后五四白话文运动所造就的书面语言体式相比，明显的粗拙和简陋。但是，它们推进了凡俗语言向书面语言的进入，促成了原本与书面语言无缘的社会成员对书面语言的接受和应用，带动了白话书面语言在广大社会成员中的流通和传播。在五四之前的白话文发展史上，这些情形无疑具有重要的正面意义，应予以重视，并进行认真研究。

其实，清末民初时期，与《京话日报》同时出现的众多白话报刊，都反映了白话语言由口头形态向书面形态转化的情状，都是汉语书面语言在“三千年未有之大变局”背景下发生变化的生动面相，都为其后的五四白话文运动起到酝酿和准备作用。

陈万雄指出：“晚清白话报的出现及其发展，与近代中国政治、社会运动的发展脉络，极其一致，有着血肉般不可分割的关系。换言之，白话报的出现和发展是晚清政治和社会运动的一环。”[78]陈万雄还指出：“要中国近代化何以要‘启牖民智’？‘启牖民智’何以要用白话报？其中理由，前者着眼在中下层社会，要焕发全体民力，是目的；后者用其方便，重其效果，是方法。……质之事实，晚清白话报的盛行，其内容的丰富，其文字的浅显简明，在社会所产生的作用和影响，是研究晚清近代化过程中，不能忽略的一环。”[79]陈氏揭示的清末白话报刊的作用、意义及价值，可以具体地从《京话日报》看到。

---

1 演说《作〈京话日报〉的意思》，《京话日报》第1号，1904年8月16日。
2 演说《本报忽逢知己》，《京话日报》第76号，1904年10月30日。
3 演说《开官智》，《京话日报》第241号，1905年4月21日。
4 演说《本报经理人的愿心》，《京话日报》第125号，1904年12月18日。
5 《投函本报的请原谅》，《京话日报》第194号，1905年3月5日。
6 要紧新闻《传闻失实》，第125号，1904年12月18日。
7 《中华报》第482册，1906年4月23日。
8 《京话日报》第594号，1906年4月22日。
9 《中华报》第381册，1906年1月1日。
10 《京话日报》第506号，1906年1月13日。
11 《大家请看》，《京话日报》第255号，1905年5月5日。
12 《京话日报》第256号，1905年5月6日。
13 《京话日报》第279号，1905年5月29日。
14 《京话日报》第744号，1906年9月21日。
15 各国新闻《日皇犒军》，《京话日报》第43号，1904年9月27日。
16 本京新闻《演戏称觞》，《京话日报》第37号，1904年9月21日。
17 演说《勤俭》，《京话日报》第84号，1904年11月7日。
18 演说《瑕瑜不掩》，《京话日报》第164号，1905年1月26日。

19 《演说禁止私钱的告示》，《京话日报》第207号，1905年3月18日。
20 各省新闻《裁并局所》，《京话日报》第9号，1904年8月24日。
21 岦窳的演说《观戏》，《京话日报》第636号，1906年6月3日。
22 本京新闻《名门节妇》，《京话日报》第52号，1904年10月6日。
23 本京新闻《大学新章》，《京话日报》第53号，1904年10月7日。
24 春治先的演说《奉告八旗同志》，《京话日报》第369号，1905年8月28日。
25 《稽查钱法委员的告示》，《京话日报》第331号，1905年7月21日。
26 王子贞的演说《真要留神》，《京话日报》第750号，1906年9月27日。
27 本京新闻《地安门一带的巡兵听著》，《京话日报》第196号，1905年3月7日。
28 署名八旗倡办人的演说《倡议工厂大义》，《京话日报》第699号，1906年8月6日。
29 演说《日本留学情状》，《京话日报》第707号，1906年8月14日。
30 各国新闻《英许特国立宪》，《京话日报》第38号，1904年9月22日。
31 演说《小说跟报纸的关系》，《京话日报》第245号，1905年4月25日。
32 署名瀛岛游人的演说《海外华商说的话》，《京话日报》第694号，1906年8月1日。
33 署名八旗倡办人的演说《倡议工厂大义》，《京话日报》第699号，1906年8月6日。
34 演说《说银行》，《京话日报》第700号，1906年8月7日。
35 演说《本报又得罪了德国钦差》，《京话日报》第112号，1904年12月5日。
36 电报《德查殖民地》，《京话日报》第751号，1906年9月28日。
37 演说《奉劝中国人学学特兰司法尔》，《京话日报》第701号，1906年8月8日。
38 要紧新闻《不认粤路副总办》，《京话日报》第702号，1906年8月9日。
39 署名瀛岛游人的演说《日本留学情状》，《京话日报》第707号，1906年8月14日。
40 各国新闻《西伯利亚铁路停工》，《京话日报》第5号，1904年8月20日。
41 演说《天演公例》，《京话日报》第513号，1906年1月20日。
42 演说《警官须知》，《京话日报》第564号，1906年3月23日。
43 署名瀛岛游人的演说《日本留学情状》，《京话日报》第708号，1906年8月15日。
44 各国新闻《南美洲将有战事》，《京话日报》第171号，1905年2月10日。
45 演说《自立》，《京话日报》第19号，1904年9月3日。
46 演说《进步》，《京话日报》第58号，1904年10月12日。
47 演说《本报忽逢知己》，《京话日报》第73号，1904年10月27日。
48 演说《勤俭》，《京话日报》第84号，1904年11月7日。
49 要紧新闻《山东铁路工程》，《京话日报》第91号，1904年11月14日。
50 署名醒迟的演说《分别凉热肠子》，《京话日报》第218号，1905年3月29日。
51 演说《再说机器的益处》，《京话日报》第231号，1904年4月11日。
52 彭翼仲的演说《山西白话演说报的祝词》，《京话日报》第333号，1905年7月23日。
53 署名卢素存的演说《国民》，《京话日报》第439号，1905年11月7日。
54 演说《东亚的大客店》，《京话日报》第593号，1906年4月21日。
55 各国新闻《釜山风灾》，《京话日报》第26号，1904年9月10日。
56 本京新闻《恭宴西宾》，《京话日报》第38号，1904年9月22日。
57 附件《来稿诸君鉴》，《京话日报》第229号，1905年4月9日。

58　演说《救护月蚀的可笑》，《京话日报》第181号，1905年2月20日。
59　演说《答客问》，《京话日报》第180号，1905年2月19日。
60　署名高子江的演说《奉劝诸位讲报的先生》，《京话日报》第492号，1905年12月30日。
61　演说《改良纱灯图画》，《京话日报》第487号，1905年12月25日。
62　演说《答书吏》，《京话日报》第228号，1905年4月8日。
63　署名鷗生的演说《劝学堂》，《京话日报》第244号，1905年4月24日。
64　要紧新闻《公祭江大令的情形》，《京话日报》第595号，1906年4月23日。
65　署名王廷栋的演说《爱国讲报社问答》，《京话日报》第647号，1906年6月14日。
66　本京新闻《缠足吃亏》，《京话日报》第718号，1906年8月26日。
67　署名杨寿廷的演说《当家人的也要说一说》，《京话日报》第227号，1905年4月7日。
68　岀窳的演说《再劝国民》，《京话日报》第601号，1906年4月29日。
69　岀窳的演说《偷龙王》，《京话日报》第643号，1906年6月10日。
70　署名旗人的演说《老鸟奴》，《京话日报》第716号，1906年8月24日。
71　《春治先来函》，《京话日报》第264号，1905年5月14日。
72　岀窳的演说《现身说法》，《京话日报》第457号，1905年11月25日。
73　电报《日领事谈论抵制美约事》，《京话日报》第328号，1905年7月18日。
74　署名满洲人的演说《八旗老爷的苦情》，《京话日报》第338号，1905年7月28日。
75　演说《语言合文字不同的病根》，《京话日报》第221号，1905年4月1日。
76　吴福辉：《“五四”白话之前的多元准备》，《中国现代文学研究丛刊》2006年第1期。
77　袁进：《重新审视欧化白话文的起源——试论近代西方传教士对中国文学的影响》，《文学评论》2007年第1期。
78　陈万雄：《五四新文化的源流》，三联书店，1997年1月第1版，160页。
79　陈万雄：《五四新文化的源流》，三联书店，1997年1月第1版，162页。

第七章　“国民捐”与“义务奴”
——《京话日报》与社会进化

彭翼仲是清末北京社会具有影响力的社会活动家，他发起和推动的社会改革运动凸显了进步性和人民性。

彭翼仲致力的社会改革运动包括倡导新学和女学、倡导戏曲改良、倡导图画改良、力促官府告示改用白话等，还包括解救妓女、创办济良所、发起并推动“国民捐”运动，等等。

“国民捐”运动是清末重要的历史真迹。这一运动的主脉是国人对国事的忧患、对国家命运的关切和对拯救国难的实际参与。

在清末下层社会启蒙运动中，普通民众逐渐建立“公德”、“公益”意识，社会上出现许多“义务奴”。

《彭翼仲五十年历史》（上编）的诚厚庵《序》指出：

> 无庚子（原注：光绪二十六年，1900年）北京之祸变，虽至今无外兵，可也；无庚子外兵之激刺，虽至今无彭翼仲，可也。翼仲实时势所造之人物，而北京时势进化之现象，又半为翼仲所构成。然则十余年来风涛澎湃之余，公固张帆摇橹之一人耳。

这一评说反映了民初京城民众的口碑。其实，社会进化由诸多因素及各种力量促成，不能说依靠某一个人就能奏效。但是，彭翼仲以《京话日报》为依托，对推动清末北京社会进化确乎起到重要作用，他因此成为重要的报人兼社会活动家。

梁漱溟指出："社会运动当然是从其社会存在着问题而来的。有些先知、先觉把问题看出得早而切求其解决，就提出一条要走的路号召于大众，而报纸恰是作此号召的利器。身在问题中的众人响应了这种号召，便形成一种社会运动。报纸以运动招来读者，以读者推进运动。以当时存在的问题而论，一面是封建制度的积弊，一面是帝国主义的侵略；其可能走的路，一条是维新自强，一条是大革命。彭先生从其感性认识到的问题，取了切近易行的前一条道路，是适于北京社会乃至北方社会这土壤来滋长发展的。"[1]

《京话日报》主张变法和立宪，倡导维新改良，其内容体现在两个方面，第一是清除积弊，开通新风，推进社会改良；第二是围绕社会热点和焦点，造成强大舆论，发起并推进各项社会运动。虽然《京话日报》的政治态度与当时的维新派并无二致，但是，由于建立了与普通民众切近的话语系统和舆论环境，所鼓吹的开启民智、焕发民力和推进北京社会时势进化易为广大民众理解和接受，因而切实有力地促成了多项社会改革运动。

呼吁和推进社会改良

彭翼仲指出："变法也有先后，也有本末，不从根子上起，绝变不好。"[2]他所说的"根子"是指紧扣社会现实的具体事务。彭翼仲在讲述"开民智"时曾提出五个法子：一是多开工场，人人自食其力。二是改良戏曲，最容易激发人心。三是多作对众演说，照着讲圣谕的办法。四是广传白话报，教人明白大局。五是多立蒙学堂，从小时就教他爱国。[3]这五个法子就是他所致力的维新改良的“根子上的事”，亦即具体举措。其实，彭翼仲念念所在的维新改良不止于这些举措，凡属推动社会进步和提升社会文明程度的民众活动，都在其内。以下对《京话日报》提出和推动的维新改良项目予以叙说和研究。

倡导新学和女学

《京话日报》指出：中国教育落后，国人接受教育的“只有十分之二三，不能受教育的，倒有十分之七八”。[4]中国不兴女学，大多女子不能接受教育，通常讲“女子无才便是德”，“可就把女子给收禁起来了”。[5]为此，大力主张兴办新学和女学。

《京话日报》通过中外对比揭示中国教育的落后状况：“日本全国的地方，还没有我东三省这么大，人数只四千万，也只及我十分之一。查通国学堂，共有两万九千三百三十五座，男女学生，有五百十八万九千九百七十六人，所以能兴盛如此。”[6]“德国被法国打败，德国皇帝维廉，合宰相俾士麦克，竭力兴学，没有多少年，居然打败了法兰西，为地球上第一强国。俾士麦克常说，德国打败了法国，并不是皇帝合宰相的功劳，实在是小学堂教习的功劳。”[7]“外国立学，无论士农工商，都要进学堂去学，所以人人智慧，个个聪明，国家也就强起来了。”[8]“跟外洋各国一比，中国女子简直的就跟废人一样啦，我们中国有四万万人，这样看起来，先有了一半无知无觉的废物，岂不是如同一个人得了半身不遂的病了吗？”[9]

《京话日报》提出兴办教育务必求实，“千万不要在形式上注意，总要注意在精神上”，“不是图名，不是图利，更不是挑幌子，遮门面。”[10]为此提出从实际出发兴办教育的若干做法。比如：教育要从小孩子抓起，要重视蒙养之学；蒙养教育要跳出传统的经学范围，要使用国外引进的蒙学书，特别要引导学生看浅显的时务书；教书先生要适应社会发展和文化进步，自己先弄明白新知识、新学理，再采用适当的教学方法，真正使学生开智识；

不要叫学生一味死背书，要鼓励他的天机，感动他的爱国心；小学堂的课本，都要用白话编成，先生也要用白话教书。如此等等。报上指出：按照这样的方式办学，“三四年的工夫，小小的学生，能够知道古今中外的大势，全球各种学问的大概，准比守旧不化的老学究强。”[11]

《京话日报》主张适应中国劳动人口的实际需要，多办实业教育，以此推进教育普及：“做庄稼的去学，讲究农学，并可以晓得化学动植各学，就不致丰歉听天了。做生意的去学，讲究商务，晓得公司的利益，就可以扩充销路了。做手艺的去学，讲究工艺，精于制造，就不必仰给外洋了。以及开铁路，开矿务，懂得的人多了，也不难随地取材。果然如此，这便是教育普及，也算得是教养兼施。”[12]报上十分推重“半日学堂”的办学形式，指出“半日学堂”是“又可就学，又可谋生”的好办法：“这等学堂，专为贫苦人家子弟而设，只有半天功课，仍可做半天生意，不致耽误衣食，功课只认字讲字，学打算盘，今天学的，今天就可以用，所以不致忘记。有三两个月工夫，字义也明白了，算盘也学会了。就是做小买卖，要占多少便宜。”[13]

《京话日报》指出，女子占了全体人口的一半，要让女子懂得在家庭里的重要作用，好好养育后代，把儿女培养成强壮的国民；还要引导女子懂得自己的社会责任，在各种社会事务中发挥作用。欧洲国家许多女子参加红十字会活动，在战争中救护伤员，赢得了世界人民的尊敬，希望中国女子也走上社会，到报馆、学校、工场、医院中去发挥作用。兴办女学能够使女子思想开化，具有文化修养，“女子有了才学，才可以跟男子平等，也可以给国家出力。”[14]“一年两年，女英雄、女才子，也可以出来了。”[15]报上还提出，女学既要有与蒙养教育相同的内容，又要顾及女子特点，加上持家、针黹、艺术、卫生等功课。

当时，一些热心人以各种方式兴办新学和女学，他们讲授新的功课，自力创造各项条件，热忱欢迎适合者前来就学。《京话日报》作了许多报道，予以支持和鼓励。如：

一位名叫萧开泰的热心人，在后铁厂叙州馆办学，专门讲授中西算学，于1905年2月19日（正月十六日）开学。[16]

几位热心人在琉璃厂建起一所宣南学校，专门讲授英文、算学。因英文行用最广，而算学为各科学之根基。于1905年4月5日（三月初一日）开学，每日讲课3小时。[17]

一个名叫董棫的读书人，自己捐资创办官话字母义学，专教那不认识字的人，分文不取，一天学一点钟。他计划先教出一批人来当先生来，随后凭借他们再作推广。[18]

旗人淑度和秀琼两位女子，开办一所求实女塾：先招女学生20名，额满就开学；每一个学生，每月交学费2元，专为置办应用物件与茶水各项的费用；学生无论旗汉都收，从10岁到18岁的姑娘们，都可来学。[19]

宣武门内麻作坊胡同路北瑞姓人家的主妇张氏，开办一所女塾，专门招收女学生，设置女学功课。[20]

民间办学还与报纸传播相结合，有的讲报社附设学务，有的学堂将讲报作为功课，如：

刘瀛东先生，为人最有热心。在骡马市大街，创办了一所讲报说报处，又添设国民识字义塾，分为识字、国文、算学、体操，共计四门功课。为的是叫中国国民，人人都有点普通的知识。又因妇女不认得字的多，打算再立女识字义塾一处。[21]

阜成门阅报社，添设蒙学堂，已经开办。招生三十名，一概不收学费。[22]

八旗第三小学堂教习，因报纸的功效最大，特意在学堂里边，添买各种报纸。每天完了功课，匀一点钟的工夫，挨着次序给学生讲解，好叫学生们增长见识，多明白点儿时事。[23]

郎家胡同高等学堂里附属的初等小学堂，自从三月间，大学生与小学生商议，每人每月出钱一百文，买报一份，不上堂的时候，或休息时候，能看自己看，不能看听人念，有不认识的字，有不明白的事，求老师讲讲。一来省着乱闹，二来借此多识几个字，又能多长点见识。众学生听说，大家很愿意，至今还是照旧办。虽是小事，出于一班小学生，实在可喜。[24]

《京话日报》持续关注民间办学，时常报道有关信息，还发挥影响力，鼓励和支持有条件、有能力的人尽力办学。原荆州将军祥亨膝下无子，仅有独生女继识一。祥将军故后，荆州的旧朋友寄来500两银子作为奠敬。继识一想用这个钱做有益于大众的事，就请《京话日报》替她出主意。彭翼仲提议她办一所学堂，甚合其意，报纸接着就极力呼唤同志者与她合作。于是，化石桥第七小学堂教习桂君约请崇实中学堂教习恒石峰，再约几位教师，都参与继识一办学。他们主动提出，担当教习纯属义务，不领修金，并一概不收学费，大家立即行动，寻找房屋，置办木器[25]。宗室继立堂闻讯之后，便把自己的通州地租捐出，用于办学[26]。至1905年7月中旬，继识一的第一高等小学堂开始招生[27]，经初试、复试后，8月下旬开学。学堂办起之后，一些热心人士还予以捐款。这年冬天，继识一又叫她的侄儿荣侍卫，筹划建立第二小学堂，“沿街已经贴起报单，全照识一第一小学堂章程，一概不收学费。”[28]

1906年春，继识一又在班大人胡同的宅内创办了北京著名的女子学堂——箴仪女校，自己担任校长兼国文教员。几位小学堂教员自愿尽义务，到该校承担教员工作。箴仪女校成了北京早期民办女校中的佼佼者，社会上对继女士的办学行为赞不绝口，都称她是有识、有为的人[29]。箴仪女校是继识一办学中最重要的一所学堂。

《京话日报》还极力提倡宗教人士以庙产兴学：

龙泉寺方丈道兴和尚联合各寺院兴办学堂，招收僧俗学子，定额九十名，饭金学费，一概免收。[30]

寺庙主持昙印大动热心，捐房两间，作为识字义塾。将来报名的多了，还肯添捐房屋。[31]

觉先和尚在龙泉寺创办佛教民小学堂，彭翼仲在开学之日亲临现场，并作演说，称赞这样的举动是佛教的大光彩。[32]

白云观道士高仁峒创办一所小学堂，招收五十余名学生，“衣帽膳馔，全是本观预备”。[33]

新城庙的道士陈明霦“把庙产变腾了变腾”，立起一所学堂。又扩大为两所小学堂。几年间，“很出来几个可造就的学生，有入大学堂的，有入中学堂的，有入师范学堂的，有入电报学堂的，有入工艺学堂的，有入长芦学堂的。”[34]

倡导戏曲改良

《京话日报》认为：开通风气，改善民俗，办学莫如办白话报，办白话报莫如戏曲。戏曲在改良风俗、教养国民上具有优势，能“陶养国民的性情，激发国民的志气，所以国家要改变政俗，须先把戏曲改良”[35]。《京话日报》的戏曲改良主张体现为“一禁一创”，即禁止“坏戏”，编演“新戏”。所指的“坏戏”是充斥“奸盗淫邪”、“伤风败俗”、“牛鬼蛇神”、“淫词荡曲”内容的戏，而“新戏”则是指宣扬“改邪归正、发愤自强”、“合群爱众公德”的戏。

《京话日报》推行戏曲改良，首先致力于调动梨园人的自觉意识。当时社会上存在鄙视戏曲演员的习惯心态，一些梨园人亦不免自轻自贱。彭翼仲同梨园领袖人物谭鑫培、田际云①等经常接触，探讨戏曲改良问题，还常常

① 谭鑫培，1847年～1917年，原籍湖北黄陂。艺名小叫天，人称谭叫天，先工武生，后改老生。清同治年间进入北京，引领了京剧文武昆乱各行当的全新大变革。田际云，1864年～1925年，河北高阳人。10岁起学河北梆子花旦，12岁随双顺班入京深造，学习京剧。18岁时以出演《春秋配》、《蝴蝶杯》等剧誉满北京、上海。20岁组玉成班，创皮黄与河北梆子同台演出方式。1900年田际云任梨园工会会首，致力于戏曲改革。谭鑫培和田际云是承前启后的梨园领袖和京剧艺术家，影响极大。1912年，谭鑫培与田际云发起组织“正乐育化会”，谭任会长，田任副会长。

与戏曲界人士坦诚交谈。著名京剧艺术家萧长华在1960年回忆道：

> 我本人没有见过彭先生；但我师兄徐宝芳（兰沅之父）却在一次彭先生邀集戏界同人谈话之后，把彭先生对大家谈的话讲给我听，我真是万分赞成和佩服。彭先生要唱戏的朋友们不要自轻自贱，在演戏中负起社会教育责任。要引导人们学好，不要引导人们学坏。第一不要唱“粉戏”——那亦就是今天所说的黄色戏文。记得当年在彭先生的倡导下，就禁演了三十多出戏。[36]

《京话日报》倡导编演新戏首先看重的是改良戏本，指出：“要正风俗，先正曲本”[37]，“要能编几本新戏，必能广开风气，比我《京话日报》的力量要大十倍。”[38] 热忱提倡以社会现实为基础创作新戏，“若把中国受害的病因，编出戏来，叫大家看着，必定能兴起爱国的热心。”[39] 北京戏曲界在这一倡议下纷纷采取实际行动，其中最主要的是田际云创作并带领玉成班上演《惠兴女士》、梁巨川创作并交义顺和班上演《女子爱国》。

田际云领头创编的《惠兴女士》表现的是发生在杭州的真人真事：1905年，杭州人惠兴女士开办贞文女子学校，备尝经费艰难之苦，不得已到处求人，却屡屡碰壁，不被理睬。于是，她在开学典礼上声泪俱下地作了一番演说之后，转手割下一块臂肉，咬牙忍痛地说：“学校办成，臂肉可以再生；学校关闭，我身一定先死。”满场的人无不为之感动。但是，办学经费紧迫的问题愈来愈严重，惠兴女士只好痛下决心，以自己的性命来为学校求得经费。她写下致某当道的奏书，要求官方向学校拨给常年经费，然后走向官府呈递上书。行前她服了毒药，准备死在官场。但是双腿还没有迈出家门，就因毒性发作而扑倒在地。惠兴女士为了办学，就这样豁出了性命。[40]

惠兴女士殉学之事轰动杭州，也震动北京。田际云以其事迹创作时尚新戏《惠兴女士》，并亲自扮演惠兴女士。这出戏上演时，观者人人入神，激发出真挚的感情。特别是演到惠兴女士服毒殉学，满堂的人无不痛惜和落泪。不但许多市民喜爱这出戏，就连平时对戏曲很挑眼的学界诸人和官场人士，也前来观看，并给予好评。

《惠兴女士》的演出还带动了北京社会对贞文女子学校的资助。《北京女报》主办者张展云与田际云联合成立旨在支持女学的励学会，在社会上广泛号召，为贞文女子学校募集经费。张、田等人倡议专为女性观众演出三天，把所收的票费全数汇给贞文女子学校。田际云还率领玉成班成员，并约请各戏班名角，不取报酬，一起尽义务。[41] 在励学会的带领下，戏曲演员李毓臣和乔荩臣也演唱义务戏，将所得的戏费，都寄给杭州贞文女子学校。听戏的人纷纷学习演戏者，“热心助善，不但买了戏票，助成义举，另外还捐助了不少的钱。”[42]

彭翼仲的志同道合者梁巨川多年来怀抱以戏曲改良社会人心的志向，极力赞成《京话日报》倡导的戏曲改良。梁先生花费两个月工夫，创作一部富有国家思想的剧本，名为《女子爱国》。这个剧本的素材是《列女传》上鲁漆室女忧鲁国之患的故事，说的是鲁国一位名叫漆室女的女子，已过成婚之龄而未嫁，眼见鲁国国君年迈而太子尚幼，便深怀忧患，倚柱而啸。一些妇人见其情状，以为她因自己未能出嫁而感慨，对其嘻笑，但她表示不是为自己，而是痛心鲁国的国运危殆。这些妇人就责怪道：“鲁国国运是国君、大夫那些男人的事，哪值得小女子操心？”漆室女就将鲁国的危殆对她们一一道来。三年之后，鲁国果然发生大乱，齐国和楚国联合攻鲁，而鲁国又频频发生内乱。《列女传》作者刘向感喟而叹：“漆室女的忧思可谓长远啊，真是《诗经》所说的‘知我者谓我心忧，不知我者谓我何求’啊！”梁巨川以这一史实为基础，设置了丰富情节，编成四本连台戏，借以表达身处清末危局的忧国忧民主题。这部剧本交义顺和班排演，由名角崔灵芝扮演鲁漆室女。

《京话日报》屡屡报道《女子爱国》消息，指出：“梨园中人能有国家思想，较比淫邪妖鬼等戏相差万里，足见民智慢慢地要开了。”[43]1906年5月18日，《女子爱国》在广和楼开演。演出之时，“座儿拥挤不动”，“合园子里，拍掌称好的声音，如雷震耳”，“不但上等人大动感情，就连池子里的老哥儿们和那些卖座儿的，也是人人点头。脸上的神情，与往日大不相同，可见好戏真能感人。”[44]

《京话日报》从第635号至664号全文连载《女子爱国》戏本，以飨读者。最末一期刊登梁巨川撰写的附记，其中说道：“今日中国十分可危，不能不靠新政挽救。又恐新政行之太骤，愚民耳目未经，莫明其故，所以欲借演戏说出时势艰难，使众人渐渐知觉，可免许多惊惶损害，此鄙人之心也。”[45]报馆还印出《女子爱国》戏本，在市上出售，使这出戏广为北京社会知晓。

1906年5月，京师外城巡警总厅分别向玉成班和义顺和班颁发银牌，以示鼓励。[46]颁奖的谕单指出：“曲本中一切文词实足振起国民之精神，而动社会之观听”，“观听者皆为之感泣动容”；“改良戏曲实足为政治上之助力，而于社会进步亦极有关系”；两个戏班“具此热心，排演新戏，深堪嘉善”[47]。在清末新政背景下，官方机构与民间社会在维新改良活动中已有所交融。

新创剧目《惠兴女士》和《女子爱国》相继上演，都获得京师外城巡警厅奖励，这在京城戏曲史上具有开先河意义。其后，又有热心人杜部郎编出新戏《混沌洲》，《京话日报》也及时报道，给予支持。[48]面对北京戏曲界禁演旧戏和争演新戏的情势，《京话日报》兴奋地说：“好戏最容易感人，并且比甚么都快。将来越编越多，把那些鬼怪邪淫的旧戏，慢慢的替换干净。你看看，开通风气，戏本的力量大不大啵？哈哈，前两年的主意，如今可算办到了。”[49]“千万别把梨园人看轻，转移风俗，全在梨园。”[50]

倡导图画改良

《京话日报》倡导图画改良，关注的是与市井生活紧密联系的印板画、纱灯图画等画种。印板画是以木质材料制版印成的图画，也称印版画，兴起于产生雕版印刷的宋代，至清代中叶以来，主要用于印制年画。《京话日报》在新闻报道中多次倡导改良印板画，而报馆编辑呰窳撰写的演说《张先生》和《猜的不错》，集中地表述了这一主张。

演说《张先生》叙说呰窳与张先生的接触和交谈：一天，山东登州人张先生来到西城的一处阅报所，正巧与呰窳相遇，两人三言五语，颇谈得来。这时本馆人送报进来，报上登有呰窳撰写的演说《改戏》。张先生读罢说："这个主意太好了，但是唱戏一事，在都会通行，村庄里的妇女，平日到哪里看戏呢？妇女眼中，时常看得见的东西，莫如一个物件，何不对它改良改良。"呰窳听罢，说出了张先生所指的物件，张先生连连说对。呰窳就说道："张先生的主意，本馆去年就想办。张先生这一说，真是钻到我的脑子里来了。"但是，呰窳的这篇演说留下一个悬念："究竟是什么呢？请大家也猜一猜，限十天工夫，各把所见说明，写信送到本馆，试试大家的心思——然后再说。"[51]

在十三天以后的演说《猜的不错》中，呰窳叙道：《张先生》刊登以后，收到二十多封来信，众位所猜，有对有错。其中一件天津来信，说理痛快，点出了五个字——"改良印板画"，指出：

> 张先生说的那件东西，可以开通风气，比改戏还要好，我想妇女孩童常见的，没有如印板画儿的了。中国风气，一到新年，不拘哪里，都要买几张贴贴。北方各省，这个风俗更盛。可惜画儿上的事情，不是财神叫门，就是金钱世界，也有迷信神鬼的，也有招人一笑的，全没有甚么取意。要到太平年间，不过是个玩意儿，现今的时节，正要叫瞎子睁开眼，聋子掏掏耳朵，当把这画儿一件东西，当做教育普及的标本（标本就是模子）。我的意思，要把庚子北京的情形，甲午旅顺的情形，东三省居

民怎样受苦情形，美工党怎样虐待华工情形，都画了出来。再往眼前说吧，画上洋老爷那一段，好叫无耻华人，生个羞恶之心；画上日本打苦力，好叫贫弱人立个志。凡可发人省悟的事，全给条条儿画出，再用极浅的白话，写明这回事由，把杨柳青出的画儿，挑选挑选，不好的画版，一概禁止。换用这种画，比法国的油画院，功效也不在小处（法国油画院，专画打败仗的图，激动全国人心）。[52]

呰窳的这两篇演说，核心意义是"改良印板画"。其实，彭翼仲早在《启蒙画报》中就提出"改良年画"主张，指出"以为可以辅助教育，欲令其随时加以改良"[53]，还请画家刘炳堂创作儿童提灯的年画，后附"勿作外国人奴隶"的宣传文字。"改良年画"主张在社会上造成很大影响，天津杨柳青年画作坊就刻印了《满汉平等》、《女子求学》等新画样，并加上文字说明："请看看吧，齐健隆出了改良的年画咧！"齐健隆画店刻印一幅《国民捐》，画面为一老人将收据交给认国民捐者，画面下有很长的劝捐题字。戴廉增画店刻印了《爱国"大扑满"》，画面上是一个年轻人站在一个大"扑满"前讲爱国道理，旁有观众围听，图上刻有"故事来源于东安市场会友讲报社"。[54] 齐健隆画店印刻的《小儿怒》，画的是小儿想上学堂念新书，但乡绅守旧，顽固不办，小儿怒斥乡绅。图上是这样的题字："中国百姓外国欺，欺来欺去要分离；那时乡绅作不成，乡绅为何不动心？"[55] 直到1913年，直隶巡按使公署天津教育司出版《破除迷信》、《程门立雪》等石印画，画面题词之后，都用方形朱印"改良年画"作为标识。[56]

《京话日报》还主张"改良纱灯图画"：

本报上出过主意，想着改良印板画，所为叫妇女小孩，看着容易懂……所以总盼着杨柳青的印板画改良。等着把些奸盗邪淫的画，销灭尽净，人心风俗，何愁不改良？……现在更有一件感化人最快的事，并且很容易改，您猜猜是甚么玩意儿？就是廊房胡同卖的纱绢灯。

历年灯上的画，俗旧老套子，画的也不嫌烦，看的更不知丑。这宗画篇，不但开不了民智，反能够引人迷乱，种种野蛮的思想，未必不是这些玩意儿的功劳。各灯铺掌柜的们，心里也没想到，要想到画灯上可以开风气，自然也就改变起来了。再请明白大局的先生，替出出主意，改画哪一种最有益？耳目一新，人人必定争着买，不但有益民智，还要生意兴隆。[57]

《京话日报》倡导图画改良也体现了“一禁一创”思想：街头“拉大片”、“唱西洋景”的，暗藏着春宫淫画，害人子弟，必须加以禁止，不可任其流行。[58] 如果“把里面的图画一律改良”，“画些个感动人的事”，就“能够与风俗有益”。[59] 西四牌楼路北的一座画铺，新近画了几张画，贴在窗户上，画的都是开通风气的内容，像这样“把画儿改改良（前次说过改良印板画），开通的可就快喽”！[60]

对于与广大民众关系密切的许多文化品类，《京话日报》都提出“改良”主张，如“改良歌曲”[61]、“改良八角鼓”[62]、“改良西湖景”[63]、“改良戏具”[64]、“改良唱曲”[65]、“改良莲花落”[66]、“改良说书”[67]、“改良什不闲”[68]、“改良八角戏”[69] 等等。在社会进步风气的影响和冲击下，从事这些民间文化的艺人纷纷以自己的实际行动进行改良实践。请看以下报道：

演唱八角鼓的艺人动了热心，排出几本新曲儿：《六国和约》、《旗民共乐》、《母子同欢》和《工商献艺》。……《六国和约》劝人爱国，《旗民共乐》劝人合群，《母子同欢》劝办学堂，《工商献艺》劝兴实业。定在三月初七日，约请各票友排演。每月两三次。所收的座儿钱，一半归国民捐，一半帮女学堂。[70]

一位唱莲花落的姓徐之人，自看了《女子爱国》，同几个伙计天天演习，在东安市场坐腔演唱，把从前一切坏曲子，随时改良，并请各报社人登台演说。[71]

说书人海文泉应邀到公益轩茶馆说书，不说那迷信的《济公传》，改说外国小说……情愿白说半个月，所进的书钱，全都报效国民捐。[72]

阜成门外的两处茶馆万福居和福禄居，见各茶馆演唱改良词曲，认交国民捐，也动了心，要仿照着办理。[73]

在中国正统文化观念中，戏曲、说唱等均属稗野之类，为正统文化所排斥。20 世纪初叶，知识精英一改既往对民间文化的忽略和小视，逐渐重视其文化价值和社会功能，这是他们在社会启蒙运动中走近民间而形成的认识。梁启超提出“小说界革命”、“诗界革命”、“文界革命”等口号，认为欲新一切道德、宗教、政治、风俗、学艺、人心、人格，必先新小说，“故今日欲改良群治，必自小说界革命始，欲新民，必自新小说始。”[74]彭翼仲在北京创造的民间舆论环境，扩大了梁启超“专在借小说家言，以发起国民政治思想，激励其爱国精神”[75]的思想，并对社会生活造成极具成效的影响。

力促官府告示改用白话

封建朝廷、官府行使执政职能，往往采用发布告示方式。但是，这类文件所形成的文言惯例，早已凸显难为广大平民大众接受的弊端。《京话日报》屡屡针砭京城各类官府告示的文言体例，指出：这些告示民众难于接受，不能起到“安民告示”作用，甚至造成误害民众的不良后果。为此，强烈呼吁官府摒弃旧例，改用白话。

《京话日报》最早阐述官府告示应使用白话主张的是演说《文言不喻俗》，该文指出：

民智不开，无论要办甚么新政，一定是办理不通的。官民断不能当面交谈，从中通气儿的东西，全仗着张贴告示。告示告示，简直的要同当面告诉一样，又同指着给他看一样，那才做实在了“告示”两字。字眼儿浅的人，觉着文话难，耍惯了笔头儿的，觉着文话比白话倒容易。白话要说好几句，文话用几个字就成，所以各衙门的告示，仿佛朝殿考试文字似的，千篇一律，要紧的地方，填上几句，其余都可通用。大家想想，这类的文字，岂是街上的小民能懂的吗？不要他明白，又何必张贴呢？

据我们的见解，凡是告示文字，都当用白话编成。各处的言语不同，也可以随着土语编造。张贴之后，最好再派人宣讲，总要说得明明白白，不识字的人，也可以听得清楚，那才有用。[76]

十多天以后，《京话日报》进一步阐述了这一主张：

本报前些日子的演说，有《文言不喻俗》一段，说的是衙门里的告示，贴在大街小巷，原要人懂，叫人看见了不明白，与不贴告示一样，白费纸墨，毫无一点益处。

向来各衙门出的告示，往往是四六句的成话，文理很深，字眼浅的人，实在看不明白。不懂得的，非要人念给他听不可，念了出来，仍然是不明白，岂不是越听越糊涂了吗？甚至于误会了字义，一传十，十传百，就把告示上的好话，全给传说错了。不但无益，反倒生出许多的谣言来。

这样看来，各衙门出告示，既要叫人明白，总得编成白话，字眼浅的人，看见就可以明白，不认字的听见，也不致再会错悟。[77]

这篇演说提到，近日工巡分局出了一份白话告示，内容是劝谕和禁止新年放鞭炮，特别告诫不能放往高处飞升的爆竹，以免引起火灾。指出：工巡分局的这件告示，“上面写的，都是浅近白话，很容易明白。这分巡局的官长，一定是个明白道理的人，居然用了本报说的话，可敬可感。四川锡制台，山东周抚台，曹州某太守，密云陈大令，都出过白话告示，独有北京各衙门，还没见过。工巡分局，可称为第一开通”。工巡分局的这件告示署记的时间是“光绪三十年十二月初日”即 1905 年 1 月上旬，这是现今看到的清末京城官府发布的第一份白话告示。

这份告示很快在北京民众中引起反响，一位读者致函报馆指出：“告示改用白话一节，弟亦久有此意……贵报年前论到此事，却是法良意美，实获我心。工巡局居然照法办理，实赖贵报的大力。”[78]

虽然工巡分局发布了这样的白话告示，但未成气候，京城大多官府告示仍然遵从“四六成句”和“之乎者也”的文言旧例。《京话日报》一再指出：“可惜告示上的话，还是文言，无知愚民，万不能懂”[79]，继续联系北京社会实情倡导改良。

1905 年 4 月 11 日清晨，隶属姜桂题军队的高官李统领使用一辆超长超重的大敞车为家人出殡，违反交通管制规定，执勤的警兵前来阻止，于是同营兵发生冲突。《京话日报》在指斥营兵闹事反映了兵智不开痼疾的同时，指出工巡局发布的交通管制告示不为众人知晓，也是发生冲突的一个原因：“工巡局可是国家很要紧的政体，煌煌告示，统领也得遵守，何况是兵勇呢？唉，兵智不开，却也难怪，告示上的字句，恐怕没有几个人懂得的啊！”[80]

1904 年 11 月，京城当局与外国驻京使节协定，禁止洋商向中国民众开设赎押业务，并向社会发布协定文件，限定半年后即光绪三十一年五月初一日（1905 年 6 月 3 日）生效。但在限期临近时候，老百姓依旧到八宝胡同的洋商当局押钱。而洋商于 5 月 31 日起忽然停止赎押，造成百姓慌乱无措，聚集在洋商当局门前，一时间越聚越多，官府为此出动巡兵弹压，才得以维持秩序。《京话日报》报道此事时指出：半年前所出的有关告示，没有起到告知老百姓的作用，众多市民依循旧例，照样赎押，以致临近期限之时出现如此混乱局面，这就是“不出白话告示的害处”[81]。

《京话日报》主张：“所有宣布民间的事，文书、告示，全改成白话，办的是民事，不能不叫民知道”[82]，“官府中人千万不可做文章了”[83]，可谓用心良苦。还语重心长地说道：

> 街面上张贴告示，原为是晓谕民间，要叫大家知道官府的意思，越俗越浅越有用，断不可耍笔头儿，敷衍空文。贴一张告示，无论何人，一看就懂，那才不糟蹋纸张。文理太深，没用过辞章功夫的，哪里看得下去呢？本报从前年劝起，好容易出了白话告示，很见功效。前天巡警部，忽然张贴一篇大文章，因为修理马路，劝商民拆让房屋。文章做的虽好，可惜白耗心思，下等社会人，不但字面儿上解不开，连句子都没法子念断，胡猜乱想，全不知所为何事。要打算在堂官面前献才学，不妨作几篇骈体文，呈政呈政。既然贴在街上，总得迁就，字义艰深，无益有损。[84]

为了帮助普通民众了解官府告示的意思，《京话日报》还采用“演成白话”的方式表述一些告示的意义。例如，1905 年 7 月，京城五城察院颁布一份钱法告示，说铜元和大钱都是正规钱币，都能在市场上通用。但是，告示的文字“转的太绕脖子，不明白文话的人，全给错会了意，说是不准行使铜元了”[85]，于是本来很简单的一件事变得含糊不清，大至市面，小至个人，纷纷人心惶乱，唯恐不准使用铜元。而市场上一些“会使巧着儿”的人便纷纷行动，或者用低价收买铜元，“三个大钱一元”；或者提高铜元购物的价格，“每斤白面，卖到十几个铜元”，借以牟利。[86] 市面上为此出现了影响甚大的骚乱。

面对街市和人心的惑乱，《京话日报》全文刊登五城察院的钱法告示，并采用详加夹注的方式解释其意，以使民众弄清真相，免受谣言蛊惑。比如，告示原文的“铜元与大钱，本属相辅而行，不分轩轾”后，加了这样的解释：“大钱跟铜元一样。‘轩轾’两字，就当上下讲，亦当轻重说。”告示原文的“若任令涨落无定，则将来官板大钱，深恐于市面未能流通，贻患伊于胡底”，其中“贻患伊于胡底”是罕用的文言成句，《京话日报》把它解说为“毛病可就大了，简直的没了边儿了”[87]。如此等等。在用白话解说了这件钱法告示之后，《京话日报》指出：

> 这张告示，商民讲不下来，因此反倒扰害民间。凡此等有关市面的告示，原是对着下流人说话，文话字眼，断断不可用。十八日后半天起，就说出了告示，不用铜元了。商民没有见识，这时的谣言，最喜欢听，闹的很糟糕。五城练勇，也跟着起哄，真是该打。既不会作白话告示，也得叫练勇明白明白，怎么他也跟着起哄呢？还有，六言四言的告示，也是不中用，把字眼儿炼成有韵的话，商民更不能懂。奉劝地方官，再出告示，要用白话直说，免得商民误会。会看文章的上司，绝不在这上留神。快快的改了罢，别再闹笑话啦！[88]

此后，京城市面的混乱才渐渐平息。但是，这次铜元之乱已传递到京外，比如清河县就有人起哄，弄得市场上也不再使用铜元。清河官员接连发布告示，企图辟谣和安定局面，但是，收效甚微。为什么呢？因为清河官府“告示总是文话，不大好懂”。《京话日报》为此向清河的“地面官”指出：要打算劝化众人，就需要用白话撰写简明告示。[89]

在《京话日报》和广大民众的极力推动下，京城各级官府使用白话告示呈上升态势，并对京外产生影响。《京话日报》屡屡予以肯定和鼓励。比如，外城巡局告示改用白话，报上立即表示：“这真是往实在里办事了，我们替字眼儿浅的人，多多的叩谢。”[90]顺天府出了一件白话告示，报上又说：“自从内城分巡处出白话告示，各衙门都仿照办理，比较文话，功效大的多。本馆因为此事，着了几个月的急，而今可如了愿了。先替站在街上看告示的人，磕头谢谢。"[91]

到1906年，用白话写成的官府告示逐渐增多，彭翼仲对此表达了由衷的欣喜：

> 我因为这件事，可就发了好些年的愁，好容易劝醒了当道的官场，不再出那深文奥义的告示了。众位想想，告示为的是叫人明白，转了点子文，但顾自己献白才能，可就苦了在街上站着看告示的人啦！懂得深文的老爷们，出门就坐车，又不去看告示，你说那张告示，有用无用？如今巡警部厅，所出的白话告示，可就很有功效，不拘照例的体裁，便民利用，这才是真正的变法，这才是真正的维新。[92]

彭翼仲旨在推进社会进化的努力还有很多，诸如主张妇女参与社会活动，反对女子缠足，力戒早婚，主张禁绝鸦片，倡导公共卫生，注重养成卫生习惯，抛弃各种陋俗，反对迷信神佛、烧香还愿、求仙乞药和滥信风水，反对体罚儿童，改良耍货和各种儿童玩具，等等。梁漱溟在1960年指出："总结一句话，在距今五六十年前的那个时代，彭先生的言论主张和行动乃处处见出有其进步性、有其人民性，实在难得。"[93]此言已过去五十余年，然而它所揭示的彭翼仲和《京话日报》在1900年代所起到的推动社会进步作用，仍然给人深刻印象。

发起并推动社会运动

《京话日报》倡导维新改良，还表现为围绕某一社会热点和焦点，造成强大舆论，引起民众关注，促成各种社会运动。本书第四章所述的谴责南非英国当局虐待华工的宣传报道、反对美国华工禁约的宣传报道和抵制美货的宣传报道、支持南昌人民反洋教的斗争等，都造成甚大影响，因而带有社会运动性质。这里着重表说《京话日报》发起并推动的创立济良所运动和国民捐运动。

解救妓女，创办济良所

清末北京南城是妓院的集中地，穷家女子因生计所迫，落进黑暗地狱，听凭妓院老板以她们的肉体作为牟利工具，经受残忍摧残和蹂躏，造成种种难以言述的人生悲剧。有一个狠毒的老板名叫张有，诨名张傻子，开了一所叫玉莲班的妓院。这个张傻子是出了名的恶人，“京中妓女，发誓赌咒，常说如有屈心，必落在张傻子手里，张傻子的狠毒可知。”[94]

1906年3、4月间，《京话日报》连续披露和谴责张傻子虐待妓女的罪恶，并推动官府为解救妓女采取相应行动。事情的起因是这样的：一个叫香云的姑娘，被婆家瞒着娘家卖出，落到张傻子手里。香云在妓院结识一个姓赵的来客，两人很要好，赵氏想娶她，香云也愿意嫁给他。于是，香云托赵氏去永清县寻找娘家亲人，把他们接到京城来，决定二人的婚事。谁知风声走漏，张傻子知道了他们的主意，就在赵氏刚走之后狠毒地折磨香云，“抽了她五百鞭，又用铁通条把脚腕打折”[95]。赵氏到永清县，千辛万苦找到香云家人，并把香云的父亲带进京城。但是张傻子把香云藏起，父女不能相见。就在赵氏与老人去找张傻子要香云时，无耻的张傻子竟要起手段，自己动手把家里的盆景打碎，然后跑到协巡营第四局诬告：“姓赵的男人欠我五十块钱，要他要账，他就是不还，还跑到我家来打碎许多东西……”[96]

当时北京城内主掌警察事务、维持治安秩序的机构是协巡营（后改称工巡总局），是警察、市政和司法三者合一的机构。协巡营长官杨钦三帮统不听信张傻子的一面之词，认真进行调查，在弄清事实真相以后，断明张傻子“诬告游客，刁恶万分”，作出“打四十军棍”和“枷号示众”的处罚。杨帮统派巡警把张傻子拉出去游街示众，特地在一幅白布上写满张傻子欺凌压榨妓女的罪恶，贴在他身后，要他一路上鸣锣自骂，数落自己的罪恶，劝告开妓院的人引以为戒，不要再做伤天害理的事。巡警押着张傻子，在南城凡有妓院的地方走了个遍。[97]

严惩张傻子之后，《京话日报》特别关注如何把妓女从悲惨、痛苦的生存状态和心理状态中解救出来。报上披露：协巡营押张傻子游街示众之后，把他带到营所，进一步查问香云的下落，但张傻子一味支吾，不予回答。而玉莲班全部妓女都噤口不言，因为她们“被张傻子打怕，没有敢说实话的”，“再四盘问，始终不说”。[98] 而当问到“张傻子待你们如何”时，这些女子就纷纷落泪，咬牙打战说不出话，表现出不可抑制的痛苦。《京话日报》由此看到，惩罚张傻子并没有改变妓女们身心受虐状况，要解救她们，还须寻求治本办法。于是提出开设济良所的建议：官府既然收了妓捐，就可以将此钱用于开设济良所，费用不足还可以发动社会力量捐助——上海已有济良所，北京也可仿照上海的办法办理。[99] 提出此议之后，《京话日报》极力推动京师外城巡警总厅下属的协巡营尽快行动。后来，协巡营帮统杨钦三与统带王勤齐接受彭翼仲的建议，在前门西一带选好地点，把济良所开办起来。

《京话日报》主张建立济良所的目的是：第一，“搭救烟花妓女，望她们跳出苦海”；第二，施行教育，“指望她们成为有德行的妇人”。济良所采用“巡警部督同绅士”的管理方式，在协巡营帮统杨钦三主管的同时，推举有声望的绅董参与管理，彭翼仲是其中一位主要人物。济良所的经费来源，一是将查封的玉莲班资产用作济良所公产，二是向社会各界发起募捐。从 1906 年 3 月起，《京话日报》主动承担兴办济良所的许多事务，如频繁刊登捐助济良所的告白、代收募捐经费、参与选聘女教员等。报上多次用大号字刊登告白，如：“济良所已经开办，各大善士捐款请交本馆代收（不怕谣言）”[100]“济良所添聘女教员，如愿相就，到本报馆面谈可也”[101]，等等，显现了主动承担社会事务的热忱与坦荡心态。

许多人捐钱、捐物、捐屋，为开办济良所创造条件。《京话日报》刊登了许多捐赠消息，诸如柏兴胡同路南有一处水会公所，由几位绅士经管，他们商议后主动提出，把这房屋捐借给济良所[102]；落款为“苦人马际莹”的来函者，为济良所送上铜元二十枚，自言“虽不能感动有大力的人，亦可以感动一二无力的苦人”[103]；一些妓女发动爱群热心，托人送来每张一百斤的三张面票，捐给济良所[104]。如此等等。

1906 年 4 月 2 日，外城巡警总厅派员到玉莲班，将其房屋家具及可用之物一概点明，开出清单，由杨钦三帮统和彭翼仲暂行接收，并约请公正绅士参督。随后以巡警总厅接收的多名受害妓女为首批成员，将济良所开办起来。[105]济良所开办之后，由协巡营杨帮统出面，召集京城开办妓院的乐户在天乐园集会，向他们提出不可虐待妓女的要求，并宣讲济良所大意，到会者共二百余人。[106]

济良所按照蒙学办法，开设多门功课，教收容的女子认字学算，找来合适的事，让她们参加劳动，还促成她们与适当的人婚配。[107]《京话日报》发表多篇演说，宣讲济良所的进步意义，帮助妓女进济良所，创造条件使妓女从良，并鼓动众家为其捐款。此后，《京话日报》继续披露并谴责京城类似张傻子的恶人，比如诨名“坏事高”的高得禄诈骗女子，奸拐之后，卖良为娼，危害甚大。[108]名叫“山东李二”的妓院领班，先是霸占所领的妓女，然后送到下处卖娼，行为跟张傻子相仿。[109]《京话日报》严厉谴责他们的恶行。

其实，就在彭翼仲与协巡营帮统杨钦三商议开设济良所的时候，已经有人为这一公益活动率先做出实际行动，《京话日报》1906 年 3 月 12 日（第 553 号）用大号字刊登了这样的告白：

捐助济良所经费　段耘蓝女士捐助二十元

俟开办之后并愿入所尽义务照顾伤病

这是北京社会最早出现的捐助济良所并承诺义务的表态，主人公是与彭翼仲关系密切的段耘蓝。这里需要回述相关往事：段耘蓝，沧州人，家贫无以为生，沦落京城而入青楼。彭翼仲在1899年与之相识，彼此相悦，便决计以之为妾。在得到夫人孙釦芗的理解与同意之后，于1900年5月将段氏接入彭门。自此以后，段氏既跟从彭翼仲学习文化知识，又一心一意扶助和支持其报业活动与社会活动。“彭翼仲案”发生之后，段耘蓝决计一死，彭先生在狱中写信告诉她，“生命本有价值，万勿轻掷”，勉励其坚强面对。而当彭翼仲被判发配新疆，段耘蓝便义不容辞地陪伴而行，成为他万里苦行中最亲近的伴侣，至1909年死于新疆戍所，年仅28岁，见第二章所述。可以看到，段耘蓝氏自跟随彭翼仲而逃离苦海之后，就不计利害地参与彭翼仲的事业，与彭先生性命相连。

彭翼仲在1913年回忆往事时说：

余受庚子种种激刺，牺牲一切，慨然出任社会事，于是乎创设报馆。吴樾炸弹案出，南城始设协巡营，帮统杨绍寅勤于职，惩罚玉莲班张有。案定，妓入官，无地安置。杨乃就商完全计，杭辛斋提议济良所。耘蓝闻而大快，当年之隐恨，将欲藉此事以弥补之，力劝余实行。苦无经费，登报劝募，耘罄其所积蓄，首先提倡，愿亲身入所尽义务，力践其言。北京花界，至今受无形之保护，皆耘蓝此日怂恿实行之功也。……京师人称道济良所之历史，对于创办之二三人，尚有知之者，至其造因之原动力，首先一人乃出于曾历风尘、怀有隐恨之女子，京师人尚多未知也。不有此人，事或缓，或竟罢议，皆未可知。然则耘蓝与济良所之关系，较杨、杭并余三人，尤为重要也，明矣。

> 大凡社会构成一事实，不察其究竟，随声附和，贸贸然曰："此某人所创议也"，"此某人所承办也"，而原始发生之主动人，往往湮没无闻。天下事之类此者，不一而足。北京济良所，特其一端耳。[110]

彭翼仲的这番话道明三事：第一，段耘蓝是北京济良所"原始发生之主动人"，"造因之原动力"，她的态度比起杨钦三、杭辛斋以及彭翼仲本人都"尤为重要"。第二，段耘蓝不但极力主张京城建立济良所，还用实际行动支持和参与济良所活动。第三，段耘蓝对京城济良所的重要作用"湮没无闻"，不为世人所知。——因彭翼仲是参与创建清末北京济良所的重要人物，故此番反映历史细情的言说，值得重视。

《京话日报》披露张傻子恶行，呼唤并力促济良所建立，对解救妓女起到重要的引领和推动作用。后来，原由"巡警部督同绅士"管理的京师济良所，改归官办，陆续收容援救很多人。至1913年，梅兰芳从翊文社提供的几个戏本中选中《孽海波澜》，作为他的第一个时装新戏，加以排演，反映了这一旧事在北京社会的深刻影响。

发起并推动国民捐运动

在《京话日报》倡导的各次社会运动中，声势最隆、影响最大的是国民捐运动。这项运动自1905年9月发起以后，受到社会各层各界的广泛响应，逐渐由北京扩展到北方社会许多地方，直至1906年9月"彭翼仲案"发生，才逐渐中止。

国民捐运动的发起，起于王子贞在尚友阅报处的一次演说。王子贞在这次演说中提出全国人民一起偿还庚子赔款的建议。后来，他将演说稿投交《京话日报》，经彭翼仲修改，于1905年9月2日以王、彭合稿方式在《京话日报》第374号上登出。

这篇演说指出：庚子赔款的数额为四万万五千万两，分年偿付，要到光绪六十多年才能还完，加上利息共计九万万两。时间愈长，利息愈多，这是中国人的沉重负担，子孙都要跟着受苦。现在为了收取钱款，官府的办法是在各种项目上加捐，为此设置机构，分派差役，所需费用都出自其中。收捐过程中，各层官员伤天害理的中饱断不可免。这样一来，民间最后所出，将会大大超出其数。民间负担不了就难免抗捐。官家说是"土匪抗捐"，就要强行加压，民间说"官逼民反"，就会激起抗争，官民矛盾必定加剧。所以，如果全国四万万人齐心合力，赶快凑出来把赔款了结，于国于民将大大有益。这篇演说还以国外之事作为参照：40年前，法国被德国打败，法国赔德国兵费12万万元。不上3个月工夫，民间把款凑齐，立刻缴清了国债。法国的妇女，都肯典衣裳卖首饰，一概充公。近年发生的日俄战争，日本妇女也卖出私人物品，资助本国军费。东西各国都是国与民不分家，"一样的五官四肢，虽说跟不上法国人，还跟不上日本娼妓吗？"

这篇演说刊出后两天，太医院左院判张仲元成为第一位认捐者。他致函报馆说：读了王、彭二人的演说后，深为感动，我本是个医官，无有积蓄，从今日起诸事节俭，至明年春间，捐银200两，现在先捐100两，明年再捐100两。他颇动感情地说道："翼仲先生呀，子贞先生呀，你二位要将此事提倡起来，当真办好，真是奇男子，真是大丈夫，哈哈，我们中国那可就强了。"[111] 在这篇来函的题下，报馆主人以加注的方式指出：关于认捐，容我们拟一个办法，也请大家斟酌，"一二日内必登出"。北京市民如此迅速地作出响应，实在是倡议者始料所未及。

接着，一位名叫崇普的护军将一块"一两有零的小银子"寄到报馆，用以代偿国债[112]；消防队全体官兵122人，共认捐银518两[113]；宗室孀妇那拉氏端肃投书报馆，将自存的2金用于偿付国债[114]……王、彭二人的演说刊登后不出五天，认捐数字累积已达700余两。

此后，《京话日报》连续刊登彭翼仲撰写的演说《普劝四万万同胞努力报效国民捐》[115]、《还国债先结小团体》[116]，以及彭翼仲等人制订的《国民捐简章》[117]。这些演说和专件将这种捐款定名为“国民捐”，指出：“自抵制美约以来，各省的人心，很是齐整，一旦解散，未免可惜，趁着热劲，赶紧办此事”；“各省风气不一，先就京城里办起来，京城里有了功效，各省可就容易多了”；“京城已出现的人和事表明，个人的微力虽小，但是聚集起来，就能为国家做大事”。

《国民捐简章》的主要内容是：

> 偿还国债，不求名利，定名为国民捐。
>
> 创议此事的人，除自己报捐外，只承担提倡劝导之事，概不经手捐款。
>
> 先从京城办起，所有捐款，随收随登报。
>
> 拟举上库银号21家，作为收捐处。所有捐款，直接交上库银号，收据为三连式，分存认捐者、户部和收捐处。
>
> 中国各项的弊病，都在隔着人办事。此项捐款，交银时候，请捐户亲送收捐处。
>
> 过期如不提用，连本带息，如数退还。

国民捐运动迅速成为妇孺皆知的大事，社会各层纷纷认捐，其中有平民，有旗人，有官绅，有宗室成员和宗教从业人员，有士兵和巡警，有业主及各种劳力者，有教师、学生、伶人、家庭妇女、孩童、妓女等。高者如富甲一方的大官和富商一次认捐数万两，低者如生活艰难的贫民只认捐几个铜钱。官员认捐的主要有：庆亲王奕劻捐银3万两，鹿传霖、瞿鸿禨、荣庆、徐世昌、铁良五尚书每人认捐1万两；[118]吉林达将军自捐1万两，募集4万多元；粤督岑春煊捐银1万两；新任江苏巡抚陈夔龙离职河南时捐银1万两。[119]此外，内务府大臣还专门下发堂谕，要其部下量力认捐。[120] 直隶同乡全体京官则集合在松筠庵会商认捐及向全省劝捐事宜，卢沟桥公理会耶稣教民、西安门内天主教友、地安门内嵩竹寺住持喇嘛、北京耶稣教联合会、北京长老会等纷纷认捐，佛教的八大寺庙号召全体僧徒开会认捐，远居南洋群岛的华侨也闻风响应。

梨园界积极认捐，义顺和班演出《女子爱国》，全体演职人员均不取报酬，所有收入，除去应付给戏院和后台的费用之外，“一概报效国民捐。连打旗的人，全都不要钱。”[121] 玉成班上演新戏《惠兴女士》，每座加收五百文钱，用于报效国民捐，演出的“角儿们”分别捐钱二十元到五十元不等。说唱艺人也积极认捐，东直门内一位说书人海文泉，不再说迷信的《济公传》，而是说“改良外国小说”，并“情愿白说半个月，所进钱全报效国民捐”。说评书的张智兰，从三月初一日起，每天十一点钟到一点钟，演讲报纸，不收书价，并把连续 10 天最后一场的收费，全都报效国民捐。[122] 王子贞约请子弟八角鼓在大栅栏的三庆园演唱改良新曲，内容有《华工受虐》、《六国和约》等，“所收票价，一律报效国民捐”[123]。

许多贫苦人自愿认捐，比如，“有一个缝皮匠，一个大字都不识，手里捏着一两银子”，到报馆来捐国民捐。这个钱是他“攒了好几天才凑成功的”[124]。有一个卖韭菜的小生意人赔了钱，听说国民捐，“便把赔剩下的本钱，换了一块银元，到户部银行报捐”[125]。一位名叫白玉海的纸烟卷摊小贩，“每日赚的钱，除去吃饭，所有富余，一概报效国民捐”[126]。令人意想不到的是，涿州在监囚犯二十余人投函认捐，他们在写给报馆的信中表示，“每天从口粮里存几个小铜钱”，“报效国民捐”[127]。

国民捐迅速成为《京话日报》的报道中心，演说栏目刊登的以国民捐为内容的文稿，前后有数十篇。新闻、来函等栏目也大量报道国民捐信息。报纸从第 383 号起新增“国民义务”栏目，用于刊登认捐者的姓名及钱数。后来，由于认捐者越来越多，“国民义务”栏目所占篇幅越来越大，与国民捐相关的言论及信息占据大量版面，以致“讲书”、“儿童解字”等栏目不得不让路，暂停数期。后来，自第426号起就不再在正版内刊登认捐信息，改为附页刊登，随报附送。

“国民义务”栏目密密匝匝地刊登认捐人名和钱数，有时用大号字印出捐款者及其捐数。但是，享受大号字殊荣的往往并不是捐数高者，而是贫苦的认捐人。例如，“一字不识纳鞋底子的手艺人范立朝捐一两”[128]、“一字不识薙头的杨治魁一两”[129]、“木匠崔四二两”、“剃头匠刘起龙一两”[130]等，这些捐者和捐数都用大号字刊登，十分醒目。报上在报道“一位卖韭菜的小买卖人捐了一元钱”之后写了这样的评语：“他这一元，可抵王公百万。真心爱国，发于至诚，该应用大个字，替他登在头一名。”[131]对国民捐信息的这类处理方式，反映了《京话日报》对“小人物”认捐的价值和意义十分看重。

许多热心人满怀热忱地向公众宣讲国民捐，如：回民宝兴隆腊铺的掌柜，“逢人便劝，不怕招嫌”；[132]唱八角戏的曾咏渊，用单弦岔曲演唱国民捐的事，颇动爱国的思想；[133]许多民众自愿传播报纸和张贴传单，一位钟姓者自己出钱，印制宣传国民捐的传单，广为张贴；[134]一些热心人印制大红色的“国民捐”三字，加贴在国民捐传单上，使其醒目，等等。为使广大老百姓懂得国民捐，梁巨川拟写了用于宣讲的浅显说辞，其辞曰：“过路君子请看，国民随意报捐。无论男女贫富，人人分所当然。付有收条凭据，户部银行收捐。能够早完外债，从此过太平年……”[135]各阅报处、讲报所也积极宣传国民捐运动，前面说到的东安市场讲报处安放一个扑满，卜巽斋、张瀛曙二人向着这个大扑满演说，彭翼仲同讲报人王子贞、李子光在讲报过程中创造了一个新字圞，向听众宣传国民捐等，就是生动的事例。

随着国民捐运动愈演愈烈，户部银行接受民意，把代收捐款事务承担起来，并拟出规则，其内容主要有：“代收国民捐系为公益起见，一切笔墨纸张等费，均由银行同人捐助，不在捐款内动支分文，办事之人，亦不开支薪水”；

“银行只能尽代收代存之义务，所存款项，统俟代表之人呈准政府提用”；“各处捐款银钱名色不一，银行一概秉公合成，库平银数，填写账册收条”；“此项捐款如遇公家提用之时，应请将捐者姓名及本息银数刊布”；“银行代收捐款，如将来公家决议不行提用，可由原捐之人执持收条到银行将本息一并取出”，等等。[136]

国民捐运动逐渐对京外产生影响，近至周边县镇，远至中原数省和东三省，都出现宣传和认捐行动。例如，固安县南关关帝庙唱戏，热心人王钰趁歇戏的空当登上戏台，抖起精神演说国民捐，说的人人落泪，接着纷纷认捐，连庙里的和尚、做工的苦人，全都认捐[137]。武强县知县杨太令登上戏台演讲国民捐，愿大家生爱国的热心，自愿捐钱，听的人无不感动，各村正副董事一齐带头认捐[138]。保定人李君自费印刷《普劝四万万同胞努力报效国民捐》的演说，自己跑腿，送到各铺户[139]。直隶同乡京官议定在全省各地劝办国民捐，并决定各代收主持人[140]。苏州武备学堂学生热心提倡，使当地的认捐非常踊跃[141]。1906年3月，京榆铁路同人在北京影响下创办国民捐，并另立章程[142]。1906年4月，上海吴芝瑛女士在北京国民捐的启发下，倡议兴办女子国民捐[143]。吴女士拟定《女子国民捐简章》，寄送多处，号召全国女性各立分会，称“赔款一日不了，此捐一日不停”，形成南方以上海、南京为中心的女子国民捐运动。吴芝瑛女士的母亲也支持女儿，创办山东女子国民捐。在吴芝瑛之后，天津普育女学堂在本埠创办女子国民捐[144]。1906年9月，直隶省城国民捐公议处公布了自己的章程[145]。

1906年9月29日，“彭翼仲案”发生，彭翼仲和杭辛斋蒙受冤狱，国民捐运动自然停止。后来，就由银行出面向捐者发还捐款。“然而至辛亥革命时，在大清银行（今中国银行之前身）尚存有国民捐九十几万银两。计算捐钱的人数，要在几百万以上。”[146]1912年，南京留守黄兴曾提出劝募爱国捐的主张，自谓“仍欲仿前方略，以救国危”，[147]与北京的国民捐类似，显然是步《京话日报》后尘。不过，不论从北京看还是从全国看，黄兴爱国捐运动的声势都远不及国民捐。[148]

国民捐运动是清末社会重要的历史真迹。这一运动由民间社会发起，而彭翼仲及《京话日报》对于凝聚意识、集中意愿和协调群力，起到重要作用。社会上各层各界之人踊跃参加国民捐运动，反映了这样一种认同：庚子赔款是国家的事；国家的事不单单是朝廷的事，也是国人的事。因此，国人有责任以自己的力量偿付国债。虽然各层各界之人境况不同，经济力量不等，认捐数目各异，但是他们都以主动姿态和乐意心态认捐。特别是许多处于下层社会的贫苦民众，自愿从自己紧迫的生活费用中挤出钱来认捐，无怨无悔。

自1905年9月2日刊登王子贞、彭翼仲联名的演说，至1906年9月29日被封，《京话日报》一直将国民捐作为重大主题，稿件之多、报道量之大均十分突出。但是，过去的中国新闻史著作和教材对于《京话日报》的国民捐运动大多避而不提，有的简略地点到辄止，反映了种种“难言”的苦衷。不过，有一些著作和教材对国民捐运动进行了直接表述，作出了评价。他们认为：庚子赔款本身是帝国主义强加给中国人民的，帮助清政府还款，这是替腐朽的清王朝将丧权辱国的赔款转嫁到中国人民头上。[149]依据这个观点就顺乎逻辑地认定，国民捐运动具有的是一种负面价值，它反映了彭翼仲和《京话日报》反对革命、拥护清廷的局限性。

国民捐运动确实是一个复杂的史题，对其进行全面评述当是另书的任务。但是，笔者认为，立足于《京话日报》所承载的第一手史料，就不应当对这一运动简单地作出负面评价。历史是前人的生活日记，历史活动的主体是身处其境的具体的人，国民捐运动中显现的“人的状态”，是看待这一运动的重要线索和标志。这一运动发起于民间，参与者和推进力量都首先出自于民间，又以民间力量影响了全社会。国民捐运动进行过程中的人心面貌及行为状态，都活生生地显现了当时广大国人在“国难”面前的思考、选择和具体行动。彭翼仲曾在一篇演说中形象地说：我中国现在的局面，仿佛一个破旧不堪的船，漂在大洋里头，篷帆不整，篙橹俱无，四周充满险情。但是民智不开，混混沌沌，不知道危险，看不到前后左右其他大船上的人，要把这破船拆散，把财物抢夺去；也看不到船底下隐藏着无数的暗礁。这个时候多么需要“把破船里的人，个个喊醒”——“这就是本报要开通民智”的一片苦心[150]。由此不禁使人想到：如果破船里的人仍然处于混混沌沌状态，都没有醒，那么，他们显然不会对任何声音有所触动；正是清末下层社会启蒙运动“喊醒”了国人，才使他们具有身处破船的危机感，看清了国家危局的严峻现实，从而对尚友讲报处的演说作出了真诚的响应，并以各自的方式和力量投入了国民捐运动。可以看到，国民捐运动的精神主脉是国人对国事的忧患和对国家命运的关切，这一运动的发起者和参加者大都持自愿心态，体现着一种初起的国民心态和国民责任意识。因此可以说，国民捐运动有其正面意义。当然，国民捐运动提出许多重要的历史课题，包括身处20世纪如何寻求拯救中国之路，如何建立和提升人民群众的国家意识，等等，这些显然是它为其后的社会运动和社会改革者留下的社会变革课题。

倡导公德公益，提升“国民程度”

清末启蒙思想家从国家危难和民族危机中受到刺激与震撼，关注国民素质与国家存亡的密切关系。维新派代表人物严复说：“今日要政，统于三端：一曰鼓民力，二曰开民智，三曰新民德。”[151]梁启超说：“新民为今日中国第一要务”[152]，“欲维新吾国，当先维新吾民”[153]，“苟有新民，何患无新制度，无新政府，无新国家。”[154]从严复的“鼓民力、开民智、新民德”到梁启超的“新民”说，都提出建树新民问题。

《京话日报》始终注重“提升国民程度”，为此对于国民中的种种落后状况予以针砭，不断揭示和剖析中国人的愚昧、迷信、落后、麻木状况。报上指出：一些人不明白真是非，“只要是没经过的，好事也当作歹事，只要是相沿久了的，歹事也当作好事”[155]，因此，对于变法维新，对于改革和新政，都持漠然态度：“开矿山，修铁路，原为是开辟利源，便通道路，硬说是有害风水。振兴工艺，讲求制造，原为是挽回利权，硬说是奇技淫巧。裁弓箭，改练陆军，原为是整顿武备，预防外患，硬说弓箭古制不可废，新兵是给洋人预备的。立巡警部，办警务，原为是保护商民，硬说无事生非，巡捕多管闲事。废科举，兴学堂，原为是去虚假的辞章，求真正的人才，硬说科举不当废，学堂是洋学生，造就外国汉奸。立电杆，设电话，原为消息利便，硬说是洋人下的镇物。修马路原为清洁道路，硬说是应了童谣，‘明朝修庙，清朝修道’，不是好苗头儿。开报馆，立阅报社，原为开通风气，唤醒愚民，硬说报是洋报，阅报处是洋人使出来的。”[156]因此，现在既讲究变法自强，中国人“就得实实在在，痛痛快快，斩钉截铁的变一变”[157]。

《京话日报》呼吁国人应治理“人心不齐”痼疾，懂得“爱国合群”，培养“公德”、“公益”思想，做利国利民的事。报上指出：中国社会人心涣散，缺乏整体意识，普遍状况是“各人自扫门前雪，莫管他人瓦上霜”。“我们中国四万万人，就有了四万万心，心越多，事情越办不好。”[158]为此，外国人说中国人是凉血动物，一盘散沙，又说中国人没两个人的团体。“甲午年跟日本打仗，有人劝日本，说中国地大人多，千万可开不得仗。日本伊藤博文深知中国内情，笑了笑说：‘别看中国地大人多，虽有十八省，是十八国，虽有四万万人，是四万万心，你不顾我，我不爱他，一打必败。’后来果然就应验了。中国衰弱到如此，没有别的原故，就是不知道合群。”[159]中国人“向来无团体，遇着难事，谁也不管谁”，“不懂得甚么叫公德，更不懂甚么叫爱力，人人都是自顾自”。[160]

《京话日报》从民间立场和民间视角出发，反复宣传“公德心”、“公益事”、“国民义务”和“国民责任”，并屡屡结合实际褒扬种种具体的人和事。比如，为了开设阅报处和讲报处，许多普通人无偿或低价提供场地、桌椅、报刊等等，还要“另备茶水，不取分文”。为了兴办新学和女学，许多普通人无偿或低价提供所需条件，将学费标准压得很低，甚至让求学者“不交学费”；一些有文化的人愿意担当教师，主动提出“不要薪水”。为了演出新戏，许多演员怀着“以好戏教化人”、“以新戏感动人”的热忱排练和表演，票友和观众充满热心，都在这些文化活动中表现着新的“国民心态”。许多人用自己的钱办学，对学生“分文不取”，自言“稍稍的尽点国民义务，如此心里才安”。[161]刘瀛东对自己出资沿街贴报作了这样的表白：“我中国人，私心太重，不懂甚么叫公益。在下做的这件事，就是公益。”[162]彭翼仲指出：众多普通人的种种自愿行动，“按现在的话说，就叫做公益。公益又怎么讲呢？于大家有益，不为一己之私，人人都受了益，自己也吃不了亏啦。”[163]彭翼仲与刘瀛东的朴实说法，点明了“公德”和“公益”的实质。

在清末北京的市民社会，许多普通人的平凡生活出现了“公德”、“公益”的新质。比如，豆芽菜胡同住户赵某，天天看《京话日报》，街坊都不识字，赵某就念给他们听。他还约来俊某、刘某二人，天天在门口讲报，还在墙上贴《苦劝四万万同胞报效国民捐》的传单。街坊们说：“我们看不下报来，听着倒也很痛快。”[164]在前门大街开清真茶馆的回民刘域真，请人讲报，每天早晨十点钟到十一点钟，把众多市民请进茶馆来听，做完这件事，再做每天的买卖。[165]打磨厂纸行姓黄的生意人，在骡马市讲报处听了烈士陈天华①投海的事以后，大哭不止，“打听是二十九日的报，到本馆买了一张去，要跟伙计们去讲讲”。[166]主办骡马市讲报处的程启元是一位买卖人，白天做生意，

---

① 陈天华(1875—1905年)，湖南新化人，1903年初获官费留学日本，积极参加反帝爱国活动，曾撰写《猛回头》和《警世钟》，影响甚大。后结识孙中山，为同盟会重要发起人之一。1905年，陈氏为抗议日本政府取缔留学生革命活动而坚决斗争，义无反顾地以死警醒国人，于1905年12月8日投海自尽，时年30岁。

夜晚去演说，风雨无阻。“这两天听见陈天华的事，激动爱群爱君子的热心，打算出重价，寻找陈天华的照像。并要寄信到上海，寻找冯夏威①的照像。”[167]甘石桥有一位泼街水夫，名叫张健全，每天泼完了街，就到尚友阅报处去听讲报，晚上就到茶馆里去，将听报所得，向茶客讲说，感动了许多人。“有掉眼泪的，有拍桌子的，有咬牙切齿要说话说不出来的。大家说道，早知道国势如此，我们为甚么不要强啊？”[168]如此等等。

1905年9月初，上海崇明、川沙等地发生大水灾，淹死的人达数万，房屋财产，损失严重。成千累万的人无家可归，无衣可穿，无饭可吃，灾区一片惨状，“比东三省的难民，就少一层炮火的飞灾了”[169]。《京话日报》借此机会呼吁北方人捐助南方人，指出：“常言说，集腋成裘，众擎易举，到这时候，还分什么南省北省呢？”“大家出点力，能够把南方人救活。等他们有了衣食，再劝他们当国民，也还不迟。多活一人，便是多一个国民”，“同是中国人，就该当彼此怜爱，万不可再分南方北方”。[170]这些呼唤推助普通民众建立国民意识，也促使许多北方人对南方灾民予以捐助。

彭翼仲在以报纸鼓吹“公德”、“公益”，提升“国民程度”的同时，还身体力行，主动做公益事。他说：“我们中国人，打算跟外国比，除了兴国民教育，没有下手的地方。专预备奴隶教育，那是不中用的（读书想当官，便是奴隶教育），总得教人发出真爱国的思想。”[171]“报馆的买卖不是专为赚钱，今年稍微活动一点，情愿帮大家办公益事，办好了是大家的脸面。”[172]彭翼仲亲自为贞文女子学校捐钱[173]，亲自认捐国民捐：“我自己阖家十二名口，每月每人照一两的数目捐一回。”[174]还发起并带头捐钱修路：宣南多条街道年久失修，污秽不堪，而官家无力修整。彭翼仲就提议民间出钱修整五道庙街。经估算，全部费用为150两银子，彭先生自认80两，本街几户生意

① 冯夏威（1881—1905年），广东南海人，1895年随父到美国当劳工，1905年回到上海参加反美拒约运动，组织华侨到上海美总领馆请愿。1905年6月14日，面对美领事嚣张气焰，冯氏出于义愤，决心以死相抗。为激励国人，便在上海美总领事馆门前服毒自杀，时年24岁。

人和一些住家户分别认捐其余70两。他还表示，施工过程中如果经费不足，自己再承担所差之数。[175]京师外城巡警总厅对彭翼仲提议和引领五道庙街认捐修路予以肯定，还责成卫生局将暗沟疏通，使修路工程顺利进行。

《北京女报》主编张展云说：“近两年北京城，出了一些个人，一天忙到晚上，不是国民捐，就是江皖赈，再不然，筹款助学堂咧，设立戒烟会咧，也真奇怪，无论哪档子事，反正帮忙的，离不开这些人，真仿佛成了一个行当。你说他们为钱，不但闹不着钱，还得赔钱；你说他们为名，不但落不着名，还招些闲言闲语，受了累，受了气，耽误了自己的私事，得罪了亲戚朋友。嗳呀呀，到底为的是甚么呀？不过尽义务罢咧。”他把这些人形象地称作“义务奴”[176]。彭翼仲等报人和社会上各界各层热心人，确乎都够得上“义务奴”称号。给人深刻印象的是，这些“义务奴”大都社会地位低下，经济上不宽绰，甚至过得很贫苦，但是他们积极参加各项社会活动，主动承担有益于社会大众的事，从中获得了满足和欢乐。有一个文化概念叫“心态”，指的是基于对事物的反应和理解而形成的思想状态和观点；既有属于个体的“心态”，也有属于群体的“心态”。反观20世纪之初北京民间社会，可以发现，那个时代出现了追求“爱国爱群”、“公德”、“公益”并以之为荣的民众心态，许多普通人在接受“公德”、“公益”思想并主动实践的过程中，获得了充实的精神感受。

在清末下层社会启蒙运动中，普通民众在“开启民智”和“爱国图强”的震撼和激励下，逐渐形成“国民”、“公德”、“公益”意识，并做出种种实际行动。他们以浅白平凡的言语和行为，显现了20世纪之初中国人心灵进步的经历，留下了古老中国向现代社会前进过程的历史痕迹。许多普通人在启蒙知识分子和启蒙报纸的影响下，顺应中国社会的进步，自觉地提升国民程度，获得了新的精神素质。

立足当今，反观百年之前，可以看到，彭翼仲和他的《京话日报》植根民间，推进自下而上的社会改良运动，开通了社会风气，改变了民众心态，确乎对北京及北方社会发挥了重要影响。

1 梁漱溟：《记彭翼仲先生——清末爱国维新运动一个极有力人物》。
2 演说《变法必由根子上起》，《京话日报》第450号，1905年11月18日。
3 演说《论公债》，《京话日报》第174号，1905年2月13日。
4 演说《普通教育宜多开半日学堂》，《京话日报》第92号，1904年11月15日。
5 署名吴氏女子的演说《女学的关系》，《京话日报》第290号，1905年6月10日。
6 各国新闻《日本学校》，《京话日报》第22号，1904年9月6日。
7 署名惜时人的演说《教育普及》，《京话日报》第456号，1905年11月24日。
8 演说《普通教育宜多开半日学堂》，《京话日报》第92号，1904年11月15日。
9 潞河女子宛晓云的演说《不立女学男子亦成了废人》，《京话日报》第327号，1905年7月17日。
10 署名惜时人的演说《教育普及》，《京话日报》第455号，1905年11月23日。
11 署名李建中的演说《劝有学务责任的人提倡白话》，《京话日报》第497号，1906年1月4日。
12 演说《普通教育宜多开半日学堂》，《京话日报》第95号，1904年11月18日。
13 各省新闻《半日学堂》，《京话日报》第5号，1904年8月20日。
14 演说《兴化女学堂开学王子贞演说》，《京话日报》第675号，1906年7月13日。
15 蜀南女子黄君仪的演说《女子有用》，《京话日报》第300号，1905年6月20日。
16 广告《萧开泰招收算学生告白》，《京话日报》第212号，1905年3月23日。
17 广告《宣南学校招生》，《京话日报》第214号，1905年3月25日。
18 董棫的演说《官话字母总塾来函》，《京话日报》第197号，1905年3月8日。
19 告白，《京话日报》第179号，1905年2月18日。
20 广告《女学》，《京话日报》第298号，1905年6月18日。
21 本京新闻《设立女识字义塾》，《京话日报》第504号，1906年1月11日。
22 本京新闻《公立蒙学》，《京话日报》第663号，1906年7月1日。
23 本京新闻《学堂添讲报的功课》，《京话日报》第525号，1906年2月12日。
24 本京新闻《小学生看报》，《京话日报》第701号，1906年8月8日。
25 见本京新闻《义务教员》，《京话日报》第277号，1905年5月27日。本京新闻《孝女的苦志有成》，《京话日报》第293号，1905年6月13日。
26 要紧新闻《捐助学堂经费》，《京话日报》第297号，1905年6月17日。
27 《识一第一高等小学堂招生广告》，《京话日报》第313号，1905年7月3日。
28 女界新闻《识一第二小学》，《北京女报》第115号，光绪三十一年十一月，1905年12月。
29 署名宗室女子继识一的演说《立学缘起》，《京话日报》第298号，1905年6月18日。
30 本京新闻《龙泉寺联合众僧》，《京话日报》第588号，1906年4月16日。
31 本京新闻《又出了一位热心和尚》，《京话日报》第509号，1906年1月16日。
32 彭翼仲的演说《佛教建立民小学堂开学祝辞》，《京话日报》第444号，1905年11月12日。
33 署名高仁峒的演说《白云观开学的演说》，《京话日报》第656号，1906年6月23日。
34 署名陈明霖的演说《可喜可贺》，《京话日报》第679号，1906年7月17日。
35 各省新闻《戏曲翻新》，《京话日报》第10号，1904年8月25日。
36 梁漱溟：《记彭翼仲先生——清末爱国维新运动一个极有力人物》。
37 春治先的演说《戏本赶紧改良》，《京话日报》第490号，1905年12月28日。

38 各省新闻《戏曲翻新》，《京话日报》第10号，1904年8月25日。
39 本京新闻《好戏真能劝化人》，《京话日报》第275号，1905年5月25日。
40 事见要紧新闻《请看杭州驻防的惠兴女士》，《京话日报》第499号，1906年1月6日。
41 本京新闻《苦心筹画》和《梨园仗义》，均见《京话日报》第541号，1906年2月28日。
42 田际云撰写的演说《劻学会给助善诸位道谢》，《京话日报》第581号，1906年4月9日。
43 本京新闻《新戏有日开演》，《京话日报》第619号，1906年5月17日。
44 本京新闻《新戏感人》，《京话日报》第623号，1906年5月21日。
45 新戏《女子爱国》，《京话日报》第664号，1906年7月2日。
46 京师外城巡警总厅向义顺和班颁发银牌，见《谕单》，《京话日报》第630号，1906年5月28日。向玉成班颁发银牌，见《外城巡警总厅谕单》，《京话日报》第631号，1906年5月29日。
47 见《谕单》，《京话日报》第630号，1906年5月28日，《外城巡警总厅谕单》《京话日报》第631号，1906年5月29日。
48 本京新闻《新戏又出来了》，《京话日报》第671号，1906年7月9日。
49 本京新闻《广德楼演唱新戏》，《京话日报》第629号，1906年5月27日。
50 本京新闻《又要唱义务戏了》，《京话日报》第620号，1906年5月18日。
51 壵窳的演说《张先生》，《京话日报》第307号，1905年6月27日。
52 壵窳的演说《猜的不错》，《京话日报》第320号，1905年7月10日。
53 转引自王树村：《鲁迅论花纸补注》，《美术史论丛刊》，1982年第1期，第40页。
54 转引自王树村《中国年画发展史》，天津人民出版社，2005年。
55 见《启蒙画报》第3期。
56 梁绸：《传统年画概况及清末民初改良年画的出现》，《北京理工大学学报（社会科学版）》第7卷，第2期，2005年4月。
57 演说《改良纱灯图画》，《京话日报》第487号，1905年12月25日。
58 本京新闻《淫画宜禁》，《京话日报》第86号，1904年11月9日。
59 本京新闻《西湖景可以改良》，《京话日报》第649号，1906年6月16日。
60 本京新闻《画工出了明白人》，《京话日报》第479号，1905年12月17日。
61 本京新闻《改良歌曲》，《京话日报》第340号，1905年7月30日。
62 本京新闻《八角鼓票友真热心》，《京话日报》第566号，1906年3月25日。
63 本京新闻《西湖景可以改良》，《京话日报》第649号，1906年6月16日。
64 杂件《戏具改良》，《京话日报》第500号，1906年1月7日。
65 本京新闻《唱曲的也知道爱国》，《京话日报》第632号，1906年5月30日。
66 本京新闻《唱莲花落的改良》，《京话日报》第648号，1906年6月15日。
67 演说《劝说书先生改良说书》，《京话日报》第610号，1906年5月8日。
68 本京新闻《什不闲改良》，《京话日报》第674号，1906年7月12日。
69 本京新闻《曾咏渊热心》，《京话日报》第693号，1906年7月31日。
70 本京新闻《八角鼓票友真热心》，《京话日报》第566号，1906年3月25日。
71 本京新闻《唱莲花落的改良》，《京话日报》第648号，1906年6月15日。
72 本京新闻《说书人热心》，《京话日报》第701号，1906年8月8日。

73 本京新闻《野茶馆热心》，《京话日报》第701号，1906年8月8日。
74 陈平原、夏晓虹：《二十世纪中国小说理论资料》，第一卷，1897～1916，第33页，北京大学出版社，1989年。
75 陈平原、夏晓虹：《二十世纪中国小说理论资料》，第一卷，1897～1916，第31页，北京大学出版社，1989年。
76 演说《文言不喻俗》，《京话日报》第155号，1905年1月17日。
77 演说《工巡分局出了白话告示》，《京话日报》第167号，1905年1月29日。
78 《某君致本馆书》，《京话日报》第172号，1905年2月11日。
79 本京新闻《巡捕认真三则》，《京话日报》第288号，1905年6月8日。
80 演说《兵智不开的害处》，《京话日报》第234号，1905年4月14日。
81 本京新闻《穷民可怜》，《京话日报》第285号，1905年6月4日。
82 署名下等社会的大傻子的演说《文法害人》，《京话日报》第262号，1905年5月12日。
83 演说《钱色又要坏》，《京话日报》第235号，1905年4月15日。
84 本京新闻《告示太文》，《京话日报》第622号，1906年5月20日。
85 专件《请看文话告示的效验》，《京话日报》第331号，1905年7月21日。
86 专件《请看文话告示的效验》，《京话日报》第331号，1905年7月21日。
87 专件《请看文话告示的效验》，《京话日报》第331号，1905年7月21日。
88 专件《请看文话告示的效验》，《京话日报》第331号，1905年7月21日。
89 本京新闻《告示总得改良》，《京话日报》第340号，1905年7月30日。
90 本京新闻《外城巡局告示改用白话》，《京话日报》第365号，1905年8月24日。
91 《告示》，《京话日报》第588号，1906年4月16日。
92 演说《文字与国家的关系》，《京话日报》第631号，1906年5月29日。
93 梁漱溟：《记彭翼仲先生——清末爱国维新运动一个极有力人物》。
94 本京新闻《张傻子恶贯满盈》，《京话日报》第548号，1906年3月7日。
95 本京新闻《黑暗地狱》，《京话日报》第550号，1906年3月9日。
96 本京新闻《张傻子恶贯满盈》，《京话日报》第548号，1906年3月7日。
97 本京新闻《张傻子恶贯满盈》，《京话日报》第548号，1906年3月7日。
98 本京新闻《恶鸨受刑》，《京话日报》第551号，1906年3月10日。
99 本京新闻《收妓捐为何不设济良所》，《京话日报》第548号，1906年3月7日。
100 告白，《京话日报》第575号，1906年4月3日。
101 告白，《京话日报》第648号，1906年6月15日。
102 本京新闻《济良所的房子有了着落》，《京话日报》第561号，1906年3月20日。
103 《来函》，《京话日报》第566号，1906年3月25日。
104 本京新闻《妓女爱群》，《京话日报》第578号，1906年4月6日。
105 本京新闻《济良所已经开办》，《京话日报》第575号，1906年4月3日。
106 本京新闻《乐户也都明白了》，《京话日报》第653号，1906年6月20日。
107 本京新闻《济良所开学》，《京话日报》第700号，1906年8月7日。
108 专件《坏事高的案情比张傻子还重》，《京话日报》第605号，1906年5月3日。
109 本京新闻《第二个张傻子》，《京话日报》第621号，1906年5月19日。

110 《彭翼仲五十年历史》之《始终患难之姬人》，《爱国报人 维新志士彭翼仲》第168～169页。
111 《要紧来函》，《京话日报》第377号，1905年9月5日。
112 《要紧来函》，《京话日报》第378号，1905年9月6日。
113 本京新闻《消防队热心爱国》，《京话日报》第379号，1905年9月7日。
114 《来函》，《京话日报》第380号，1905年9月8日。
115 《京话日报》第378号，1905年9月6日。
116 《京话日报》第380号，1905年9月8日。
117 《京话日报》第379～382号，1905年9月7日～10日。
118 时事·北京：《王公大臣之认捐》，《大公报》第1304号，1906年2月23日。
119 要紧新闻《督抚提倡国民捐》，《京话日报》第588号，1906年4月16日。
120 本京新闻《内务府大臣堂谕》，《京话日报》第406号，1905年10月5日。
121 本京新闻《梨园人全都开通了》，《京话日报》第639号，1906年6月6日。
122 本京新闻《说书的真有热心》，《京话日报》第575号，1906年4月3日。
123 告白《三庆园演唱改良新词曲》，《京话日报》第707号，1906年8月14日。
124 要紧新闻《小买卖人有大热心》，《京话日报》第544号，1906年3月3日。
125 要紧新闻《小买卖人有大热心》，《京话日报》第544号，1906年3月3日。
126 本京新闻《卖纸烟卷的爱国》，《京话日报》第581号，1906年4月9日。
127 本京新闻《涿州囚犯报效国民捐》，《京话日报》第744号，1906年9月21日。
128 《国民义务》，《京话日报》第398号，1905年9月27日
129 《国民义务》，《京话日报》第418号，1905年10月17日。
130 《国民义务》，《京话日报》第423号，1905年10月22日。
131 要紧新闻《小买卖人有大热心》，《京话日报》第544号，1906年3月3日。
132 《国民义务》，《京话日报》第383号，1905年9月11日。
133 本京新闻《曾咏渊热心》，《京话日报》第693号，1906年7月31日。
134 本京新闻《黏刷国民捐报单的人姓钟》，《京话日报》第565号，1906年3月24日。
135 本京新闻《梁侍读来函》，《京话日报》第567号，1906年3月26日。
136 《户部银行代收国民捐简明章程》，《京话日报》第521号，1906年2月8日。
137 文仲修、李子绶合撰的演说《演说的功效真大》，《京话日报》第410号，1905年10月9日。
138 各省新闻《武强县登台演讲国民捐》，《京话日报》第569号，1906年3月28日。
139 各省新闻《心血不凉》，《京话日报》第415号，1905年10月14日。
140 专件《直隶同乡京官公议劝办国民捐章程》，《京话日报》第617号，1906年5月15日。
141 各省新闻《热心倡办国民捐》，《京话日报》第475号，1905年12月13日。
142 专件《京榆铁路同人公办国民捐原启》，《大公报》第1317号，1906年3月8日。
143 演说《桐城吴紫英女士劝募女子国民捐》，《京话日报》第577号，1906年4月5日。
144 时事·本埠《创办女子国民捐》，《大公报》第1368号，1906年4月29日。
145 专件《直隶省城国民捐公议处章程》，《大公报》第1517号，1906年9月25日。
146 梁漱溟：《我的自学小史》，载《梁漱溟自述》（漓江出版社，1996年9月第1版），第16页。
147 胡滨译：《英国蓝皮书有关辛亥革命史料选译》，下册，中华书局，1984年版，第609页。
148 梁漱溟：《记彭翼仲先生——清末爱国维新运动一个极有力人物》。

149 比如，刘家林编著的《中国新闻通史》（武汉大学出版社，1995年12月第1版）、朱健华的《中国近代报刊活动家传论》（贵州民族出版社，1998年4月第1版），就表述了这样的观点。

150 演说《本报忽逢知己》，《京话日报》第73号，1904年10月27日。

151 卢云昆编选:《社会剧变与规范重建——严复文选》,上海:上海远东出版社1996年6月版，第29页。

152 《梁启超全集》上海人民出版社1984年版，第207页。

153 梁启超：《本报告白》，《新民丛报》第一号，1902年2月8日。

154 梁启超：《新民说》。

155 演说《中国人不明白真是非》，《京话日报》第566号，1906年3月25日。

156 演说《中国人不明白真是非》，《京话日报》第566号，1906年3月25日。

157 演说《天演公例》，《京话日报》第512号，1906年1月19日。

158 演说《从来没有的痛快事》，《京话日报》第317号，1905年7月7日。

159 演说《合群》，《京话日报》第458号，1905年11月26日。

160 署名赵受霈的演说《劝北方人别忘了南省同胞》,《京话日报》第435号,1905年11月3日。

161 《官话字母总塾来函》，《京话日报》第197号，1905年3月8日。

162 刘瀛东撰写的演说《沿街贴报》，《京话日报》第248号，1905年4月28日。

163 彭翼仲的演说《山西白话演说报的祝词》，《京话日报》第333号，1905年7月23日。

164 来函《关于讲报》，《京话日报》第726号，1906年9月3日。

165 本京新闻《好明白的刘域真》，《京话日报》第482号，1905年12月20日。

166 本京新闻《买卖人痛哭陈烈士》，《京话日报》第490号，1905年12月28日。

167 本京新闻《商人敬烈士》，《京话日报》第492号，1905年12月30日。

168 本京新闻《水夫开化》，《京话日报》第327号，1905年7月17日。

169 署名赵受霈的演说《劝北方人别忘了南省同胞》,《京话日报》第435号,1905年11月3日。

170 署名赵受霈的演说《劝北方人别忘了南省同胞》,《京话日报》第435号,1905年11月3日。

171 演说《路政浅说》，《京话日报》第693号，1906年7月31日。

172 《本馆传单》，《京话日报》第694号，1906年8月1日。

173 专件《浙杭贞文女学校捐启》，《京话日报》第566号，1906年3月25日。

174 演说《普劝四万万同胞努力报效国民捐》，《京话日报》第378号，1905年9月6日。

175 《本馆传单》，《京话日报》第694号，1906年8月1日。

176 演说《义务奴》，《北京女报》第585号，光绪三十三年三月，1907年4月。

结语

彭翼仲是清末民初重要的民间报人，《京话日报》是五四新文化运动前重要的白话文报纸，彭翼仲和《京话日报》都具有厚重的社会意义和人文价值。

历史旧事中凸现着“人”的要素。彭翼仲的人品与《京话日报》的报品，彭翼仲的命运与《京话日报》的命运，有着紧密的关联。《京话日报》反映了中国人民走进现代社会起始阶段的许多本真面貌，留存了许多具有宝贵价值的历史信息和文化信息。

《京话日报》的平民品性使它的“开启民智”卓有成效。

《京话日报》在工具形态上的诸多状况，推助其“启诱下等社会”的目的得以实现。

彭翼仲和《京话日报》以民间的力量激扬了社会活力。

德国著名诗人歌德说：“历史给我们的最好的东西，就是它所激起的热情。”

彭翼仲和《京话日报》在中国新闻史上留下了记载，百年以来，许多学者和研究者从不同方面揭示其人其报的价值和意义，以下是一些具有代表性的评说——

阮经伯指出：“《京话日报》者，北京报界之金玉也。彭翼仲者，北京报界之药石也。读此报纸可以增人智识，可以高人品格，可以教善子弟，可以诱正家庭。有报如此，诚北京社会之幸福。”[1]

梁漱溟指出：彭翼仲是“清末爱国维新运动一个极有力人物”[2]。

萨空了指出：“彭翼仲是我在很小的时候，便留有强烈印象的一个新闻界前辈。为了办报指摘当道，曾充军新疆。可是赦还之后，依然在报上再接再厉的言所欲言。在文体上讲，用通俗文字，在报纸上述说大道理，他也是开山大师。”[3]

姜纬堂指出：彭翼仲是“知名全国的爱国报人、北京报业的先驱与巨擘、清末北京社会中享有相当声望的闻人”[4]。

李孝悌指出：“就白话文而言，我们也可以说清末最后十年的发展是中国近代白话运动史真正的开端。五四的白话文运动绝不是一个突如其来的异物，而是清末发展的延伸和强化。”[5]“就纯白话文报而言，影响最大的首推《京话日报》。”[6]

舒乙指出：五四之前的那批人是历史的过渡人物，他们有“承前启后的作用”、“发轫的作用”、“启蒙的作用”、“开路的作用”，甚至有“老师或者示范的作用”，“这其中，有一位大文化人，他的名字叫彭翼仲”。[7]

方汉奇指出：“彭翼仲是中国新闻史上很有影响的一位报人。他的一生事迹，和他的办报活动，都颇具戏剧性。有一定的传奇色彩。他的办报活动很有特色。不仅在二十世纪初期的新闻界和他的受众中起过重大影响，对今天的新闻工作者，也有一定的启迪作用。他是一个值得纪念的历史人物。”“报纸和受众的关系亲密到如此程度，在中国近代新闻史上是十分罕见的。”[8]

总而言之，彭翼仲是清末民初重要的民间报业先驱，《京话日报》是五四新文化运动前重要的白话文报纸，彭翼仲和《京话日报》都具有厚重的社会意义和人文价值。

历史学家白寿彝说：“历史的发展，毕竟是人们活动的结果。在史书里，看见了历史人物的群像，就愈益感到历史的丰富性。离开了人，也就谈不上历史。”[9]在与彭翼仲和《京话日报》相关的历史旧事中，凸现着“人”这一基本要素。其中既包括彭翼仲及其志同道合者，也包括报纸的广大受众，还包括报纸所反映的当时社会各层各界形形色色的人。以“人”的视角来看待清末的《京话日报》，就会发现，它反映了中国人民走进现代社会起始阶段的许多本真面貌，留存了许多具有宝贵价值的历史信息和文化信息。

审视彭翼仲和《京话日报》并思索其精神意义，笔者有一些看法，谨陈于后。

第一，彭翼仲之成为爱国报人、维新志士，乃是其自身性情与所处社会现实相互作用而激成。

彭翼仲的前半生走在封建大家族的常轨上，他遵循旧例，把科第立身作为人生目标，为此将年轻岁月投入其中，并将来之不易的资财花费于“捐官”。然而，在获得“从优议叙”待遇而被派往江西任通判实职之后，他却对“为官之事”产生由衷的反感，自谓“官场丑态，实不能堪”，于是决然地“走为上计”，显现了独特的价值选择和自身性情。正如他的同时代人所说，他本可“以为官清正、勤政爱民了却一生”[10]，然而却轻易地放弃了“为官”机会，自动脱离仕途。他后来在报上说：“我是看够了官场的恶习了，心里已经冷透了，所以有官不去做，就是怕当老爷。”[11]这种“怕当老爷”的自白，反映了他的“本心”——一种与官场间隔而与普通老百姓亲近的心态。有此“本心”，再与其亲身所受的刺激相互作用，就推助彭翼仲作出投身报界的人生选择。因此可以说，如果没有遭遇中国社会严重危难的直接煎迫，如果没有发生八国联军的入侵北京，如果没有亲身经历与入室抢掠的美国兵的拼死斗争，彭翼仲很可能如同绝大多数普通人一样，依靠辛勤的劳作维持生计，以此度过自己平凡的一生。正是在庚子之难中超乎寻常的亲身经历，使他把自家命运与国家命运连在一起，从而超越一人一家的狭小心态，把唤醒民心、维新救国作为自己的使命和志向。因此，彭翼仲之成为报人兼社会活动家，正是主观的“本心”与客观的社会现实相互作用所促成。论者指出：“鸦片战争一声炮响，外国列强纷至沓来，中国原有的社会、文化形态倏然遇上了亘古未有之巨变，遂在一种被动的懵然反应之中，脚步踉跄地为世界大潮席卷裹入了全球范围的近代文明之世纪，开始了它艰难屈辱又曲折壮丽的近代化历程。”[12] 这一进程的最大特点是一种“外来刺激—被动反应”的进化模式。[13] 其实，近代中国的“外来刺激—被动反应”模式具有普遍性，彭翼仲的投身报界和参与社会运动，便是直接经受“外来刺激”而引发“被动反应”的一个具体事例。

彭翼仲在“知天命”之年的回忆录中，平静而淡定地回顾庚子年后自己的选择和作为，说道：“夫我身已往之阅历，非他人所能尽悉也。始终秘密，疑窦丛生；况其行径跷蹊，所抱意见与世人之普通心理有别，设在他人，余亦不解。盖天性之遗传，人人异点；家庭之甄冶，无或从同。遭境既别乎恒流，恨时又深于填海；焦愁亡国，信仰爱群。己是独行，罔知顾忌，老而弥痴，与时多忤。”[14] 这番自道的意思是：我彭翼仲所作的人生选择和所走的道路，外人未能尽知，也未能尽解。我彭翼仲所抱持的态度和见识，所采取的种种行为，似乎有悖于常人心理，但确是出于自身天性。我的天性与家庭影响有密切关系，我独特的人生遭际使我产生忧患意识，形成矢志不移的坚韧意志。我深怀忧国幽思，情系普通老百姓，意欲推动民众爱国图强。我执着地按照己意行事，不计安危，不计得失，始终义无反顾。虽然现已临近老境，此前曾尝尽苦难，但是此心更加执着，并且不可转移和更改。——这番自道让人们看到，彭翼仲的人生选择和人生经历，与其独特的个性和身处“国家危难”的现实境况密切相关。因此，他之所以投身报界，毁家办报；之所以“不顾自家性命”，“决不灰心，努力傻干”；之所以把报纸植根于民间社会，而在权势和官府面前保持自身的独立性；之所以在京津各报噤口不敢言的情况下披露独家新闻《保皇党之结果》，而在祸患将临之时，依然镇定若素；之所以在远戍新疆受尽折磨生还京门之后，毫不犹豫地重振报业；之所以不接受袁世凯之流的巨金厚爵，断然拒绝与各色政客同流合污；之所以在发出“霹雳一声中日约，亡奴何必更贪生”的痛语之后，毅然决计蹈海殉志……：这一切都显现着彭翼仲在国难煎迫中的“本心”，都体现着他的价值取向和精神追求。因此可以说，彭翼仲的投身报界和参与社会运动，以及在这一人生选择中的种种表现，都是其主观秉性与客观社会现实相激相促所成。

阮经伯在1921年指出：彭翼仲“为国人作前驱，为世人指迷途”，“年年月月，专以救人颠危，破人迷惑，不畏强御，不望报酬”，而“寂寂无闻，困苦毕世”；“居今日而欲求一不为阿谀，不畏强御，不送秋波于何方，不含私情于某派，不怀怯态于某国，不露媚眼于政府，不遗流毒于社会者，其惟北京之《京话日报》乎？”[15]今之论者曾宪明指出：彭翼仲“倾其财力，甚至倾家荡产而不悔”，“嗜报如命”，“把办报作为其一切事业的中心”，在民间报人中十分突出。[16]程丽红指出：“在民间报业家中，能够固守自由信念，独立无畏地追求报业理想而大有作为者”，非彭翼仲莫属。彭翼仲“并非因科举不顺而委身报业，因而其精神世界断不会夹杂着一种对入仕之途藕断丝连的情结；恰恰相反，政场沧桑使他彻底意识到‘入仕救国’的惘然，进而格外珍惜自由报人的权利”[17]。——这些都是知人之论。

彭翼仲不热衷为官，不愿高踞于民众之上，而对平民百姓怀抱真挚感情，把悯恤弱者作为理所当然的责任，这就在以“官本位”为特征的中国社会里显得十分“另类”，而这种“另类”恰恰决定了他和《京话日报》的亲民品性。彭翼仲曾有这样一件小事：早上穿一件新马褂出门，晚上回来，马褂没有了。夫人问他怎么回事，他说：“给人了……胡同口有一个人蹲在路边，冻得不行，我怕他死，就把马褂脱下给他穿上。”夫人说：“那你不会回来拿一件旧马褂？”他平静地问道：“一个人的性命要紧，还是马褂要紧？”这一件小事与报人、报业似无必然联系，然而却闪现了彭翼仲体恤下层民众的朴实品质，这种品质与其报纸的平民品性，具有同样的精神实质。

有一个著名的观点是“文学即人学”，其实，也可以说“新闻学即人学”。新闻的主体是人，新闻的“产出”与“接受”都是人的活动，因此，新闻最本质的意义也凝聚于人。如果对新闻学亦作“人学”观，就会看到，彭翼仲的人品与《京话日报》的报品，彭翼仲的命运与《京话日报》的命运，都有着紧密的必然关联。

第二，《京话日报》的平民品性使它的“开启民智”卓有成效。

清末维新改良派将拯救中国的希望寄托在国民身上，为此提出“开启民智”主张。虽然彭翼仲并没有超越清末一般维新人士和启蒙知识分子的思想、见解和认识，并没有以创立理论、阐发学说、标榜主义见胜，也把“开启民智”作为自己的使命，但是，由于具有“眼光向下”的启蒙心态，他的“开启民智”饶具特色，取得突出实效。

将严复和梁启超的“开启民智”与彭翼仲的“开启民智”作一比较，可以看到两者的不同定位。严复和梁启超的“开启民智”，“将官僚士绅作为首选的启蒙对象，希望通过‘官智’和‘绅智’的提高，来带动一般民众智识水平的提高”[18]，他们的启蒙直接面向具有一定文化的知识阶层。比如，严复说，自己倡导西学是针对具有一定知识基础的读书人：“若徒为近俗之辞，以取便市井乡僻之不学，此于文界，乃所谓陵迟，非革命也。且不佞之所从事者，学理邃赜之书也，非以饷学童而望其受益也，吾译正待多读中国古书之人。”[19]梁启超则将“开智”细分为“一曰开民智，二曰开绅智，三曰开官智”[20]，主张分层次、分步骤地进行“开智”，首先开官智，其次开绅智，最后才是开民智。在严复和梁启超的影响下，当时的启蒙倡导者大都把注意力投向“中等社会”的知识人和文化人，希望依靠他们来呼唤“上等社会”和“下等社会”成员。

彭翼仲以《京话日报》进行的“开启民智”，虽然也注重发挥“中等社会”开导和影响“下等社会”的作用，却把“下等社会”作为直接对象，从报纸的内容、形式到传播发行诸多方面都自觉采取为下层民众服务姿态，体现了独特的平民品性。“眼光向下”的《京话日报》开辟了贴近下层民众的通行管道和言论平台，有效地改变了原本大大落后于南方的北京舆论风气，显现了独到的影响力，促成了北京民间社会舆论环境的出现。以致民初之人乃有这样的评说：“北京多数之社会，虽贩夫走卒，以至最小之劳动家”，“未有不知有《京话日报》者，且未有不崇拜《京话日报》者”[21]。

值得注意的是，严复和梁启超注重于“中等社会”的理念也被当时的一些白话报接受，它们也采取面对“中等社会”的启蒙姿态。例如，《安徽俗话报》限定的阅读主体是“学生等知识阶层”，“核心读者对象应该是社会的中层”[22]。林白水对《中国白话报》的传播方式作了这样的表述：“报馆本有监督国民的责任，这国民的范围大得很。孩童妇女固然在国民之内，那党派学生何尝不是国民？而且现在识字的人太少，我这报并不是一直做给那般识粗字的妇女孩子们看的，我还是做给那种比妇女孩子知识稍高的人看，教他看了开通之后，转说给妇女孩子们看，这叫做间接的教育，所以说话不免高些。”[23]

杨早对《中国白话报》与《京话日报》进行比较之后指出：

> 《中国白话报》和《京话日报》分别代表的启蒙路向，其实反映了自晚清以降启蒙知识分子的一个共同困境。启蒙知识分子如果坚持启蒙的精英性和纯粹性，在死水一般的老大中国很难获得理想的启蒙效果。要想快速地融入民间社会，《京话日报》的做法是一条有效的路径。[24]

丁苗苗对《安徽俗话报》与《京话日报》进行比较之后指出：

> 《安徽俗话报》理想化的撒播智慧和新知的启蒙，在长期被落后生产力压抑了求知欲和求知能力的下层民众那里，注定要遭到尴尬。因此无法像《京话日报》那样拓展自己的启蒙体系，更无法发动轰轰烈烈的启蒙运动。[25]

这些评价表明，《京话日报》亲近下等社会的启蒙姿态，使它发挥了严复、梁启超等维新领袖未能发挥的启蒙作用，并且取得比当时若干白话文报纸更为突出的启蒙效果。

第三，《京话日报》在工具形态上的诸多状况，推助其“启诱下等社会”的目的得以实现。

加拿大著名传播学者麦克卢汉提出“媒介即是文化”和“媒介即是讯息”的观点，以此揭示传播媒介与传播内容是紧密联系的整体。麦氏指出：媒介作为讯息传递、交流的工具和手段，在人类传播中起着极为重要的作用；媒介构成了人们生存其间的知觉环境，它在本质上就是向我们呈现着的世界；人类有了某种媒介，才有可能从事与之相适应的传播和其他社会活动。因此，“媒介本身才是真正有意义的讯息。”[26]这一观点提供了一个一体两面的思考，即：“并没有一种独立于媒介之外的内容作为最终传达的信息，一切总是已经进入某种媒介的形式与传播的过程”；“传播的效应其实并不在于内容如何，而在于媒介本身的工具形式”[27]。也可以说，“有意义、有价值的‘讯息’可能不是各个时代的传播内容，而是这个时代所呈现的传播形态。传媒所带给社会的开创变革，往往成为社会发展的基本动力。”[28]麦克卢汉的理论启发人们从媒介工具的视角看待社会传媒及其影响力。

麦克卢汉所说的“媒介”范围很广泛，包括延伸至人类器官的所有工具、技术和活动，总称为工具形态。综观《京话日报》可以看到，它的发行策略（包括白话出报、定价低廉、单张发行、每日一期等），自身定位（包括栏目设置、话题选择、话语表达和话语系统构建等），传播形式（包括阅读、讲说、听闻，阅报社、讲报社的应运而生和骤成风气等），报纸的生存方式（包括报人和报纸的深入民间，报人与读者的互动，读者之间的互动，报纸与社会现实的紧密结合，报纸与社会运动的紧密关联等），如此等等，诸多项目都是体现其办报宗旨的工具形态。

梁启超说：“我支那之民不识字者十人而六，其仅识字而未解文法者，又四人而三乎！”[29]裘廷梁认为在无锡“能阅《时务报》者，士约二百分之九，商约四五千分之一，农工绝焉”。[30]西方人主办的《万国公报》则细而言之：“四万万人中，其能识字者，殆不满五千万人也。此五千万人中，其能通文意、阅书报者，殆不满二千万人也。此二千万人中，其能解文法、执笔成文者，殆不满五百万人也。此五百万人中，其能读经史、略知中国古今之事故者，殆不满十万人也。”[31]由于缺乏社会调查数据的支撑，这些说法未必精准，但确实揭示了当时平民大众阅读能力低下的客观事实。梁启超等人对这一事实的应对策略是寄望于“中等社会”向“下等社会”的开导和影响，但实效却远不及所望。刘琼和郭光华对梁启超的“开民智”作出“功在启蒙，囿于知沟”的评价，他们指出：梁启超“忽略了国民‘媒介使用能力’的差异，因而使他的‘开民智’大业在目的和手段上呈现出深刻的矛盾，不但无法实现它以培养‘新民’壮大民族资产阶级力量、创建宪政的政治理想，反而扩大了资产阶级、小资产阶级知识分子与下层百姓之间的知识鸿沟”[32]。而同为维新改良知识分子的彭翼仲，从“必启诱之下等社会，一切新政，方不致扞格难通”[33]的自觉意识出发，确定了直接面对“下等社会”的办报定位，并在此基础上建构了与之相应的“工具形态”。于是就显现出这样的差别：严复、梁启超等人的报纸大多是启蒙知识分子的自说自道，同下层民众之间存在种种隔膜；《京话日报》却在切实帮助广大下层民众具备“媒介使用能力”的基础上，直接对他们“开启民智”，把他们引入社会舆论和社会运动之中。

须要强调指出的是，《京话日报》的“浅文白话”就是一种重要的“工具形态”。报上明确指出：“至于古文词章，另立专门的学问，不必人人念古书，更不必人人作好文章。词章归专门，白话归普通，您说好不好呀！”[34]这就在对学术语文与社会生活语文作出区别之后，明确了自身的语文定位。论者指出：“在晚清启蒙运动中，似乎只有北京的民众提出了这种‘词章归专门，白话归普通’的较为彻底的推行白话主张。”[35]

第四，彭翼仲和《京话日报》以民间的力量激扬了社会活力。

《京话日报》记录了百年之前民间报人和民间报纸的活动，以及北京民众活跃生动的状况，留存了本真的社会情境、苍生面貌和人心情状，反映了当时人心的觉醒和进步。彭翼仲在1921年指出：清末的北京激出来不少热心人，“现时身在教育界、报界作事的，不少当年同志。发源于讲报处的，很有几位。”[36]可以看到，《京话日报》在营造清末北京民间舆论环境的同时，还熔炼了适应社会进步的具有新素质的国民。

1927年2月，鲁迅在香港发表题为《无声的中国》的演说，文中提出“无声的中国”和“有声的中国”两个形象性概念，指出：若用古文写作，“讲的是陈旧的古意思，所有的声音，都是过去的，都就是只等于零的。”而“大胆地说话，勇敢地进行，忘掉了一切利害，推开了古人，将自己的真心的话发表出来”，就能够催生出一个有声的中国。鲁迅强调指出：所谓“有声的中国”就不再是“将文章当作古董”，而是“思想革新”与“文字改革”并举，“说现代的，自己的话；用活着的白话，将自己的思想、感情直白地说出来。”虽然鲁迅这篇演说的主旨是关于文言和白话的讨论，然而，也可借用它来表述清末的社会变化。可以说，彭翼仲和《京话日报》在百年之前激扬的社会活力，也起到使“无声的北京”变成“有声的北京”的作用。[37]

陈万雄在论到五四运动时指出：“五四新文化运动的历史作用和意义的重要，不应太侧重于衡量当时知识分子所提出的革新方案的成效性，而应正视他们能无所回避、勇于揭露要中国摆脱厄运、走向现代化所必须面对的全盘问题。只有到此地步，中国人对自己的困境才算有彻底的认识。他们这一代所揭示的问题的深度和广度，无庸讳言到今日尚未达成，因而五四时期所标示的改革课题仍具有生命力。”[38]这一论述亦可启发人们认识五四之前的清末下层社会启蒙运动。可以说，对于清末民间报人彭翼仲和民间报纸《京话日报》，也无须计较其所提出的革新方案的成效性，而应看到他和它对国家危难无所回避、勇于要中国摆脱严重危局所体现的思想觉悟和人心进步；他们虽然不免具有种种粗浅，但凸现了救国救民的真诚心愿。同时也应看到，彭翼仲这一代报人所揭示的改革课题，在当今仍然具有生命力。

德国著名诗人歌德充满深情地说："历史给我们的最好的东西，就是它所激起的热情。"[39] 在写作过程中，笔者常常想起这句话。

---

1 阮经伯在 1921 年撰写的《报界创业大家彭翼仲》。

2 梁漱溟在 1960 年撰写的《记彭翼仲先生——清末爱国维新运动一个极有力人物》。

3 萨空了在 1943 年撰写的《香港沦陷日记》，北京三联书店。

4 姜纬堂：《"彭翼仲案"真相》，《首都师范大学学报》（社会科学版），1996 年第 5 期。

5 李孝悌：《清末的下层社会启蒙运动：1901 ~ 1911》，河北教育出版社，2001 年 11 月，第 277 ~ 278 页。

6 李孝悌：《清末的下层社会启蒙运动：1901 ~ 1911》，河北教育出版社，2001 年 11 月，第 19 页。

7 舒乙：《彭翼仲的时代价值》，中国新闻史学会《新闻春秋》第 8 辑，2004 年 3 月。

8 方汉奇：《铁肩担道义 热血荐轩辕——纪念彭翼仲诞辰 140 周年和〈京话日报〉创刊 100 周年》，《新闻与传播研究》2004 年第 1 期。

9 白寿彝主编：《中国通史》之《导论》，上海人民出版社，1989 年版。

10 书屏的演说《时势英雄论》，《群强报》第 353 号，1913 年 5 月 28 日。

11 附件《诉委屈》，《京话日报》第 205 号，1905 年 3 月 16 日。

12 李磊：《述报研究——对近代国人第一批自办报刊的个案研究》，第 266 页，兰州大学出版社，2002 年 10 月。

13 李磊：《述报研究——对近代国人第一批自办报刊的个案研究》，第 266 页，兰州大学出版社，2002 年 10 月。

14 《彭翼仲五十年历史》之《自序》，《爱国报人 维新志士彭翼仲》第 55 页。

15 阮经伯：《报界创业大家彭翼仲》，1921 年 5 月。

16 曾宪明：《旧中国民营报人同途殊归现象分析》，《新闻与传播研究》，2003 年第 2 期。

17 程丽红：《清代报人研究》，吉林大学博士学位论文，2007 年。

18 黄晓虹：《19 世纪末 20 世纪初的民众启蒙思想》，《南京社会科学》，2008 年第 10 期，第 64 页。

19 严复：《与梁启超书》，1902 年，载王宪明编《严复学术文化随笔》，中国青年出版社，1999 年，第 267 页。

20 梁启超：《论湖南应办之事》，1898 年 4 月 5 日 ~ 4 月 7 日。

21 戊午编译社《北京新闻界之因果录》，1919 年，载杨光辉等编《中国近代报刊发展概况》，新华出版社 1980 年版，第 174 ~ 175 页。

22 见丁苗苗：《<安徽俗话报>与同时期白话报纸的比较》，《淮北煤炭师范学院学报（哲学社会科学版）》，第 26 卷第 3 期，2005 年 6 月。

23 《通信》，《中国白话报》第 11 期。

24 杨早：《京沪白话报：启蒙的两种路向——〈中国白话报〉、〈京话日报〉之比较》，《北京社会科学》，2003年第3期。

25 丁苗苗：《<安徽俗话报>与同时期白话报纸的比较》，《淮北煤炭师范学院学报（哲学社会科学版）》，第26卷第3期，2005年6月。

26 这里借用郭庆光对麦克卢汉观点的概述，见郭庆光《传播学教程》，中国人民大学出版社，第147～151页。

27 路况：《从当前传播媒体的发展看文学困境》，载《文学与传播的关系》，台湾学生书局，1995年，第153页。

28 谢蕙风：《大众化·化大众：清末的白话报刊》，《台湾联大学报》第二期，2005年。

29 《蒙学报演义报合叙》，《时务报》第44册，2978页，1897年11月5日。

30 《汪康年师友书札》，上海古籍出版社，1986年，第1621页。

31 古黔孙鉴清：《论中国积弱在于无国脑》，《万国公报》第183册，1904年4月（光绪三十年三月）。

32 刘琼、郭光华：《功在启蒙，囿于知沟——梁启超“开民智”新闻思想得失谈》，《湖南经济管理干部学院学报》，第14卷第3期，2003年7月。

33 《预备立宪修改法律时代之纪念》之《亲供》，载《彭翼仲五十年历史》，《爱国报人 维新志士彭翼仲》第190页。

34 演说《劝有学务责任的人提倡白话》，《京话日报》第496、497号，1906年1月2日、3日。

35 参看杨早：《清末民初北京的舆论环境与新文化的登场》，北京大学博士研究生学位论文，2005年5月，第19页。

36 彭翼仲的演说《北京报纸的悲观》，《京话日报》第3358号，1921年3月30日。

37 参阅陈平原《有声的中国——“演说”与近代中国文章变革》，《文学评论》2007年第3期。

38 陈万雄：《五四新文化的源流》，生活·读书·新知三联书店，1997年，第2页。

39 歌德：《歌德的格言和感想集》，中国社会科学出版社，1982年，程代熙译。

附述三题

这里表述与彭翼仲和《京话日报》关系密切的三个史题：

其一，彭翼仲在报业活动和社会运动中有许多热诚的支持者和合作者，他们共同造就了清末北京民间舆论环境，共同引领了社会改革运动。这里叙列若干重要人物，以显现彭翼仲志同道合者的群像。

其二，《京话日报》因“彭翼仲案”发生而被迫停刊，终止于何日尚待廓清，笔者经考求认为，清末时段的《京话日报》终止于1906年9月29日的第752号。

其三，《京话日报》以号为序，为了便于阅读者和研究者准确掌握每期报纸的年月日，谨制作《京话日报》期号与日期对应表，供参用。

彭翼仲的志同道合者

彭翼仲在报业活动和社会运动中有许多热诚的支持者和合作者，他们共同致力于开启民智，倡导爱国图强，发起多项社会改革运动，推助人心解放和时势进化。梳理、研究彭翼仲与《京话日报》，自当关注与他关系密切的志同道合者。本节叙列其中的主要人物，借以认识彭翼仲报业活动的群体状况。写事和写人，本难断分，在前的叙史过程中已述及多人多事，故已叙之事，便不再述。由于史料所限，行文的详略、疏密，未可一致。

杭辛斋，1869 ~ 1924，名慎修，又名凤元，字夷则，别字一苇，号辛斋，浙江海宁长安镇人。出身贫寒，当过商店学徒，后发愤读书，肄业于杭州正学义塾。同文馆肄业，捐官获候补中书职位。1887 年到天津，与严复、王修恒、夏曾佑等创办《国闻报》，担任主笔，鼓吹变法维新。戊戌变法失败后，一度匿迹德州，以行医自活。1905 年加入同盟会，锐意于革命。因其妻彭葵孙乃彭翼仲之妹，遂协助内兄办报，先后参与《启蒙画报》、《京话日报》编

杭辛斋先生像

辑事务，撰写大量文稿，其中包括影响甚大的小说《猪仔记》。1904 年 12 月《中华报》创刊，即担任该报主笔，发表了大量笔力刚健的言论。

1906 年 8 月 9 月之间，彭翼仲和杭辛斋因莫须有的所谓“孙文到京”而与巡警部直接斗争，随后《中华报》发表连载论说《巡警部捕拿孙文始末记》，

披露这一事件的全过程，极力揭露高层统治者畏惧革命党的卑劣心理，无情抨击他们践踏国民人生权利的行径。与此同时，《中华报》连续报道保皇党人吴道明、范履祥被捕和被处死的消息，将清廷权势者标榜的“预备立宪”和“文明新政”大白于天下，进一步激化了与高层当权者的矛盾。

“彭翼仲案”发生之后，《中华报》和《京话日报》遭封禁，杭辛斋被捕，被判递解原籍浙江海宁禁锢。光绪三十四年（1908 年），浙路拒款风潮中，集于杭州的各方人士提议开释杭先生，旋以浙江官绅名义上书当局，力白其冤，请予开释，终获成功。时逢浙江巡抚奏请主办浙江实业，杭辛斋获释之后，就任农工研究会会长，并创办《农工杂志》。宣统元年十月初一（1909 年 11 月 13 日）创办《白话新报》，后与《浙江白话报》合并改组，于次年正月初二日（1910 年 2 月 5 日）更名《浙江白话新报》。杭氏办报坚持维新改良主张，意在唤起一般民众，振发其“爱国之思想”、“独立之精神”。辛亥革命前夕，参加进步文学团体南社。旋参加光复会，担任浙江军政府领导职务。1911 年 11 月，在辛亥革命军的要求下，与当地文坛、政界人士合作，创办《汉民日报》。同年 11 月 22 日，《浙江军政府公报》创刊，马叙伦为经理，杭氏担任总编纂。1912 年春，杭辛斋当选众议员，赴京就任。此后积极参加改组国民党活动，1913 年被选为国民党第一次全国代表大会代表。民国八年（1919 年），参加孙中山领导的护法运动。1924 年 1 月 20 日，国民党“一大”在广州开幕，因病未能参加，旋于 24 日逝世于上海。

杭辛斋对《易经》深有研究，曾组织名为“研几学社”的《周易》学术研究会，担任主讲，撰写讲义《易楔》六卷。撰有《杭辛斋学易笔谈初集》、《学易笔谈二集》、《易数偶得》、《读易杂识》、《愚一录易说订》、《沈氏改正揲蓍法》等书。

杭辛斋积极投身于政治斗争，曾参加多个政治组织。梁漱溟说：彭翼仲的妹夫杭辛斋先生具有革命意识，而彭翼仲的思想则不外于当时一般维新人士的思想，此话道出彭、杭二人主要的不同之处。[1]

吴梓箴先生像

吴梓箴，1870 ~ 1918，蒙古正红旗人，清时为理藩部王会司掌印员外郎，原名宝训，号梓箴，入民国冠姓吴，改名吴梓箴，别号竹木川。1904 年，自《京话日报》创办的第二个月起，吴氏之稿就常常见诸报端，嗣后他又常为《中华报》撰稿，因而自谓乃是与彭翼仲和《京话日报》、《中华报》共命运的人。[2]

“彭翼仲案”发生之后，吴氏多次到狱中探看，给予彭先生亲切的安慰与有力的鼓励。1907 年 4 月，彭翼仲远赴新疆之前，吴梓箴将镌有“自强”二字的古铜印章一枚赠与恩师，借以寄托“期之深而爱之至”的深情。彭翼仲天涯苦旅的六年多岁月中，吴梓箴依然活跃在北京报界，为多家报馆撰写稿件。1913 年彭翼仲生还京门之后，吴氏迅即前来看望，并倡议北京报界举行欢迎大会。此后，彭翼仲的第二次办报和第三次办报，吴梓箴均参与其事。彭翼仲曾将主持办理慈善事务交付给吴氏，他完成甚好，由此深感其德其能俱佳。[3] 此后，吴梓箴以“报存亦存，报亡亦亡”的心态，全力参与《京话日报》工作，承担编辑、出版及社会活动诸多事务，与彭翼仲忧患与共。大约在 1916 年下半年，彭翼仲将《京话日报》交给吴梓箴主办[4]，从那时起，《京话日报》合订本封面标记改作“本社总理主任、编辑兼发行人吴梓箴”，虽则如此，吴氏依旧怀抱执着意识，认为“《京话日报》的精神仍属于彭翼仲”[5]。此后，不论彭先生处于何种境况，吴梓箴均倾其全力参与办报事业，自言二人为“情愈骨肉”的合作者，“翼仲与余之于本报，乃一而二、二而一者也”[6]。

1918年11月29日深夜，吴梓箴步梁巨川之后，在梁先生灵柩未舁前二日，到积水潭投水自沉。他在绝笔书中指出：

> 自辛亥革命以后，世风日漓，人心日坏，诈伪相尚，道德凌夷，予即有厌世之心，然必求稍稍有益于社会，略能补救世道人心，始如吾愿耳。幸赖有梁巨川先生舍生取义，投身净业湖，以完素愿，其慷慨殉义，光明磊落处，不能不令人佩服至五体投地也。
>
> 予不惜一死者，期望规复世道中已丧之良心，于社会人心不无小补，使天下后世，知梁巨川先生之后，尚有此人，以死警劝，不致于世界上毫无裨益，吾心慰吾志遂矣。本报所登梁巨川先生敬告世人二书，皆予所欲言而不能言者，总之与先生同志而已。[7]

吴梓箴紧随梁巨川投水殉志，引起彭翼仲无比的怆痛，他不禁感慨道：

> 呜呼梓箴，弟竟随巨老而去耶！兄蹈海未成，徒贻笑柄，觍然人世，为事所羁，弄成不死不活之怪物。当日二君哭我独痛，讵料二君反受我哭耶？弟挽巨老之言宛在，继迹殉义，亦可谓有言必践者矣。对于巨老，我实莫赞高深；对于老弟，千言万语，亦不知从何说起，敬挽三十六字云：
>
> 结报社同志以来，患难共尝，愧我连番皆幸免
>
> 继桂林先生之后，追随如愿，让君第二作前驱[8]

文韪窳，本名爱新觉罗·文谦，生于咸丰三年十二月（1854年1月），

名益堂，以呰窳为别号。正红旗闲散宗室，顺承郡王府分支[9]。幼年失学，但勤于学习，具有一定文化修养，十分熟悉北京社会。

呰窳之号取于典，“呰窳”本义为苟且、懒惰。《汉书·地理志下·楚地》：“果窳蠃蛤，食物常足，故呰窳偷生，而亡积聚。”颜师古注：“呰，短也；窳，弱也。言短力弱材，不能勤作，故朝夕取给而无储待也。”文氏自言：“我前几年，取了个呰窳为号，是个苟且懒惰的意思，这也是知错认错了。”[10]以具有贬义的“呰窳”为号，意在告诫自己，当自觉地在为人行事中反乎其义。

文氏最初是《京话日报》的热心读者，后因喜爱这一报纸而向报馆投交稿件。刊登在第 188 号报（1905 年 2 月 27 日）的演说《旗人劝旗人》，是他的第一篇署名文稿。此后便一发不可收，撰写了大量文稿。后来，他被彭翼仲接纳，成为报馆中人。他在演说《张先生》（第 307 号，1905 年 6 月 27 日）中以“本馆人”自称，在演说《罕譬而喻》（第 330 号，1905 年 7 月 20 日）中自谓“我们作报的”，可以推知，呰窳大约在 1905 年 5 月以前已是报馆的编辑者。文氏具有纯正的北京话修养，语言具有“北京味”，在《京话日报》的演说栏目发表署名文稿多达 76 篇，是署名演说中数量最多的作者。他还是讲书栏目的主要作者。

1906 年 9 月“彭翼仲案”发生之后，回民报人丁宝臣继之而起，创办《正宗爱国报》。拘囚狱中的彭翼仲写信给丁宝臣，推荐文呰窳等人参与其办报事务。故在《京话日报》被封禁之后，文氏仍然是北京报界的得力人物。丁宝臣曾说：“若非先生在狱赐书，介绍文呰窳，并对《京话日报》极有感情之王子贞、春治先等相助，国珍（原注：宝臣名）一人实在办不好。”[11]可见丁宝臣对于彭翼仲推荐文呰窳助其办报一直心怀感念。1913 年 4 月，彭翼仲生还北京之后，白话报纸《群强报》曾在一篇演说中指出，在彭翼仲的报业活动中，杭辛斋和文呰窳都起到重要作用：“先生在京，原有至友二君，全是当代的名士，一是《中华报》的主笔（原注：杭君辛斋），一是文君益堂（原注：别号酟窳）。后来文君，撰作‘演说’、‘讲书’，竟能自成一种格调。”[12]

刘炳堂，1866 ~ 1924，名用烺，字炳堂，以字行，河北永清人，住北京宣武门外下斜街。刘氏自幼酷爱美术，勤学不辍，绘画颇有灵性，作画兼具宋人写实和元人淡雅之长，不同于旧日文人写意一派。他虽没有学过西洋画法，但颇得西画写实之妙，作画形象逼真，惟妙惟肖，自成一家。所绘禽鸟、走兽、人物、花卉皆清逸脱俗，尤善画鹿、马。画作选材广泛，构图开阔多变，气象高远，不少佳作为宫中收藏。

刘炳堂为人谦和，性情耿介，不为时俗、命官、利禄所羁，虽然有不少王侯、富豪欲与他结交，但往往不予应允。而贫苦的车夫等劳力者向他求画，却有求必应，不收分文。他的个性与彭翼仲相似，故二人在爱国维新和开启民智上一拍即合。自彭翼仲创办《启蒙画报》起，刘先生即受聘担当画师，承担全部绘画任务。《京话日报》创办以后，又为该报绘制插图。

彭翼仲曾在《启蒙画报》上刊登广告，以“本馆主人谨白”落名。其辞曰：“刘炳堂先生，北京丹青名手也。巨幅大观尤饶家派，久已名重一时，有目共睹。今春，两宫巡幸保阳，行宫匾额皆出先生一手，神采焕发，栩栩如活。本馆辱承不弃，助绘图画，即景生情，须眉毕肖。”由此可见二端：第一，刘炳堂以卖画营生；第二，刘氏参与彭翼仲报业活动之后，二人交谊甚深。

1906 年 3 月，张展云创办《北京画报》，聘请刘炳堂为画师。次年，当彭翼仲离京发配新疆之后，《北京画报》刊登了刘炳堂绘制的《彭翼仲起解》，图中彭翼仲拱手向送行者道别，右上角是充满感情的题词。

1907 年学退山民创办《益森画报》，聘请刘炳堂担任画师。后来，刘炳堂到教育部任事，为画图处重要人物。[13]

春治先，旗人，住北京西北城德胜门内，最初是《京话日报》的热心读者，后逐渐成为报纸的传播者，出色的演说者，还是社会活动中的一位热心人。

当南城和东北城已经有人捐贴《京话日报》，而西北城尚无动静之时，春治先率先在新街口一带捐贴《京话日报》，为此向彭翼仲致函：我打算向他们学习，也要专贴《京话日报》，为此希望“贵馆见信后，从本月十一日起，每天印单面《京话日报》六份，送到德胜门里张皇亲胡同路南，交给春姓家里，千万莫误！”[14]春氏贴报始于1905年5月。后来他参与了西北城阅报处事务，又创办了正俗阅报社。

《京话日报》共刊登春治先的9篇署名演说，其中，《二月初七日春治先在振懦女学堂的演说》（第556号，1906年3月15日）是他在这所女学堂的演说稿，《劝北京各商会赶紧立商业学校》（第602号，1906年4月30日）是他在北京钱业商会团拜会的演说稿。

1906年8月，北京各阅报社和讲报社成立演说会，推举六人担任评议员，春治先为其中一员。[15]

1906年8月5日，《京话日报》刊登这样的告白：“春治先因病辞出西北城阅报社，特此声明。”[16]——春治先自己创办的是正俗阅报社，而西北城阅报社事务是兼任的；辞出西北城阅报社，意味着此后他只承担正俗阅报社事务。

彭翼仲曾说“各处讲报所，均非本馆经办”[17]，而春治先在阅报社进行的活动，属于报纸传播范畴，因此，他并不是报馆编辑。一些论著把春治先说成是《京话日报》的编辑者，与实情不符。[18]

王子贞，基督教友，住西单北大街，开设尚友照相馆，自己出资，于1905年5月中旬在甘石桥南创立尚友阅报社。后来逐渐增加了讲报功能，也被叫做尚友讲报处。

王子贞在尚友讲报处的演说中提出“国民捐”建议，后来《京话日报》将其演说稿加以修改，以王、彭二人合稿的署名刊登，很快引起了民众的响应，由此发起影响甚大的国民捐运动。

王氏是《京话日报》的热心传播者，又是一位出色的演说者。《京话日报》刊登了他的8篇署名演说，其中3篇是他本人的登台演说稿[19]。他是一位性情中人，长于以情动人。

1906年“彭翼仲案”发生之后，彭氏在拘禁中写信向丁宝臣推荐文啙窳、王子贞和春治先，使他们得以参与丁氏《正宗爱国报》的编辑事务。《正宗爱国报》还指出：1906年11月，丁宝臣“在王子贞一人襄助下”，首创《正宗爱国报》。[20] 文啙窳和王子贞还参加了《北京女报》的编辑事务。[21] 可见，在《京话日报》被封禁之后，王子贞成为办报人，在社会上的影响越来越大。

王子贞进行的阅报社活动属报纸的传播范畴，他是《京话日报》的热心传播者，而不是编辑者。一些论著把王子贞说成是《京话日报》的编辑者，与实情不符。

刘瀛东，北京街头贴报的首创者之一，在前已叙其贴报之事。

刘瀛东出于对彭翼仲及其报纸的由衷拥戴，从贾家胡同到后孙公园选定30个贴报点，自己出资自己动手沿街贴报，以这种与平民大众亲近的方式，进行报纸传播。刘瀛东与彭翼仲本不相识，他说：“他既为公，我也不为私”，“在下做的这件事，就是公益”[22]。从刘瀛东可以看到，许多热心人本来与彭翼仲素昧平生，但因为报纸成为了知心朋友；在彭翼仲办报和人生沉浮过程中，众多知心人常常显现出极大的人心力量。清末民间报人与受众之间的深厚人文情缘，确乎是值得追寻和深思的文化现象。

刘氏在街头贴报的同时，还开设一所湘学堂，担任英文教习，又开办了骡马市大街讲报处，在讲报处兼办女子识字义塾。[23] 刘瀛东开设的讲字课程，招收了四十多名小学生，也吸引四十来岁的成年人前来就学。[24]

新加坡的一位华侨星源先生写了一本英文书，揭露本国虐待华工实情。正当彭翼仲登报请人翻译此书之时，刘瀛东当即主动接来，尽义务用白话把这本书翻译出来。[25]

醉郭，北京街头影响甚大的义务说报人，在前已叙其事，这里再作一些补叙：

1907年4月，彭翼仲起解离京，醉郭随车同行，自愿提出陪伴彭先生同往新疆。因他已有62岁，彭不忍其遭受边地寒苦，就婉言劝止。行至良乡，醉郭依依不舍地返回北京，临别之时留下这样的话："彭先生啊，你真是得了爱国病，来日返回，你还是照旧这样，一定不会灰心。"彭翼仲闻之，不禁感叹："醉郭真是我的知己啊！"[26]此后，醉郭仍然在京城讲唱报纸，并参加一些社会活动。

醉郭因说报而享盛名，影响扩至京外。1910年10月，醉郭受天津商学界邀请，与北京报界一行人前往参加一个演说会，并登台宣讲。《大公报》在以《醉郭到津》为题的报道中指出："想素仰醉郭之名者，必争先欢迎也。"[27]

《北京女报》曾以醒目大字刊出《醉郭真可钦佩》的新闻："沿街讲报的醉郭，看见本报替彭翼仲募款，昨天来到本馆，居然捐助了一块洋钱。嘿嘿！这一块洋钱出于醉郭手里，请问是怎么挣来的呀！古来屈原说过一句话：'众人皆醉而我独醒'，我们但盼着象醉郭这样的'醉'法，就不愁中国人没团体啦。"[28]

醉郭晚年生活无着，托身于贫民院。尽管过着孤冷困苦的生活，他仍时时叨念《京话日报》，无日不思念彭先生。1913年4月彭翼仲生还京门之时，醉郭已经一病不起。他在与自己敬重的彭先生重新见面之后不久，溘然逝去，卒年69岁。

醉郭死后，彭翼仲与北京一些社会名流凑钱将他安葬在陶然亭。碑阳的"醉郭之墓"由彭翼仲手书，碑文由林琴南撰写、祝椿年手书。享有声望的报人、文化人与市井说唱人之间自然形成如此深挚的友情，这是清末北京社会令人感怀的佳话。后来，醉郭墓成为陶然亭的一处胜地。

醉郭墓碣的碑文，活现了一位令人感动的京华奇人：

醉郭墓碣及碑文

辛丑之冬，联军出京师。有扶醉行歌于市者，则京西醉郭先生云五也。先生名瑞，产荡于义和团。愤时政隳坠，人心谬戾，则一寄于酒。悉团匪之所以废乱京畿者，编为歌曲，沿道演唱，听者若堵墙，称之曰“醉郭”。御史遣骑斥去之，先生行歌如故，然听者亦稍稍知团之但能作贼，非果于灭洋也。吴县彭君翼仲，伟先生所为，授以通俗之文，俾迪顽蠢。先生得之甚喜，讲益力，声益肆，醉亦益甚。彭君既以事遣戍，先生哭送之良乡。因而大困，则就养于贫民院，然匪日不颂彭君也。迨彭君归，而先生疾病，语彭君曰：“吾患，略闲行归矣。”是夕先生卒，年六十有九。彭君醵赀，葬之于此。呜呼，因匪乱而有今日，而乱乃滋炽，果先生在者，歌哭不且更剧耶？甲寅春三月，闽县林纾撰，宛平祝椿年书

梁巨川先生像

梁巨川，1858 ~ 1918，名济，字巨川，别号桂岭劳人，出生于书香、仕宦人家，祖籍广西桂林，自幼生长于北京。祖父身为进士，但忤上意而罢官。父亲身为举人，先做京官，后到山西为官，但36岁时不幸在任上病故，其时梁巨川仅有8岁。所幸嫡母刘氏是诗文皆佳的宦门闺秀，生母陈氏亦知书能文，她们在家道中落、经济困迫的情况下，亲自养育教诲后代，并开设蒙馆课徒，收取学费以维持家人生计。

母亲的教育陶冶了巨川先生端正刚直、简朴务实的作风和系念国家民族命运的情怀，使他自少小时代起就有志于唤起世道人心，力促社会进化。他先在一家义塾求学，至19岁学成，接着在这所义塾教书，所得的菲薄收入用以补给家用。27岁时应顺天乡试，中举人，40岁时任清廷内阁中书。光绪二十七年（1901年），因参与修皇史晟书有功，晋升为四品官位的侍读。光绪三十一年（1905年）任职民政部，充北京外城教养总局和分局总办委员。宣统元年（1909年）任京师高等实业学堂斋务提调，官至四品。梁巨川一生主要以笔墨为生，除了在民政部那几年有固定收入而外，近二十年的为官生涯大都没有俸米俸钱。

梁巨川自幼所受的教育和影响，使他继承了良好的儒家学识，养成了意趣超卓、不随俗流转的心性。正像梁漱溟所说，他的品格气魄符合“不耻恶衣恶食，而耻匹夫匹妇不被其泽”的儒家信条和道德规范。但是，他总是抱持“务实”心态追究时代脉动，认为：“西人所长正在务实，而中国积弱全为念书人专讲些无用的虚文所误”，因此主张“实用”和“实利”，并未因恪守传统道德而迂腐、保守。他追求新知，雅尚西学，明确指出：“作事要作有用的事，作人要作有用的人。”[29]从青年时代起，他就过着寒苦生活，亲身尝历市井琐碎和民间疾苦，熔炼了一腔热肠、一身侠骨，立定了为社会贡献力量的志向，从此远离京城官宦子弟的纨绔习气。

梁巨川先生教育子女采取开明态度，从不疾言厉色，从不武断干预。他一反传统蒙学做法，不让子女读四书五经，而学习各种新知新学，因此他的四个子女无一例外都接受新式教育。梁漱溟曾说：由于父亲的主张，“我所受的教育是有些出人意外的”，“我没有读过中国的四书五经”，“只是到后来自己选择着看过而已，这在与我同样年纪又且同样家世的人所绝无仅有”。“有人误以为我受传统教育很深，其实完全没有。”[30]

梁巨川与彭翼仲相识于1885年，他们心性相通，志趣相同，自然而然地成为至交，从此生死患难而相濡以沫、相扶相助，长达三十余年。他们还是儿女亲家，彭氏长女即梁氏长媳。二人执着地怀抱爱国维新心志，致力于变法改革，不安于现状，不循常蹈故。所不同的是，彭公激昂奋发，爽朗地表示出来，显得体壮气豪，富有血性；梁公含蓄谦逊，义形于色，给人深刻有力的印象。[31]

庚子年以后，在国难国耻的屡屡刺激下，梁巨川决然认定开启民智是当时的首要急务，因此极力赞成并支持彭翼仲的办报事业及所倡导的社会运动。从1902年春彭翼仲创办《启蒙画报》起，梁先生就极力予以资助，自谓“以财助报馆，譬犹拯灾救难”[32]。彭氏创设蒙养学堂，梁氏次子漱溟、女儿新铭、谨铭与彭先生的女儿清绮、清缃和儿子清杰、清颐等，都到该校就读。漱溟后来回忆说：父亲和彭公在推进社会进步中显现出来的人格感召，“使我幼稚的心灵隐然萌露对社会、对国家的责任感”，并由此激发了“一片向上心”[33]，影响直至终生。

梁巨川喜爱戏剧，常带儿女看戏，讲述戏中故事情节，引导他们接受思想影响，提升精神境界。梁巨川看重戏剧在影响民众改良世风上的作用，极力鼓吹戏剧改良，呼唤戏剧革新，并出于“欲借演戏说出时势艰难，使众人渐渐知觉”[34]的动机，编写新戏。1905年，他写成《女子爱国》，次年将剧本交给义顺和班，由名角崔灵芝主演，对当时北京社会产生极大影响。他还于1918年对陕西易俗社剧本增删点串，写成《好逑金鉴》、《暗室青天》和《庚娘传》三个剧本，并于是年正月、五月、九月交付伶界排演。

清末民初以来，梁巨川深虑世风日下，人心不古，逐渐形成以身殉道、感召世人的信念。1918年旧历十月十日（11月13日）是他的六十寿辰，家人早在半个月前就张罗祝寿准备，而他在生日前一周来到积水潭，住进彭翼仲家。在几天的独处生活中，他先后写下致亲友和家人的多件遗书，至11月10日（十月初七日）清晨，投身积水潭，实现了殉义志向。

梁巨川以镇定自若态度结束生命，并对死后事务预作周详安排，其中包括诸多细节，实堪称奇。他将16封遗书装入一个大信封，外皮书“翼弟亲家速览”六字。11月12日的《京话日报》报告了梁巨川自沉消息，刊登了梁巨川于11月7日夜亥刻书于净湖楼的留言。其文云：

> 翼弟亲家：莫笑我识见太陋，目的太小，以时过境迁之事，忽云为清朝捐躯，徒贻笑于世也。我此意抱之数年，因节节阻滞，迟延至今……兹有事相托：请阁下向报馆宣布，第一句云

梁某遗言，“此生之死，系为清朝而死”，第二句即紧接，“决非反对共和，而且极赞成共和，因辜负清廷逊让之心，不实行共和爱民之政，故愤慨而死”。开首用此数语，以下则依次发表矣。[35]

梁巨川的留言还作了这样的吩咐：请亲家翼仲“寻我于潭南岸水中柳根一带”；将此事告知袁珏生、冯公度、林朗溪、周霖叔等友人；请证明因世道而死；请发电告舍下，“女孩不必来，亦勿惊慌。叫两儿子来报明巡长，雇四人用门板以被窝覆弟尸，舁向缨子胡同盛殓”；再告《京话日报》馆大略。

次日的《京话日报》刊登了彭翼仲撰写的专件《梁巨川先生就义之状况》，其文指出：

巨川先生于癸丑年（1913年）在积水潭买小屋数间，并引彭翼仲在潭西买屋为邻。后来梁氏将己屋半赁半借与他人，而向翼仲借空屋一间，取其清静便于读写。本月初四日梁先生到彭翼仲家，连住三天。三天大多闭门伏案，六日下午亲到新街口邮局发信。六日晚间饭量顿减，饭时以“此地警察巡逻勤否”问翼仲，翼仲告以“巡逻极勤”。答者无意，听者有心，先生遂将遗书“初六夜殉节”改为“初七晨”。初七天明，先生安排童仆生火扫院，即从家门外出。至八点余钟，巡逻警察始见高庙前河内有异，少顷有便帽浮起，遂呼有人投河。童仆认出，便帽乃梁先生者，急奔入先生屋，则遗书满案。彭氏见遗书，不禁号啕道：先生之志蓄之久矣。前次来住，门前小立，问翼仲“水有若干深，能淹死人否？”翼仲漫应之。不料先生之志早决，呜呼，真可谓从容就义者矣！[36]

《京话日报》从第2540号（11月12日）起逐日刊登梁巨川遗书，直到第2556号（11月28日）。遗书尚未刊毕，却不得不停顿下来，因为吴梓箴于11月29日也自沉积水潭。

梁巨川遗书洋洋数万言，其实最基本的意义是以下内容：

> 国变已数载，吾犹尚存，与我素志不符，深觉可耻，尅期就义。
>
> 吾因身值清朝之末，故云殉清，其实非以清朝为本位，而以幼年所学为本位。吾国数千年，先圣之诗礼纲常，吾家先祖、先父、先母之遗传与教训，幼年所闻。以对于世道有责任为主义，此主义深印于吾脑中。即以此主义为本位，故不容不殉。[37]

彭翼仲在《京话日报》上发布这样的告白："梁巨川先生之死有圣道存

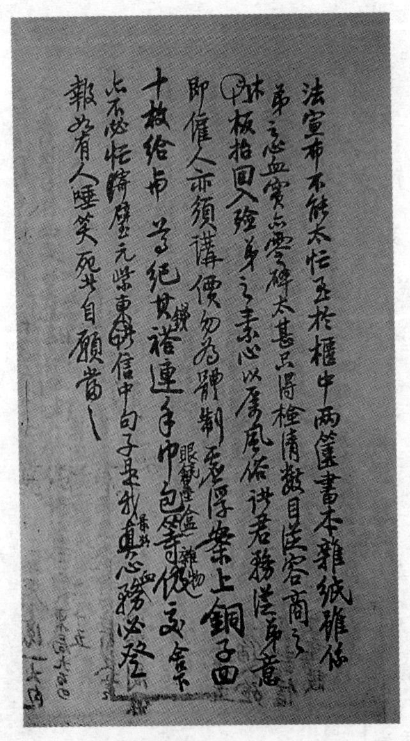

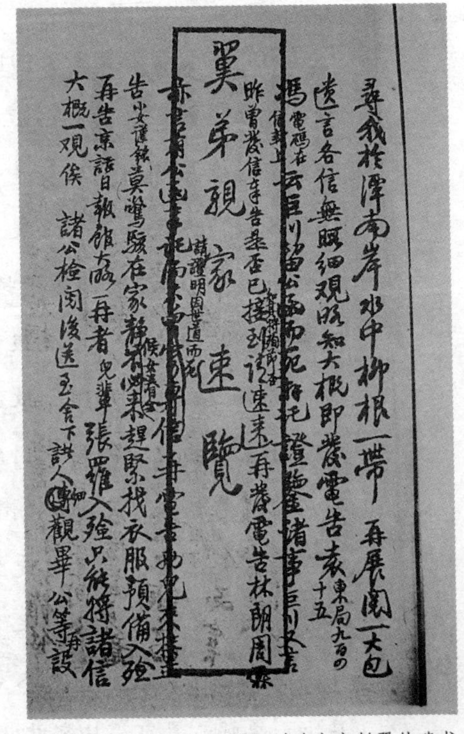

梁巨川致亲家彭翼仲遗书

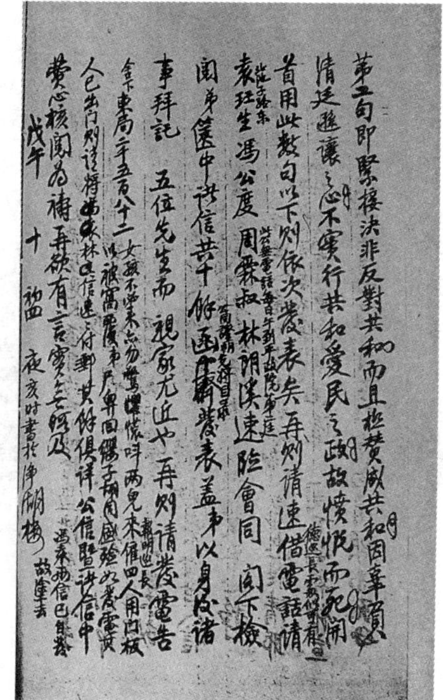

梁巨川致亲家彭翼仲遗书

亡之关系，人禽之界在其一身，非过誉也。袁世凯为人心世道之试金石，梁巨川亦是试金石，不过相反而已。欲加详议，俟窥全豹，幸勿轻下断语为要。”[38] 精辟数语，引导世人辨识梁先生自沉的深衷。

吴梓箴撰文指出：梁巨川死得其正，虽死犹生。四天之前梁先生亲到报馆，约本人观其编写的新剧《庚娘传》。“演至《复仇》一幕，在庚娘拟杀仇后自尽祝刀时，先生嘱愚下切记庚娘所述之语，并云：‘吾于编戏之时，预拟以吾所欲言，假庚娘之口以出之，所言皆吾将来临死时之遗言也。’”庚娘是这样说的：“现在世界，实在不成为世界。我今若糊涂一死，焉能令为恶之人知有报应，必要死一个光明磊落。”梁先生以庚娘之口道出的，正是自己赴水殉志的心语。[39]

1919 年 1 月（戊午年嘉平月，即腊月），在彭翼仲主持下，积水潭梁公殉道处竖起一块石碑，碑阳为“桂林梁巨川先生殉道碑”十个大字，碑阴则

桂林梁巨川先生殉道处碑

桂林梁巨川先生殉道处碑文

1919年1月，在积水潭梁巨川先生殉道处立碑后合影（右起第七人为彭翼仲，左起第二人为梁漱溟）

是彭翼仲撰写的碑文，全部文字均由从弟彭汶孙书写。碑文如下：

> 梁公讳济，字巨川，广西桂林人。其先累世仕清，逮公以举人官内阁侍读，迁民政部员外郎。光宣之间，国不竞政，亦日非忧悄孤愤不能自已。私为奏议，欲言事而求罢，会国变不获上。民国初建，执政者徵辟之，固辞者四，以民生困殆，官不宜厚俸自养为言，其词恻怛刻切，闻者动容。癸丑秘为遗书，数通与世诀，家人微觉，乃自隐未发。越四年，戊午十月初十日，公六十生辰，家人谋上寿。先六日戊午来居湖上，扃户作书，深夜不休，初七日昧旦，投身湖之南渠大柳根下。留书于案，其旨曰：某之死，殉清而死也。身值清末，故曰殉清，其实不以清而殉，以幼之所学者如是，不容不殉。其言甚长，不具录。越二十日，是处又有公之旧友吴梓箴君相继以殉之。嗟乎，厌世之同志者，皆救世之伤心人也。建石述略，以志不忘。
>
> 岁集戊午嘉平月长洲彭诒孙立石，命弟汶孙书丹

梁巨川的投湖自尽引起社会震惊，虽然他在遗书中直接标榜“殉清”，但是，新派人物却从别样的视角看待此事。陈独秀认为，梁巨川为救济社会而牺牲自己的生命，体现了真诚纯洁的精神，他无论是不是“殉清”，总算以身殉了他的主义，因此具有宏大的精神力量。徐志摩则说，梁不是抱着臣子对覆亡君主的殉节，而是在深沉的文化危机之中进行一种儒家良心的实践。他的自杀有一种特殊价值，是为了自己的意念而奉献出自己的生命。[40]

梁漱溟对于其父的人生选择，作了这样的评说：“先父以痛心固有文化之澌灭，而不惜以身殉之。捐生前夕，所遗《敬告世人书》，其要语云：国性不存，我生何用！国性存否，虽非我一人之责，然我既见到国性不存，国将不国，必自我一人先殉之，而后唤起国人共知国性为立国之必要——国性

盖指固有风教。”[41]

陈干，字明侯，1881 ~ 1927，山东昌邑人，1902 年到北京从军，成为一名步兵，后到湖北陆军学堂接受短期培训。1905 年秋赴日本，在同盟会本部宣誓入盟，旋归国从军，到辽阳创办讲报社，附设半日学堂。其后又办八旗学堂，任校长，极力宣讲《启蒙画报》和《京话日报》，并将两报作为八旗学堂的教材。后来又到东北和山东组织革命斗争，1907 年底创办青岛震旦公学，任校长。民国成立，任山东民军统领、陆军第三十九混成旅少将旅长、总统府中将。1916 年任山东政务厅长，1921 年在广州任非常大总统府咨议。1926 年后，任总司令部参议，北伐军第二支队司令，转战徐、淮间。1927 年 7 月，在“宁汉分裂”中以莫须有的罪名牺牲于国民党的派系斗争。后恢复名誉，定为国民革命先烈。

陈干本是昌邑县白塔庄农民，没有受过系统的学堂教育。他 21 岁前往北京之时，母亲叮嘱道：“务必要择人为师，长长学问”。来到京城，读到彭翼仲的《启蒙画报》和《京话日报》之后，“心里佩服的没了法子”，向彭先生表示：“如不嫌弃，愿作弟子”。[42]他如饥似渴地阅读《启蒙画报》和《京话日报》，不断增长见识，开阔眼界。

1904 年，陈干向《京话日报》投来演说稿，彭翼仲加以润色，并予发表。文中，陈干以充沛的热情道出了心声：

> 我是山东人，自从光绪二十八年，投笔从军，枕戈磨剑。生在这个时候，没有别的思想，等待我中国一朝有事，我就把这父母的遗体，报效给我国家，铁心热血，生死如一。
>
> 军人呀，军人呀，我陆军的兄弟们呀，当得起这个名号当不起呀？军人是国家的血气，军人教育是国家的精神，有血气，无精神，可就不能称为军人了。我们当兵的旧习气，从我这一个步兵起，拔出利剑，斩草除根。要打算叫人家看的重，先得自己不

敢看轻。

国家的土地，就是我祖我宗的土地，喝了好百姓的血汗，不能替我祖宗保全土地，对不起国家，对不起百姓，便是对不起自己的祖宗。我同胞，我同胞，改改心罢，努努力罢。[43]

文章发表后，陈干备受斥责，被迫离开军营。彭翼仲将他留住在报馆，二人谈论时事，悲歌慷慨，热度达于极点。彭先生引导和感染着他，为他后来成为文武兼备、有气节、有谋略的革命将军，奠定了思想基础。

1906年9月29日，彭翼仲被京师巡警部拘禁，陈干因军务在身没有与恩师相见，后来多次到北京，照抚彭氏家人。彭翼仲在其自述史中写道："自余远去，明侯潜来京，一再存问，近复频频馈遗，家中用度，赖以不缺。闻之感而欲泣。"[44]

辛亥革命成功，彭翼仲于1912年8月22日在新疆忽接陈干自徐州拍来的电报："新疆省城维持统一会会长彭翼仲先生鉴：八年未通一字，秋风天末，怀想我师，愿教化边地，切勿来中土也。陆军第三十九混成旅旅长陈干。"[45]彭、陈二人自1905年分别以后，才有这次的直接联系。当时新疆发生外敌入侵之乱，陈干从保护国土的大局出发，欲请彭公留在新疆，反映了民国创建者看重边防的思虑。

彭翼仲在除去"政治犯"罪名之后，选择了返回北京。抵京之后，陈干迅即前来会晤，二人相见，悲喜交集。陈干仰天而誓："大汉山河，一朝光复，平生志愿，美满酬赏，立志读书，正好补拙。"彭翼仲深感欣慰，撰写了《弟子陈干事略》和《陈母邓夫人传略》，并为《明侯传》一文题跋。彭先生在《弟子陈干事略》中指出："明侯，深于感情者。受恩必报，不记嫌怨，遇事以天良为衡，从不作一负心语。解兵后，闭户读书，望之若素儒。闻余再办报，倾囊相助。报旋停刊，不问损失。其度量渊宏，不较短长，固不仅对余一人为然也。其战功极多，从未发一告捷之电报，功

1913年9月，彭翼仲与陈干合影

皆让人。平生志愿，以‘学吃亏’三字为根据。此明侯所以为明侯也欤！”[46]在《明侯传》题跋中说：“明侯质直寡文，读书识大义，不规规作辕下驹。其文字皆由性情流出，如闻天籁……予识明侯距今十五年矣！不难于敬之久，而难于得之共。”[47]彭先生读过陈干所著《倥偬集》中的诗文，不自禁地夸赞道：“不规规于绳墨，其气魄之雄厚，滔滔如万顷波澜，一泻汪洋，莫之能御，知其为非常才。”[48]

陈干倾囊相助，使彭先生恢复出版《京话日报》。彭翼仲在谈到从新疆回京的两次办报时说：“所有资本，全是陆军咨议官陈干所出。他是我十年前的故人，由他当步兵的时候，认我为师。知己之感，倾囊相助，毫无私意存乎其中。”[49]陈干还出资帮助《彭翼仲五十年历史》出版。

陈干是彭翼仲志同道合的莫逆之交，他深受彭师影响而走上自己的人生道路，与彭翼仲亲如一家，还与梁巨川等人十分熟悉。彭翼仲1918年曾说：“人之患在好为人师。平生弟子无多，呼我为师，以性情相见者，只有一陈明侯。”[50]

陈干在戎马倥偬中著述丰厚，有《倥偬集》、《陈氏家乘》、《欧战拾遗》、《旅大问题汇纂》、《鲁案》、《威案》、《经国文钞》、《诗选》等传世。

总的说来，杭辛斋、吴梓箴、文豁窳、刘炳堂等人是清末时期《京话日报》的编辑者，吴梓箴还是彭翼仲生还京门后第二次和第三次办《京话日报》的重要参与者。春治先、王子贞、刘瀛东、醉郭等人是《京话日报》的热心传播者，而梁巨川和陈干是彭翼仲的终身知己。

清末时段《京话日报》终止期号

清末时段的《京话日报》自创刊以来，各期都以“号”为称，不署年、月、日。报纸的顺序号起始于光绪三十年七月六日即1904年8月16日，该日报纸为第1号。至1906年9月，《京话日报》因“彭翼仲案”发生而被迫停刊，但终止于何号则有不同说法：

梁漱溟指出：“《京话日报》截至被封为止，共出751号。”[51]

方汉奇指出：“《京话日报》1904年8月16日创刊于北京，1906年9月28日停刊，共出753期。”[52]

1913年彭翼仲回到北京之时，吴梓箴在一篇演说中回忆道：“嗣《京话日报》出至七百五十一号，为三十二年八月十一日（苏按：即1906年9月28日）之时，不图次日而有停禁之事发见，呜呼痛哉！”吴氏还表达了这样的希望：“今日前语翼仲曰：君此番归来，实慰都人士之仰望……曷弗继续而出七百五十二号之报章，使《京话日报》复活于今日之社会，以赓未尽之志。”[53]吴梓箴是彭翼仲办报的亲密合作者，他所说的清末时段《京话日报》终止于第751号，与梁漱溟之说相同。

然而，彭翼仲本人提出的却是与以上两说不同的第三种说法。1914年6月26日的《京话日报》为第1000号，该日报纸作为“千号纪念”专刊，特发两版增刊，连同广告，共有十版。彭翼仲为这期报纸撰写长篇演说《本报十年小影》，回顾了十年以来的办报过程和人生经历。文中指出：“至于十年内波折，凡是关乎个人的事，没有一处不关乎本报。第一次出到七百五十二号，被祸停刊，敝人远戍新疆。”——此谓清末时段的《京话日报》终止于第752号。

这样一来，便有清末时段《京话日报》的终止期号是第751号、第753号和第752号的三种说法；如何看待这三说，当是梳理《京话日报》历史不能回避的问题。

为了探明这一问题，首先需要明确清末时段《京话日报》的期号与具体年月日的对应关系。

虽然《京话日报》以“号”为称，不署年、月、日，但是，报纸的两个状况提供了相关的年月日线索。第一，每逢农历初一日，都增印合订本封面，该封面都在首页的右侧边框外注明本期报纸的公历和阴历年月日。第二，每期报纸都刊登前一日的上谕和宫门抄，这两种朝廷文件都写明颁发日期。

因此，凭借合订本封面和每期报纸的上谕和宫门抄，便可求知具体报纸的年月日。

清末时段《京话日报》现存报纸的最后一件合订本封面在第712号，其右侧边框外直书“光绪三十二年七月初一日，公历一千九百零六年八月二十日，星期一”。这期报纸刊登的宫门抄是：“六月三十日礼部 太常寺 正红旗值日无引 见 召见军机”。依据两者可以得到一致的信息：第712号是光绪三十二年七月初一日即1906年8月20日的报纸。

从第712号对应于1906年8月20日这一情况出发，往后逐日推求，可以得知，第751号是1906年9月28日（光绪三十二年八月十一日）的报纸。该期报纸刊登的宫门抄是：“八月初十日户部 宗人府 正白旗值日无引 见 召见军机”。二者反映的是一致的年月日信息。

因此可知，说《京话日报》的最后一期是1906年9月28日的第751号，就表明此报止于“彭翼仲案”发生的前一日。说《京话日报》的最后一期是1906年9月29日的第752号，就表明此报止于“彭翼仲案”发生的当日。《京话日报》编辑者吴梓箴和报主彭翼仲所述，分别体现了这两种说法。

验证这两种说法的最权威证据当然是《京话日报》存报的实物，但是现今所见的《京话日报》藏件中，有第751号报纸而无第752号报纸。现存《京话日报》的权威文本是“全国图书馆文献微缩复制中心的微缩胶卷”系统，这一系统是将全国各大图书馆收藏的《京话日报》整合之后形成的信息总汇，反映了全国图书馆所藏《京话日报》的完整情况。其中的《京话日报》存报，清末时段最后一期确乎是第751号，这说明至今全国图书馆所藏《京话日报》中，尚无第752号报纸。

然而，“全国图书馆文献微缩复制中心的微缩胶卷”系统只是现今存报的一个系统，在这一系统之外还有其他存报情形。以笔者的接触面来说，清末时段《京话日报》在“全国图书馆文献微缩复制中心的微缩胶卷”系统中缺失两期，即第33号和第437号。但笔者已把它们补齐：家藏《京话日报》的一部合订本，其中有第33号；北京大学图书馆的《京话日报》藏件中，有第437号[①]。北京大学图书馆藏有第437号报纸这一事实不禁让人们感到，“全国图书馆文献微缩复制中心的微缩胶卷”系统似未将北京大学图书馆纳入其范围。

彭翼仲身为《京话日报》最权威发言人，他既已道明最后一期是第752号，就带来虽然无原报佐证但亦须重视其说的问题。

报纸的出版是一项具有连续性和系统性的工作，1906年9月29日的第752号报纸，当在28日甚至更早之时进行前期工作。然而彭翼仲是在28日得到将要遭受迫害的信息，因此，他在这一天是否照常进行报纸编辑方面的

① 本书前插页附《京话日报》第33号和第437号照片，可补“全国图书馆文献微缩复制中心的微缩胶卷”系统之缺失。

事务，显然是9月29日是否出报的关键所在。

确凿史料表明，1906年9月28日，彭翼仲受友人之约饮于正阳楼，这时报馆来人，报告“祸将不测”。满座甚为惊悸，有人劝彭先生急赴使馆区暂作躲避。但是，彭翼仲置若罔闻，饱啖痛饮，酒后归报馆坐以待捕。当日并无动静。次日，彭氏仍持镇定自若心态，黎明入城，至道胜银行清理账目，又至各债户处问明欠款数目，午前即归。然后便在报馆静候。至申刻，警厅派人持传票来，将彭翼仲和杭辛斋逮捕，押送至稽查处。[54]

现今所见的史料中未见关于9月29日《京话日报》的编排、印刷、出版等信息，以致造成迷茫，无从判定《京话日报》是否有第752号报纸。然而笔者依据《彭翼仲五十年历史》的记载看到，彭翼仲在9月28日和9月29日照常处理报馆事务，其中29日黎明入城清理账目，当是应对祸患的善后事。直到29日申刻（即下午15时~17时），警方来人逮捕报主和查封报馆，“彭翼仲案”方确然发生。自28日得知殃祸将至起，彭翼仲依旧保持镇静心态和处事定力，在两天内办理了多项事务，因此，如果认为第752号报纸的编辑印刷等事均正常进行，当可成立。

整个《京话日报》的期号和出版日期是一个完整的系统链：1904年8月16日开始的第一次出版，从第1号至第752号；1913年7月6日开始的第二次出版，从第753号至第774号；1913年11月1日开始的第三次出版，从第775号起到现有存报的最后一期第4043号。因此，采用第一时段《京话日报》终止于第752号之说，与整个《京话日报》自始至终的期数和对应日期，可以取得一致。

稽考历史上的报刊资料，屡屡遇到实物未存的刊号、刊期，但是仍能对其予以认定，这是报刊史研究中屡见的情况。因此，极大可能是1906年9月29日发生“彭翼仲案”的特殊事由，造成了这一天的第752号《京话日报》的未存。彭翼仲对于第一次办报止于第752号既已言之凿凿，整个《京话日报》的期数和对应的日期又是一个严谨的系列，那么，清末时段《京话日报》

结束于1906年9月29日的第752号的说法，宜于取从。

既然《京话日报》第33号和第437号在“全国图书馆文献微缩复制中心的微缩胶卷”系统之外得以寻到，那么，在这一系统之外的收藏件中搜寻到第752号《京话日报》，当是令人盼待之事。

清末时段《京话日报》期号与日期对应表

清末时段《京话日报》自创刊的1904年8月16日至被封禁的1906年9月29日，其间共有775天。此报作为日报，每日一期，但因节庆等缘故休刊6次，共计23天，又因报馆被封禁之日的第752号报纸尚待确证，以致前后775天的存报，实为751期。

清末时段的《京话日报》距今已百年有余，报纸是社会生活的日记，每期报纸所反映的年月日，需要十分准确落实。上节述及凭借合订本封面和每期报纸的上谕和宫门抄，便可求知《京话日报》具体报纸的年月日。笔者运用此法，制作《京话日报》期号与日期对应表，供阅读者和研究者参用。每次休刊的具体情况，见于表后附注。

期　号	日　期	
	公　历	阴　历
1	1904.08.16	光绪三十年七月六日
2	1904.08.17	光绪三十年七月七日
3	1904.08.18	光绪三十年七月八日
4	1904.08.19	光绪三十年七月九日
5	1904.08.20	光绪三十年七月十日
6	1904.08.21	光绪三十年七月十一日
7	1904.08.22	光绪三十年七月十二日

8	1904.08.23	光绪三十年七月十三日
9	1904.08.24	光绪三十年七月十四日
10	1904.08.25	光绪三十年七月十五日
11	1904.08.26	光绪三十年七月十六日
12	1904.08.27	光绪三十年七月十七日
13	1904.08.28	光绪三十年七月十八日
14	1904.08.29	光绪三十年七月十九日
15	1904.08.30	光绪三十年七月二十日
16	1904.08.31	光绪三十年七月二十一日
17	1904.09.01	光绪三十年七月二十二日
18	1904.09.02	光绪三十年七月二十三日
19	1904.09.03	光绪三十年七月二十四日
20	1904.09.04	光绪三十年七月二十五日
21	1904.09.05	光绪三十年七月二十六日
22	1904.09.06	光绪三十年七月二十七日
23	1904.09.07	光绪三十年七月二十八日
24	1904.09.08	光绪三十年七月二十九日
25	1904.09.09	光绪三十年七月三十日
26	1904.09.10	光绪三十年八月一日
27	1904.09.11	光绪三十年八月二日
28	1904.09.12	光绪三十年八月三日
29	1904.09.13	光绪三十年八月四日
30	1904.09.14	光绪三十年八月五日
31	1904.09.15	光绪三十年八月六日
32	1904.09.16	光绪三十年八月七日
33	1904.09.17	光绪三十年八月八日
34	1904.09.18	光绪三十年八月九日
35	1904.09.19	光绪三十年八月十日
36	1904.09.20	光绪三十年八月十一日
37	1904.09.21	光绪三十年八月十二日
38	1904.09.22	光绪三十年八月十三日
39	1904.09.23	光绪三十年八月十四日
40	1904.09.24	光绪三十年八月十五日
41	1904.09.25	光绪三十年八月十六日
42	1904.09.26	光绪三十年八月十七日
43	1904.09.27	光绪三十年八月十八日

44	1904.09.28	光绪三十年八月十九日
45	1904.09.29	光绪三十年八月二十日
46	1904.09.30	光绪三十年八月二十一日
47	1904.10.01	光绪三十年八月二十二日
48	1904.10.02	光绪三十年八月二十三日
49	1904.10.03	光绪三十年八月二十四日
50	1904.10.04	光绪三十年八月二十五日
51	1904.10.05	光绪三十年八月二十六日
52	1904.10.06	光绪三十年八月二十七日
53	1904.10.07	光绪三十年八月二十八日
54	1904.10.08	光绪三十年八月二十九日
55	1904.10.09	光绪三十年九月一日
56	1904.10.10	光绪三十年九月二日
57	1904.10.11	光绪三十年九月三日
58	1904.10.12	光绪三十年九月四日
59	1904.10.13	光绪三十年九月五日
60	1904.10.14	光绪三十年九月六日
61	1904.10.15	光绪三十年九月七日
62	1904.10.16	光绪三十年九月八日
63	1904.10.17	光绪三十年九月九日
64	1904.10.18	光绪三十年九月十日
65	1904.10.19	光绪三十年九月十一日
66	1904.10.20	光绪三十年九月十二日
67	1904.10.21	光绪三十年九月十三日
68	1904.10.22	光绪三十年九月十四日
69	1904.10.23	光绪三十年九月十五日
70	1904.10.24	光绪三十年九月十六日
71	1904.10.25	光绪三十年九月十七日
72	1904.10.26	光绪三十年九月十八日
73	1904.10.27	光绪三十年九月十九日
74	1904.10.28	光绪三十年九月二十日
75	1904.10.29	光绪三十年九月二十一日
76	1904.10.30	光绪三十年九月二十二日
77	1904.10.31	光绪三十年九月二十三日
78	1904.11.01	光绪三十年九月二十四日
79	1904.11.02	光绪三十年九月二十五日

80	1904.11.03	光绪三十年九月二十六日
81	1904.11.04	光绪三十年九月二十七日
82	1904.11.05	光绪三十年九月二十八日
83	1904.11.06	光绪三十年九月二十九日
84	1904.11.07	光绪三十年十月一日
85	1904.11.08	光绪三十年十月二日
86	1904.11.09	光绪三十年十月三日
87	1904.11.10	光绪三十年十月四日
88	1904.11.11	光绪三十年十月五日
89	1904.11.12	光绪三十年十月六日
90	1904.11.13	光绪三十年十月七日
91	1904.11.14	光绪三十年十月八日
92	1904.11.15	光绪三十年十月九日
93	1904.11.16	光绪三十年十月十日
94	1904.11.17	光绪三十年十月十一日
95	1904.11.18	光绪三十年十月十二日
96	1904.11.19	光绪三十年十月十三日
97	1904.11.20	光绪三十年十月十四日
98	1904.11.21	光绪三十年十月十五日
99	1904.11.22	光绪三十年十月十六日
100	1904.11.23	光绪三十年十月十七日
101	1904.11.24	光绪三十年十月十八日
102	1904.11.25	光绪三十年十月十九日
103	1904.11.26	光绪三十年十月二十日
104	1904.11.27	光绪三十年十月二十一日
105	1904.11.28	光绪三十年十月二十三日
106	1904.11.29	光绪三十年十月二十三日
107	1904.11.30	光绪三十年十月二十四日
108	1904.12.01	光绪三十年十月二十五日
109	1904.12.02	光绪三十年十月二十六日
110	1904.12.03	光绪三十年十月二十七日
111	1904.12.04	光绪三十年十月二十八日
112	1904.12.05	光绪三十年十月二十九日
113	1904.12.06	光绪三十年十月三十日
114	1904.12.07	光绪三十年十一月一日
115	1904.12.08	光绪三十年十一月二日

116	1904.12.09	光绪三十年十一月三日
117	1904.12.10	光绪三十年十一月四日
118	1904.12.11	光绪三十年十一月五日
119	1904.12.12	光绪三十年十一月六日
120	1904.12.13	光绪三十年十一月七日
121	1904.12.14	光绪三十年十一月八日
122	1904.12.15	光绪三十年十一月九日
123	1904.12.16	光绪三十年十一月十日
124	1904.12.17	光绪三十年十一月十一日
125	1904.12.18	光绪三十年十一月十二日
126	1904.12.19	光绪三十年十一月十三日
127	1904.12.20	光绪三十年十一月十四日
128	1904.12.21	光绪三十年十一月十五日
129	1904.12.22	光绪三十年十一月十六日
130	1904.12.23	光绪三十年十一月十七日
131	1904.12.24	光绪三十年十一月十八日
132	1904.12.25	光绪三十年十一月十九日
133	1904.12.26	光绪三十年十一月二十日
134	1904.12.27	光绪三十年十一月二十一日
135	1904.12.28	光绪三十年十一月二十二日
136	1904.12.29	光绪三十年十一月二十三日
137	1904.12.30	光绪三十年十一月二十四日
138	1904.12.31	光绪三十年十一月二十五日
139	1905.01.01	光绪三十年十一月二十六日
140	1905.01.02	光绪三十年十一月二十七日
141	1905.01.03	光绪三十年十一月二十八日
142	1905.01.04	光绪三十年十一月二十九日
143	1905.01.05	光绪三十年十一月三十日
144	1905.01.06	光绪三十年十一月一日
145	1905.01.07	光绪三十年十二月二日
146	1905.01.08	光绪三十年十二月三日
147	1905.01.09	光绪三十年十二月四日
148	1905.01.10	光绪三十年十二月五日
149	1905.01.11	光绪三十年十二月六日
150	1905.01.12	光绪三十年十二月七日
151	1905.01.13	光绪三十年十二月八日

152	1905.01.14	光绪三十年十二月九日
153	1905.01.15	光绪三十年十二月十日
154	1905.01.16	光绪三十年十二月十一日
155	1905.01.17	光绪三十年十二月十二日
156	1905.01.18	光绪三十年十二月十三日
157	1905.01.19	光绪三十年十二月十四日
158	1905.01.20	光绪三十年十二月十五日
159	1905.01.21	光绪三十年十二月十六日
160	1905.01.22	光绪三十年十二月十七日
161	1905.01.23	光绪三十年十二月十八日
162	1905.01.24	光绪三十年十二月十九日
163	1905.01.25	光绪三十年十二月二十日
164	1905.01.26	光绪三十年十二月二十一日
165	1905.01.27	光绪三十年十二月二十二日
166	1905.01.28	光绪三十年十二月二十三日
167	1905.01.29	光绪三十年十二月二十四日
168	1905.01.30	光绪三十年十二月二十五日
169	1905.01.31	光绪三十年十二月二十六日
170	1905.02.09	光绪三十一年一月六日①
171	1905.02.10	光绪三十一年一月七日
172	1905.02.11	光绪三十一年一月八日
173	1905.02.12	光绪三十一年一月九日
174	1905.02.13	光绪三十一年一月十日
175	1905.02.14	光绪三十一年一月十一日
176	1905.02.15	光绪三十一年一月十二日
177	1905.02.16	光绪三十一年一月十三日
178	1905.02.17	光绪三十一年一月十四日
179	1905.02.18	光绪三十一年一月十五日
180	1905.02.19	光绪三十一年一月十六日
181	1905.02.20	光绪三十一年一月十七日
182	1905.02.21	光绪三十一年一月十八日
183	1905.02.22	光绪三十一年一月十九日
184	1905.02.23	光绪三十一年一月二十日
185	1905.02.24	光绪三十一年一月二十一日
186	1905.02.25	光绪三十一年一月二十二日

① 注：2月1日至2月8日，新年休刊八天。详见后注1。

187	1905.02.26	光绪三十一年一月二十三日
188	1905.02.27	光绪三十一年一月二十四日
189	1905.02.28	光绪三十一年一月二十五日
190	1905.03.01	光绪三十一年一月二十六日
191	1905.03.02	光绪三十一年一月二十七日
192	1905.03.03	光绪三十一年一月二十八日
193	1905.03.04	光绪三十一年一月二十九日
194	1905.03.05	光绪三十一年一月三十日
195	1905.03.06	光绪三十一年二月一日
196	1905.03.07	光绪三十一年二月二日
197	1905.03.08	光绪三十一年二月三日
198	1905.03.09	光绪三十一年二月四日
199	1905.03.10	光绪三十一年二月五日
200	1905.03.11	光绪三十一年二月六日
201	1905.03.12	光绪三十一年二月七日
202	1905.03.13	光绪三十一年二月八日
203	1905.03.14	光绪三十一年二月九日
204	1905.03.15	光绪三十一年二月十日
205	1905.03.16	光绪三十一年二月十一日
206	1905.03.17	光绪三十一年二月十二日
207	1905.03.18	光绪三十一年二月十三日
208	1905.03.19	光绪三十一年二月十四日
209	1905.03.20	光绪三十一年二月十五日
210	1905.03.21	光绪三十一年二月十六日
211	1905.03.22	光绪三十一年二月十七日
212	1905.03.23	光绪三十一年二月十八日
213	1905.03.24	光绪三十一年二月十九日
214	1905.03.25	光绪三十一年二月二十日
215	1905.03.26	光绪三十一年二月二十一日
216	1905.03.27	光绪三十一年二月二十二日
217	1905.03.28	光绪三十一年二月二十三日
218	1905.03.29	光绪三十一年二月二十四日
219	1905.03.30	光绪三十一年二月二十五日
220	1905.03.31	光绪三十一年二月二十六日
221	1905.04.01	光绪三十一年二月二十七日
222	1905.04.02	光绪三十一年二月二十八日

223	1905.04.03	光绪三十一年二月二十九日
224	1905.04.04	光绪三十一年二月三十日
225	1905.04.05	光绪三十一年三月一日
226	1905.04.06	光绪三十一年三月二日
227	1905.04.07	光绪三十一年三月三日
228	1905.04.08	光绪三十一年三月四日
229	1905.04.09	光绪三十一年三月五日
230	1905.04.10	光绪三十一年三月六日
231	1905.04.11	光绪三十一年三月七日
232	1905.04.12	光绪三十一年三月八日
233	1905.04.13	光绪三十一年三月九日
234	1905.04.14	光绪三十一年三月十日
235	1905.04.15	光绪三十一年三月十一日
236	1905.04.16	光绪三十一年三月十二日
237	1905.04.17	光绪三十一年三月十三日
238	1905.04.18	光绪三十一年三月十四日
239	1905.04.19	光绪三十一年三月十五日
240	1905.04.20	光绪三十一年三月十六日
241	1905.04.21	光绪三十一年三月十七日
242	1905.04.22	光绪三十一年三月十八日
243	1905.04.23	光绪三十一年三月十九日
244	1905.04.24	光绪三十一年三月二十日
245	1905.04.25	光绪三十一年三月二十一日
246	1905.04.26	光绪三十一年三月二十二日
247	1905.04.27	光绪三十一年三月二十三日
248	1905.04.28	光绪三十一年三月二十四日
249	1905.04.29	光绪三十一年三月二十五日
250	1905.04.30	光绪三十一年三月二十六日
251	1905.05.01	光绪三十一年三月二十七日
252	1905.05.02	光绪三十一年三月二十八日
253	1905.05.03	光绪三十一年三月二十九日
254	1905.05.04	光绪三十一年四月一日
255	1905.05.05	光绪三十一年四月二日
256	1905.05.06	光绪三十一年四月三日
257	1905.05.07	光绪三十一年四月四日
258	1905.05.08	光绪三十一年四月五日

259	1905.05.09	光绪三十一年四月六日
260	1905.05.10	光绪三十一年四月七日
261	1905.05.11	光绪三十一年四月八日
262	1905.05.12	光绪三十一年四月九日
263	1905.05.13	光绪三十一年四月十日
264	1905.05.14	光绪三十一年四月十一日
265	1905.05.15	光绪三十一年四月十二日
266	1905.05.16	光绪三十一年四月十三日
267	1905.05.17	光绪三十一年四月十四日
268	1905.05.18	光绪三十一年四月十五日
269	1905.05.19	光绪三十一年四月十六日
270	1905.05.20	光绪三十一年四月十七日
271	1905.05.21	光绪三十一年四月十八日
272	1905.05.22	光绪三十一年四月十九日
273	1905.05.23	光绪三十一年四月二十日
274	1905.05.24	光绪三十一年四月二十一日
275	1905.05.25	光绪三十一年四月二十二日
276	1905.05.26	光绪三十一年四月二十三日
277	1905.05.27	光绪三十一年四月二十四日
278	1905.05.28	光绪三十一年四月二十五日
279	1905.05.29	光绪三十一年四月二十六日
280	1905.05.30	光绪三十一年四月二十七日
281	1905.05.31	光绪三十一年四月二十八日
282	1905.06.01	光绪三十一年四月二十九日
283	1905.06.02	光绪三十一年四月三十日
284	1905.06.03	光绪三十一年五月一日
285	1905.06.04	光绪三十一年五月二日
286	1905.06.05	光绪三十一年五月三日
287	1905.06.06	光绪三十一年五月四日
288	1905.06.08	光绪三十一年五月六日①
289	1905.06.09	光绪三十一年五月七日
290	1905.06.10	光绪三十一年五月八日
291	1905.06.11	光绪三十一年五月九日
292	1905.06.12	光绪三十一年五月十日
293	1905.06.13	光绪三十一年五月十一日

① 注：6月7日，端午休刊一天。详见后注2。

294	1905.06.14	光绪三十一年五月十二日
295	1905.06.15	光绪三十一年五月十三日
296	1905.06.16	光绪三十一年五月十四日
297	1905.06.17	光绪三十一年五月十五日
298	1905.06.18	光绪三十一年五月十六日
299	1905.06.19	光绪三十一年五月十七日
300	1905.06.20	光绪三十一年五月十八日
301	1905.06.21	光绪三十一年五月十九日
302	1905.06.22	光绪三十一年五月二十日
303	1905.06.23	光绪三十一年五月二十一日
304	1905.06.24	光绪三十一年五月二十二日
305	1905.06.25	光绪三十一年五月二十三日
306	1905.06.26	光绪三十一年五月二十四日
307	1905.06.27	光绪三十一年五月二十五日
308	1905.06.28	光绪三十一年五月二十六日
309	1905.06.29	光绪三十一年五月二十七日
310	1905.06.30	光绪三十一年五月二十八日
311	1905.07.01	光绪三十一年五月二十九日
312	1905.07.02	光绪三十一年五月三十日
313	1905.07.03	光绪三十一年六月一日
314	1905.07.04	光绪三十一年六月二日
315	1905.07.05	光绪三十一年六月三日
316	1905.07.06	光绪三十一年六月四日
317	1905.07.07	光绪三十一年六月五日
318	1905.07.08	光绪三十一年六月六日
319	1905.07.09	光绪三十一年六月七日
320	1905.07.10	光绪三十一年六月八日
321	1905.07.11	光绪三十一年六月九日
322	1905.07.12	光绪三十一年六月十日
323	1905.07.13	光绪三十一年六月十一日
324	1905.07.14	光绪三十一年六月十二日
325	1905.07.15	光绪三十一年六月十三日
326	1905.07.16	光绪三十一年六月十四日
327	1905.07.17	光绪三十一年六月十五日
328	1905.07.18	光绪三十一年六月十六日
329	1905.07.19	光绪三十一年六月十七日

330	1905.07.20	光绪三十一年六月十八日
331	1905.07.21	光绪三十一年六月十九日
332	1905.07.22	光绪三十一年六月二十日
333	1905.07.23	光绪三十一年六月二十一日
334	1905.07.24	光绪三十一年六月二十二日
335	1905.07.25	光绪三十一年六月二十三日
336	1905.07.26	光绪三十一年六月二十四日
337	1905.07.27	光绪三十一年六月二十五日
338	1905.07.28	光绪三十一年六月二十六日
339	1905.07.29	光绪三十一年六月二十七日
340	1905.07.30	光绪三十一年六月二十八日
341	1905.07.31	光绪三十一年六月二十九日
342	1905.08.01	光绪三十一年七月一日
343	1905.08.02	光绪三十一年七月二日
344	1905.08.03	光绪三十一年七月三日
345	1905.08.04	光绪三十一年七月四日
346	1905.08.05	光绪三十一年七月五日
347	1905.08.06	光绪三十一年七月六日
348	1905.08.07	光绪三十一年七月七日
349	1905.08.08	光绪三十一年七月八日
350	1905.08.09	光绪三十一年七月九日
351	1905.08.10	光绪三十一年七月十日
352	1905.08.11	光绪三十一年七月十一日
353	1905.08.12	光绪三十一年七月十二日
354	1905.08.13	光绪三十一年七月十三日
355	1905.08.14	光绪三十一年七月十四日
356	1905.08.15	光绪三十一年七月十五日
357	1905.08.16	光绪三十一年七月十六日
358	1905.08.17	光绪三十一年七月十七日
359	1905.08.18	光绪三十一年七月十八日
360	1905.08.19	光绪三十一年七月十九日
361	1905.08.20	光绪三十一年七月二十日
362	1905.08.21	光绪三十一年七月二十一日
363	1905.08.22	光绪三十一年七月二十二日
364	1905.08.23	光绪三十一年七月二十三日
365	1905.08.24	光绪三十一年七月二十四日

366	1905.08.25	光绪三十一年七月二十五日
367	1905.08.26	光绪三十一年七月二十六日
368	1905.08.27	光绪三十一年七月二十七日
369	1905.08.28	光绪三十一年七月二十八日
370	1905.08.29	光绪三十一年七月二十九日
371	1905.08.30	光绪三十一年八月一日
372	1905.08.31	光绪三十一年八月二日
373	1905.09.01	光绪三十一年八月三日
374	1905.09.02	光绪三十一年八月四日
375	1905.09.03	光绪三十一年八月五日
376	1905.09.04	光绪三十一年八月六日
377	1905.09.05	光绪三十一年八月七日
378	1905.09.06	光绪三十一年八月八日
379	1905.09.07	光绪三十一年八月九日
380	1905.09.08	光绪三十一年八月十日
381	1905.09.09	光绪三十一年八月十一日
382	1905.09.10	光绪三十一年八月十二日
383	1905.09.11	光绪三十一年八月十三日
384	1905.09.12	光绪三十一年八月十四日
385	1905.09.14	光绪三十一年八月十六日①
386	1905.09.15	光绪三十一年八月十七日
387	1905.09.16	光绪三十一年八月十八日
388	1905.09.17	光绪三十一年八月十九日
389	1905.09.18	光绪三十一年八月二十日
390	1905.09.19	光绪三十一年八月二十一日
391	1905.09.20	光绪三十一年八月二十二日
392	1905.09.21	光绪三十一年八月二十三日
393	1905.09.22	光绪三十一年八月二十四日
394	1905.09.23	光绪三十一年八月二十五日
395	1905.09.24	光绪三十一年八月二十六日
396	1905.09.25	光绪三十一年八月二十七日
397	1905.09.26	光绪三十一年八月二十八日
398	1905.09.27	光绪三十一年八月二十九日
399	1905.09.28	光绪三十一年八月三十日
400	1905.09.29	光绪三十一年九月一日

① 注：9月13日，中秋休刊一天。详见后注3。

401	1905.09.30	光绪三十一年九月二日
402	1905.10.01	光绪三十一年九月三日
403	1905.10.02	光绪三十一年九月四日
404	1905.10.03	光绪三十一年九月五日
405	1905.10.04	光绪三十一年九月六日
406	1905.10.05	光绪三十一年九月七日
407	1905.10.06	光绪三十一年九月八日
408	1905.10.07	光绪三十一年九月九日
409	1905.10.08	光绪三十一年九月十日
410	1905.10.09	光绪三十一年九月十一日
411	1905.10.10	光绪三十一年九月十二日
412	1905.10.11	光绪三十一年九月十三日
413	1905.10.12	光绪三十一年九月十四日
414	1905.10.13	光绪三十一年九月十五日
415	1905.10.14	光绪三十一年九月十六日
416	1905.10.15	光绪三十一年九月十七日
417	1905.10.16	光绪三十一年九月十八日
418	1905.10.17	光绪三十一年九月十九日
419	1905.10.18	光绪三十一年九月二十日
420	1905.10.19	光绪三十一年九月二十一日
421	1905.10.20	光绪三十一年九月二十二日
422	1905.10.21	光绪三十一年九月二十三日
423	1905.10.22	光绪三十一年九月二十四日
424	1905.10.23	光绪三十一年九月二十五日
425	1905.10.24	光绪三十一年九月二十六日
426	1905.10.25	光绪三十一年九月二十七日
427	1905.10.26	光绪三十一年九月二十八日
428	1905.10.27	光绪三十一年九月二十九日
429	1905.10.28	光绪三十一年十月一日
430	1905.10.29	光绪三十一年十月二日
431	1905.10.30	光绪三十一年十月三日
432	1905.10.31	光绪三十一年十月四日
433	1905.11.01	光绪三十一年十月五日
434	1905.11.02	光绪三十一年十月六日
435	1905.11.03	光绪三十一年十月七日
436	1905.11.04	光绪三十一年十月八日

437	1905.11.05	光绪三十一年十月九日
438	1905.11.06	光绪三十一年十月十日
439	1905.11.07	光绪三十一年十月十一日
440	1905.11.08	光绪三十一年十月十二日
441	1905.11.09	光绪三十一年十月十三日
442	1905.11.10	光绪三十一年十月十四日
443	1905.11.11	光绪三十一年十月十五日
444	1905.11.12	光绪三十一年十月十六日
445	1905.11.13	光绪三十一年十月十七日
446	1905.11.14	光绪三十一年十月十八日
447	1905.11.15	光绪三十一年十月十九日
448	1905.11.16	光绪三十一年十月二十日
449	1905.11.17	光绪三十一年十月二十一日
450	1905.11.18	光绪三十一年十月二十二日
451	1905.11.19	光绪三十一年十月二十三日
452	1905.11.20	光绪三十一年十月二十四日
453	1905.11.21	光绪三十一年十月二十五日
454	1905.11.22	光绪三十一年十月二十六日
455	1905.11.23	光绪三十一年十月二十七日
456	1905.11.24	光绪三十一年十月二十八日
457	1905.11.25	光绪三十一年十月二十九日
458	1905.11.26	光绪三十一年十月三十日
459	1905.11.27	光绪三十一年十一月一日
460	1905.11.28	光绪三十一年十一月二日
461	1905.11.29	光绪三十一年十一月三日
462	1905.11.30	光绪三十一年十一月四日
463	1905.12.01	光绪三十一年十一月五日
464	1905.12.02	光绪三十一年十一月六日
465	1905.12.03	光绪三十一年十一月七日
466	1905.12.04	光绪三十一年十一月八日
467	1905.12.05	光绪三十一年十一月九日
468	1905.12.06	光绪三十一年十一月十日
469	1905.12.07	光绪三十一年十一月十一日
470	1905.12.08	光绪三十一年十一月十二日
471	1905.12.09	光绪三十一年十一月十三日
472	1905.12.10	光绪三十一年十一月十四日

473	1905.12.11	光绪三十一年十一月十五日
474	1905.12.12	光绪三十一年十一月十六日
475	1905.12.13	光绪三十一年十一月十七日
476	1905.12.14	光绪三十一年十一月十八日
477	1905.12.15	光绪三十一年十一月十九日
478	1905.12.16	光绪三十一年十一月二十日
479	1905.12.17	光绪三十一年十一月二十一日
480	1905.12.18	光绪三十一年十一月二十二日
481	1905.12.19	光绪三十一年十一月二十三日
482	1905.12.20	光绪三十一年十一月二十四日
483	1905.12.21	光绪三十一年十一月二十五日
484	1905.12.22	光绪三十一年十一月二十六日
485	1905.12.23	光绪三十一年十一月二十七日
486	1905.12.24	光绪三十一年十一月二十八日
487	1905.12.25	光绪三十一年十一月二十九日
488	1905.12.26	光绪三十一年十二月一日
489	1905.12.27	光绪三十一年十二月二日
490	1905.12.28	光绪三十一年十二月三日
491	1905.12.29	光绪三十一年十二月四日
492	1905.12.30	光绪三十一年十二月五日
493	1905.12.31	光绪三十一年十二月六日
494	1906.01.01	光绪三十一年十二月七日
495	1906.01.02	光绪三十一年十二月八日
496	1906.01.03	光绪三十一年十二月九日
497	1906.01.04	光绪三十一年十二月十日
498	1906.01.05	光绪三十一年十二月十一日
499	1906.01.06	光绪三十一年十二月十二日
500	1906.01.07	光绪三十一年十二月十三日
501	1906.01.08	光绪三十一年十二月十四日
502	1906.01.09	光绪三十一年十二月十五日
503	1906.01.10	光绪三十一年十二月十六日
504	1906.01.11	光绪三十一年十二月十七日
505	1906.01.12	光绪三十一年十二月十八日
506	1906.01.13	光绪三十一年十二月十九日
507	1906.01.14	光绪三十一年十二月二十日
508	1906.01.15	光绪三十一年十二月二十一日

509	1906.01.16	光绪三十一年十二月二十二日
510	1906.01.17	光绪三十一年十二月二十三日
511	1906.01.18	光绪三十一年十二月二十四日
512	1906.01.19	光绪三十一年十二月二十五日
513	1906.01.20	光绪三十一年十二月二十六日
514	1906.02.01	光绪三十二年一月八日①
515	1906.02.02	光绪三十二年一月九日
516	1906.02.03	光绪三十二年一月十日
517	1906.02.04	光绪三十二年一月十一日
518	1906.02.05	光绪三十二年一月十二日
519	1906.02.06	光绪三十二年一月十三日
520	1906.02.07	光绪三十二年一月十四日
521	1906.02.08	光绪三十二年一月十五日
522	1906.02.09	光绪三十二年一月十六日
523	1906.02.10	光绪三十二年一月十七日
524	1906.02.11	光绪三十二年一月十八日
525	1906.02.12	光绪三十二年一月十九日
526	1906.02.13	光绪三十二年一月二十日
527	1906.02.14	光绪三十二年一月二十一日
528	1906.02.15	光绪三十二年一月二十二日
529	1906.02.16	光绪三十二年一月二十三日
530	1906.02.17	光绪三十二年一月二十四日
531	1906.02.18	光绪三十二年一月二十五日
532	1906.02.19	光绪三十二年一月二十六日
533	1906.02.20	光绪三十二年一月二十七日
534	1906.02.21	光绪三十二年一月二十八日
535	1906.02.22	光绪三十二年一月二十九日
536	1906.02.23	光绪三十二年二月一日
537	1906.02.24	光绪三十二年二月二日
538	1906.02.25	光绪三十二年二月三日
539	1906.02.26	光绪三十二年二月四日
540	1906.02.27	光绪三十二年二月五日
541	1906.02.28	光绪三十二年二月六日
542	1906.03.01	光绪三十二年二月七日
543	1906.03.02	光绪三十二年二月八日

① 注：1 月 21 日至 1 月 31 日，新年休刊 11 天。详见后注 4。

544	1906.03.03	光绪三十二年二月九日
545	1906.03.04	光绪三十二年二月十日
546	1906.03.05	光绪三十二年二月十一日
547	1906.03.06	光绪三十二年二月十二日
548	1906.03.07	光绪三十二年二月十三日
549	1906.03.08	光绪三十二年二月十四日
550	1906.03.09	光绪三十二年二月十五日
551	1906.03.10	光绪三十二年二月十六日
552	1906.03.11	光绪三十二年二月十七日
553	1906.03.12	光绪三十二年二月十八日
554	1906.03.13	光绪三十二年二月十九日
555	1906.03.14	光绪三十二年二月二十日
556	1906.03.15	光绪三十二年二月二十一日
557	1906.03.16	光绪三十二年二月二十二日
558	1906.03.17	光绪三十二年二月二十三日
559	1906.03.18	光绪三十二年二月二十四日
560	1906.03.19	光绪三十二年二月二十五日
561	1906.03.20	光绪三十二年二月二十六日
562	1906.03.21	光绪三十二年二月二十七日
563	1906.03.22	光绪三十二年二月二十八日
564	1906.03.23	光绪三十二年二月二十九日
565	1906.03.24	光绪三十二年二月三十日
566	1906.03.25	光绪三十二年三月一日
567	1906.03.26	光绪三十二年三月二日
568	1906.03.27	光绪三十二年三月三日
569	1906.03.28	光绪三十二年三月四日
570	1906.03.29	光绪三十二年三月五日
571	1906.03.30	光绪三十二年三月六日
572	1906.03.31	光绪三十二年三月七日
573	1906.04.01	光绪三十二年三月八日
574	1906.04.02	光绪三十二年三月九日
575	1906.04.03	光绪三十二年三月十日
576	1906.04.04	光绪三十二年三月十一日
577	1906.04.05	光绪三十二年三月十二日
578	1906.04.06	光绪三十二年三月十三日
579	1906.04.07	光绪三十二年三月十四日

580	1906.04.08	光绪三十二年三月十五日
581	1906.04.09	光绪三十二年三月十六日
582	1906.04.10	光绪三十二年三月十七日
583	1906.04.11	光绪三十二年三月十八日
584	1906.04.12	光绪三十二年三月十九日
585	1906.04.13	光绪三十二年三月二十日
586	1906.04.14	光绪三十二年三月二十一日
587	1906.04.15	光绪三十二年三月二十二日
588	1906.04.16	光绪三十二年三月二十三日
589	1906.04.17	光绪三十二年三月二十四日
590	1906.04.18	光绪三十二年三月二十五日
591	1906.04.19	光绪三十二年三月二十六日
592	1906.04.20	光绪三十二年三月二十七日
593	1906.04.21	光绪三十二年三月二十八日
594	1906.04.22	光绪三十二年三月二十九日
595	1906.04.23	光绪三十二年三月三十日
596	1906.04.24	光绪三十二年四月一日
597	1906.04.25	光绪三十二年四月二日
598	1906.04.26	光绪三十二年四月三日
599	1906.04.27	光绪三十二年四月四日
600	1906.04.28	光绪三十二年四月五日
601	1906.04.29	光绪三十二年四月六日
602	1906.04.30	光绪三十二年四月七日
603	1906.05.01	光绪三十二年四月八日
604	1906.05.02	光绪三十二年四月九日
605	1906.05.03	光绪三十二年四月十日
606	1906.05.04	光绪三十二年四月十一日
607	1906.05.05	光绪三十二年四月十二日
608	1906.05.06	光绪三十二年四月十三日
609	1906.05.07	光绪三十二年四月十四日
610	1906.05.08	光绪三十二年四月十五日
611	1906.05.09	光绪三十二年四月十六日
612	1906.05.10	光绪三十二年四月十七日
613	1906.05.11	光绪三十二年四月十八日
614	1906.05.12	光绪三十二年四月十九日
615	1906.05.13	光绪三十二年四月二十日

616	1906.05.14	光绪三十二年四月二十一日
617	1906.05.15	光绪三十二年四月二十二日
618	1906.05.16	光绪三十二年四月二十三日
619	1906.05.17	光绪三十二年四月二十四日
620	1906.05.18	光绪三十二年四月二十五日
621	1906.05.19	光绪三十二年四月二十六日
622	1906.05.20	光绪三十二年四月二十七日
623	1906.05.21	光绪三十二年四月二十八日
624	1906.05.22	光绪三十二年四月二十九日
625	1906.05.23	光绪三十二年闰四月一日
626	1906.05.24	光绪三十二年闰四月二日
627	1906.05.25	光绪三十二年闰四月三日
628	1906.05.26	光绪三十二年闰四月四日
629	1906.05.27	光绪三十二年闰四月五日
630	1906.05.28	光绪三十二年闰四月六日
631	1906.05.29	光绪三十二年闰四月七日
632	1906.05.30	光绪三十二年闰四月八日
633	1906.05.31	光绪三十二年闰四月九日
634	1906.06.01	光绪三十二年闰四月十日
635	1906.06.02	光绪三十二年闰四月十一日
636	1906.06.03	光绪三十二年闰四月十二日
637	1906.06.04	光绪三十二年闰四月十三日
638	1906.06.05	光绪三十二年闰四月十四日
639	1906.06.06	光绪三十二年闰四月十五日
640	1906.06.07	光绪三十二年闰四月十六日
641	1906.06.08	光绪三十二年闰四月十七日
642	1906.06.09	光绪三十二年闰四月十八日
643	1906.06.10	光绪三十二年闰四月十九日
644	1906.06.11	光绪三十二年闰四月二十日
645	1906.06.12	光绪三十二年闰四月二十一日
646	1906.06.13	光绪三十二年闰四月二十二日
647	1906.06.14	光绪三十二年闰四月二十三日
648	1906.06.15	光绪三十二年闰四月二十四日
649	1906.06.16	光绪三十二年闰四月二十五日
650	1906.06.17	光绪三十二年闰四月二十六日
651	1906.06.18	光绪三十二年闰四月二十七日

652	1906.06.19	光绪三十二年闰四月二十八日
653	1906.06.20	光绪三十二年闰四月二十九日
654	1906.06.21	光绪三十二年闰四月三十日
655	1906.06.22	光绪三十二年五月一日
656	1906.06.23	光绪三十二年五月二日
657	1906.06.24	光绪三十二年五月三日
658	1906.06.25	光绪三十二年五月四日
659	1906.06.27	光绪三十二年五月六日①
660	1906.06.28	光绪三十二年五月七日
661	1906.06.29	光绪三十二年五月八日
662	1906.06.30	光绪三十二年五月九日
663	1906.07.01	光绪三十二年五月十日
664	1906.07.02	光绪三十二年五月十一日
665	1906.07.03	光绪三十二年五月十二日
666	1906.07.04	光绪三十二年五月十三日
667	1906.07.05	光绪三十二年五月十四日
668	1906.07.06	光绪三十二年五月十五日
669	1906.07.07	光绪三十二年五月十六日
670	1906.07.08	光绪三十二年五月十七日
671	1906.07.09	光绪三十二年五月十八日
672	1906.07.10	光绪三十二年五月十九日
673	1906.07.11	光绪三十二年五月二十日
674	1906.07.12	光绪三十二年五月二十一日
675	1906.07.13	光绪三十二年五月二十二日
676	1906.07.14	光绪三十二年五月二十三日
677	1906.07.15	光绪三十二年五月二十四日
678	1906.07.16	光绪三十二年五月二十五日
679	1906.07.17	光绪三十二年五月二十六日
680	1906.07.18	光绪三十二年五月二十七日
681	1906.07.19	光绪三十二年五月二十八日
682	1906.07.20	光绪三十二年五月二十九日
683	1906.07.21	光绪三十二年六月一日
684	1906.07.22	光绪三十二年六月二日

① 注：6月26日，端午休刊一天。详见后注5。

685	1906.07.23	光绪三十二年六月三日
686	1906.07.24	光绪三十二年六月四日
687	1906.07.25	光绪三十二年六月五日
688	1906.07.26	光绪三十二年六月六日
689	1906.07.27	光绪三十二年六月七日
690	1906.07.28	光绪三十二年六月八日
691	1906.07.29	光绪三十二年六月九日
692	1906.07.30	光绪三十二年六月十日
693	1906.07.31	光绪三十二年六月十一日
694	1906.08.01	光绪三十二年六月十二日
695	1906.08.02	光绪三十二年六月十三日
696	1906.08.03	光绪三十二年六月十四日
697	1906.08.04	光绪三十二年六月十五日
698	1906.08.05	光绪三十二年六月十六日
699	1906.08.06	光绪三十二年六月十七日
700	1906.08.07	光绪三十二年六月十八日
701	1906.08.08	光绪三十二年六月十九日
702	1906.08.09	光绪三十二年六月二十日
703	1906.08.10	光绪三十二年六月二十一日
704	1906.08.11	光绪三十二年六月二十二日
705	1906.08.12	光绪三十二年六月二十三日
706	1906.08.13	光绪三十二年六月二十四日
707	1906.08.14	光绪三十二年六月二十五日
708	1906.08.15	光绪三十二年六月二十六日
709	1906.08.17	光绪三十二年六月二十八日①
710	1906.08.18	光绪三十二年六月二十九日
711	1906.08.19	光绪三十二年六月三十日
712	1906.08.20	光绪三十二年七月一日
713	1906.08.21	光绪三十二年七月二日
714	1906.08.22	光绪三十二年七月三日
715	1906.08.23	光绪三十二年七月四日
716	1906.08.24	光绪三十二年七月五日
717	1906.08.25	光绪三十二年七月六日
718	1906.08.26	光绪三十二年七月七日

① 注：8月16日，光绪皇帝生辰日，休刊一天。详见后注6。

719	1906.08.27	光绪三十二年七月八日
720	1906.08.28	光绪三十二年七月九日
721	1906.08.29	光绪三十二年七月十日
722	1906.08.30	光绪三十二年七月十一日
723	1906.08.31	光绪三十二年七月十二日
724	1906.09.01	光绪三十二年七月十三日
725	1906.09.02	光绪三十二年七月十四日
726	1906.09.03	光绪三十二年七月十五日
727	1906.09.04	光绪三十二年七月十六日
728	1906.09.05	光绪三十二年七月十七日
729	1906.09.06	光绪三十二年七月十八日
730	1906.09.07	光绪三十二年七月十九日
731	1906.09.08	光绪三十二年七月二十日
732	1906.09.09	光绪三十二年七月二十一日
733	1906.09.10	光绪三十二年七月二十二日
734	1906.09.11	光绪三十二年七月二十三日
735	1906.09.12	光绪三十二年七月二十四日
736	1906.09.13	光绪三十二年七月二十五日
737	1906.09.14	光绪三十二年七月二十六日
738	1906.09.15	光绪三十二年七月二十八日
739	1906.09.16	光绪三十二年七月二十九日
740	1906.09.17	光绪三十二年七月三十日
741	1906.09.18	光绪三十二年八月一日
742	1906.09.19	光绪三十二年八月二日
743	1906.09.20	光绪三十二年八月三日
744	1906.09.21	光绪三十二年八月四日
745	1906.09.22	光绪三十二年八月五日
746	1906.0923	光绪三十二年八月六日
747	1906.09.24	光绪三十二年八月七日
748	1906.09.25	光绪三十二年八月八日
749	1906.09.26	光绪三十二年八月九日
750	1906.09.27	光绪三十二年八月十日
751	1906.09.28	光绪三十二年八月十一日
752	1906.09.29	光绪三十二年八月十二日①

① 9月29日“彭翼仲案”发生。详见后注7。

注：

1.《京话日报》第170号（1905年2月9日，光绪三十一年一月初六日）演说《恭贺新年》：

“匆匆忙忙又过了一年，今日已是乙巳年的第六天。本报借着过年，年前年后，偷懒了八天。”

再参阅第170号及其前报纸刊登的上谕和宫门抄，可知《京话日报》于1905年2月1日至2月8日，休刊8天。

2. 1905年6月7日为端午日，休刊一天。报方未发布此日休刊消息，但是，所刊登的宫门抄则显露了休刊信息：

第287号报纸（1905年6月6日，光绪三十一年五月初四日）的宫门抄是“五月初四日补录五月初三日”吏部等之事，第288号报纸（1905年6月8日，光绪三十一年五月初六日）的宫门抄则合登五月初四日和初五信息，即“五月初六日补录”五月初四日户部等之事、五月初五礼部等之事，据此可知五月初五日（1905年6月7日）未出报。

3. 1905年9月13日为中秋日，报纸休刊一天。报方未发布此日休刊消息，但是，所刊登的宫门抄则显露了此日未出报：

第384号（1905年9月12日，光绪三十一年八月十四日）报纸的宫门抄行文是“八月十四日内务部、国子监、厢蓝旗”等之事，第385号报纸注明“上谕、宫门抄明日补登”，第386号报纸则合登“八月十五日理藩院、光禄寺”等之事，“十六日外务部、钦天监、侍卫处”等之事，据此可知八月十五日（1905年9月13日）未出报，第385号为1905年9月14日（光绪三十一年八月十六日）的报纸。

4.《京话日报》第514号演说《新年祝词》：“今天是光绪三十二年，丙午的新正初八日，为本馆今年出报头一天。”

该日报纸的上谕宫门抄是“正月初七日希朗阿假满请安”等事，可知第514号报出版时间是1906年2月1日，即光绪三十二年一月初八日。

此前的第513号报纸的上谕宫门抄是“十二月二十五日甘肃知府廉兴谢恩”等事，可知第513号报纸的出版时间是1906年1月20日，即光绪三十一年十二月二十六日。

从1906年1月21日至1906年2月1日，《京话日报》休刊11天。

5. 1906年6月26日为端午日，报纸休刊一天。报方未发布此日休刊消息，但是，所刊登的宫门抄则显露了此日未出报：

第658号报纸的宫门抄是“五月初三日商部、銮仪卫、厢黄旗”等之事，第659

号报纸的宫门抄则合登"五月初四日吏部、翰林院、正黄旗"等之事,"五月初五日户部、宗人府、正白旗"等之事,据此可知五月初五日未出报,第659号为1906年6月27日(光绪三十二年五月六日)的报纸。

6.第708号报纸(1906年8月15日,光绪三十二年六月二十六日)刊登告白:"今日为万寿圣节,停工一天,明日不出版。特白。"此谓因光绪皇帝生辰日,第二天休刊。故第709号是1906年8月17日(光绪三十二年六月二十八日)的报纸。

7.1906年9月29日"彭翼仲案"发生。彭翼仲在《京话日报》"千号纪念"专刊(1914年6月26日)的演说《本报十年小影》中言此日报纸为第752号,但至今存报中未见此报,上节对此已述。

---

1 见梁漱溟:《记彭翼仲先生——清末爱国维新运动一个极有力人物》。

2 吴梓箴撰写的演说《哭翼仲》:"余与翼仲为十五年前道义之交,溯至前清光绪甲辰七月初六日,《京话日报》出版,于八月初七日以后,新闻之中,日日有记者之笔墨(原注:《中华报》同),或学着演说,故记者尝谓与《京话日报》相终始者,以此。迨丙午八月十二日,两报被封,翼仲逮系,余两次入系所探视,以古铜'自强'二字汉印赠为记念,自是而为患难之知已。"(见《京话日报》第2353号,1918年5月4日)

3 《京话日报》第2380号(1918年5月31日)在署名玉淑的演说《为苦同胞想法》后,吴梓箴作了附识,其文指出:"记者自民国三年冬,受本社前主任彭翼仲君之委托,经理介绍慈善一事。每年于结束之时,皆详细报告,至今已年届四载。……记者经理此事,事事躬亲,……古人有云:'岂能尽如人意,但求不愧我心',此二语不啻为记者写照也。"

4 彭翼仲在1918年撰写的演说《吃纸》中说:"敝人脱离报界忽忽已有四年。民国三年以后,别有职业,也无暇兼顾报事。又值洪宪发生,心实不甘拥戴,因有自行停版之议。奈吴梓箴、颜宜朋二君,与本报有报存亦存、报亡亦亡之势,不忍因一己负气,殃及池鱼,不得已自到警厅换领执照,呈明委托吴梓箴经理。"(见《京话日报》第2568号,1918年12月12日)

5 "余与翼仲晨夕相依,情愈骨肉,虽前岁本报主任更易余名,然精神上则仍有翼仲在。"见吴梓箴撰写的演说《哭翼仲》,《京话日报》第2353号,1918年5月4日。

6 吴梓箴撰写的演说《哭翼仲》,《京话日报》2353号,1918年5月4日。

7 吴梓箴:《警劝世人》,《京话日报》第2557号,1918年12月1日。

8 见彭翼仲撰写的演说《哭梓箴》,《京话日报》第2558号,1918年12月2日。

9 见王鸿莉博士论文《清末北京下层启蒙运动——以〈京话日报〉为中心》,北京大学,2010年6月,第36页。

10 茁窳的演说《杞人忧天》,《京话日报》第289号,1905年6月9日。

11 见彭翼仲的演说《本报不愿多销》,《京话日报》第2575号,1918年12月19日。

12 署名隐鸣的演说《彭翼仲》,见《群强报》第332号,1913年5月7日。

13 彭翼仲曾指出:"炳堂自画《启蒙画报》后,声名鹊起,辗转入学部,为画图处重要人物矣。"见《彭翼仲五十年历史·戌程载笔卷一》中丁未三月初五日即1907年4月17日所记。

14　见《京话日报》第 264 号，1905 年 5 月 14 日。

15　时事要闻《演说会成立》，《中华报》第 609 册，1906 年 8 月 30 日。

16　边框外告白，见《京话日报》第 698 号，1906 年 8 月 5 日。

17　彭翼仲对如麟君的《回函》，《京话日报》第 446 号，1905 年 11 月 14 日。

18　黄河《清朝末年的北京报刊》中说：《京话日报》“社长彭翼仲，编辑文啙窳、吴子箴、文实权、春治先等。”这里“吴子箴”之“子”当为“梓”，“文实权”系误载，而把春治先作为编辑，则明显有误。这个误说颇有影响，其后许多新闻史著作沿用了把春治先作为编辑这一说法，如何炳然《清末几家有影响之民间报刊的创刊与特色》（《新闻与传播研究》1989 年第 2 期）指出，“编辑有秦治先”，“秦”是“春”之误；2006 年出版的《京话日报》影印本，出版者在《影印前言》中有“创办人彭翼仲，编辑吴子箴、春治先等”等语。这些说法都有不确之处。

19　《尚友讲报处的演说》，第 374 号（1905 年 9 月 2 日）、《爱国（初五日在广德楼演说）》，第 634 号（1906 年 6 月 1 日）、《兴化女学堂开学王子贞演说》，第 675 号（1906 年 7 月 13 日）。

20　见 1908 年 11 月 3 日的《正宗爱国报》。

21　见王鸿莉博士论文《清末北京下层启蒙运动——以〈京话日报〉为中心》，北京大学，2010 年 6 月，第 97 页。

22　刘瀛东的演说《沿街贴报》，第 248 号，1905 年 4 月 28 日。

23　本京新闻《设立女识字义塾》，《京话日报》第 504 号，1906 年 1 月 11 日。

24　本京新闻《讲解的效验》，《京话日报》第 431 号，1905 年 10 月 30 日，本京新闻《识字义塾的功效》，第 434 号，1905 年 11 月 2 日。

25　要紧新闻《刘瀛东肯尽义务译书》，《京话日报》第 567 号，1906 年 3 月 26 日；演说《英文书述说华工受虐情形感言》，《京话日报》第 573、574 号，1906 年 4 月 1 日、2 日。

26　彭翼仲生还京门之后，在《群强报》同人举行的欢迎会上的《答词》，见《群强报》第 361 号，1913 年 6 月 5 日。

27　《大公报》第 2956 号，1910 年 10 月 17 日。

28　《北京女报》第 600 号的本京新闻。

29　参看梁漱溟：《回顾家世与生平并试作检讨》，载《忆往谈旧录》，金城出版社，2006 年第 1 版，第 3 ~ 8 页。

30　梁漱溟：《回顾家世与生平并试作检讨》，载《忆往谈旧录》，第 5 页，金城出版社，2006 年 2 月。

31　梁漱溟：《回顾家世与生平并试作检讨》，载《忆往谈旧录》，第 7 页，金城出版社，2006 年 2 月。

32　梁巨川资助彭翼仲办报之事，见《桂林梁先生遗书》，载《梁漱溟全集》第 575 ~ 577 页。

33　梁漱溟：《我的自学小史》，见《忆往谈旧录》，中国文史出版社，1987 年第 1 版，第 11 页。

34　新戏《女子爱国》之桂岭劳人识，《京话日报》第 664 号，1906 年 7 月 2 日。

35　代演说《梁巨川先生遗书之一》，《京话日报》第 2540 号，1918 年 11 月 12 日。

36　彭翼仲：《梁巨川先生就义之状况》，《京话日报》第 2541 号，1918 年 11 月 13 日。

37　代演说《清臣梁济殉义遗笔敬告世人》，《京话日报》第 2542 号，1918 年 11 月 14 日。

38　《彭翼仲再白》，《京话日报》第 2542 号，1918 年 11 月 14 日。

39　吴梓箴的演说《贺梁巨川》，《京话日报》第 2541 号，1918 年 11 月 13 日。

40　《梁巨川遗书》，黄曙辉校注，华东师范大学出版社，2008 年 10 月第 1 版，第 51 页。

41　《桂林梁先生遗书》，见《梁漱溟全集》，山东人民出版社，第 578 页。

42 见陈干的演说《一个步兵的志向》，《京话日报》第205号，1905年3月16日。

43 陈干的演说《大呼我陆军同胞》，《京话日报》第243号，1905年4月23日。

44 《彭翼仲五十年历史》之《弟子陈干事略》，《爱国报人 维新志士彭翼仲》第176页。

45 《彭翼仲五十年历史》之《弟子陈干事略》，《爱国报人 维新志士彭翼仲》第176页。

46 见《彭翼仲五十年历史》之《弟子陈干事略》，《爱国报人 维新志士彭翼仲》第177页。

47 转引自佟立容《文化之师，人格之师——彭翼仲对陈干的深刻影响》，中国新闻史学会《新闻春秋》第8辑（2004年3月），第11页。

48 《彭翼仲五十年历史》之《弟子陈干事略》，《爱国报人 维新志士彭翼仲》第176页。

49 彭翼仲的演说《本报十年小影》，《京话日报》第1000号，1914年6月26日。

50 彭翼仲的演说《训戴兰生》，《京话日报》第2585号，1918年12月30日。

51 梁漱溟：《记彭翼仲先生——清末爱国维新运动一个极有力人物》。

52 方汉奇:《清末的〈京话日报〉》,《辛亥革命时期期刊介绍》第5辑，1987年11月第1版。

53 署名竹木川的演说《痛昔哀今》，《群强报》第328号，1813年5月3日。按：竹木川是吴梓箴的笔名。

54 《彭翼仲五十年历史》之《维持人道而种祸》,《爱国报人 维新志士彭翼仲》第130～131页。

彭翼仲生平大事记

1864 年 11 月 25 日（清同治三年十月二十七日）亥时，生于北京，谱名诒孙，字翼仲，后以字行。

1870 年，7 岁。由父亲教授文字，此后数年读蒙书。

1880 年，17 岁。娶江苏甘泉人董宜香。

1885 年，22 岁。四伯父彭祖贤去世。此后生计绝其资助，家道渐衰。

参加顺天乡试，不中，被挑取录为汉誊录官。

1889 年，26 岁。夫人董氏去世。董氏生一男二女，男殇，女为清绮、清缃。

全家租住于保安寺街，但在欠租十数月的窘况下，只好变卖亡妻的陪嫁，购下该屋。

1890 年，27 岁。京城连雨数十日，全家暂避于长元吴馆，雨住之后，保安寺街住房倒塌，不能再住，只得在醋张胡同租房暂居。售出保安寺房屋，得六百金。适京中破屋甚多，便择而购之，加以修葺，再予以出售。如此随修随售，有所获利。至 1894 年（甲午年）中日战争起，此业遂休。

1892 年，29 岁。娶山阴女孙釦芗。

1894 年，31 岁。应友人徐桐村之约，到河南怀庆办理矿山事务，至 1898 年完结其事。生长子清杰。

1895年，32岁。康有为成立强学会，有人劝彭翼仲加入，但“自认所学无短长”，婉拒不入。生次子清仪。

1897年，34岁。出资捐得六品通判官衔。

1898年，35岁。因早年参与校勘、誊写的《平定陕甘新疆回匪方略》《（平定）云南回匪方略》和《（平定）贵州苗匪方纪略》受到奖励，获得“从优议叙”待遇，被授通判实职。

春，经签掣确定任职江西通判，赴江西就职。

不堪官场丑态，遂以父病为由，告假北归，弃官不为。

1900年，37岁。5月，迎妾段耘蓝入彭门。

8月，洋兵入城，京内大乱，举家困陷危城。

8月18日午后，美兵四人闯入彭宅，倾筐倒箧，搜索殆遍，掳去时表、首饰等物。次日清晨，美兵八人又闯入彭宅，逼迫主人交出银元。彭翼仲以胸膛直抵美兵枪口，以命相抗。

耳目失灵的老父受惊吓，一个月后即遭大故。

1902年，39岁。春，从弟谷孙由上海至京，二人痛论时局，形成教育儿童以救国难的共识，于是决计创办《启蒙画报》。

6月23日（光绪二十八年五月十八日），《启蒙画报》创刊。初为日刊，日出16开纸四张，共八版。馆址在前门外五道庙街路西。

1903年，40岁。春，在报馆创办蒙养学堂，采用上海印书局编印的教科书，开设英语课程，实行男女同班。

3月，《启蒙画报》第一次改良，改为月出一册，每月晦日出版。

9月，《启蒙画报》第二次改良，将月出一册改为每月晦日出上半册，朔日出下半册，合上、下半册为一册。

1904年，41岁。8月16日（光绪三十年七月初六日）创办《京话日报》。《京话日报》为白话体例，每日一期，每期四版。馆址同在前门外五道庙街路西。

与朱淇签订合同，代印其主办的《北京报》。后发现朱淇的《北京报》

有“德商”背景，二人志向不合，于是在10月9日的《京话日报》上刊登《声明合同作废》，解除合作。

12月7日（光绪三十年十一月初一日）创办《中华报》。《中华报》文言体例，日出一期，以册为单位，版面为32开，每册十六页，杭辛斋担任主笔，馆址同在前门外五道庙街路西。

约在1904年尾停办《启蒙画报》，专心致力于《京话日报》和《中华报》。

1905年，42岁。自8月1日（光绪三十一年七月初一日）起，《京话日报》实行改良，版面由四版扩大为六版，增设讲书、故事等栏目。

自1905年6月11日（光绪三十一年年五月初九日）起，《中华报》每期增加两页，为十八页。

长女清绮适梁焕鼐，从此与梁巨川结为姻亲。三女清缇生。

1906年，43岁。自2月2日（光绪三十二年正月初九日）起，《中华报》版面扩大为16开，每册十六页。

8月、9月之间，为保护台湾人藤堂条梅人身权利而同官府进行斗争。

8月、9月之间，《中华报》连续报道保皇党人吴道明、范履祥被捕和被处死的消息。

《中华报》9月21日（第631册）刊登独家新闻《保皇党之结果》。披露了吴、范被押与袁世凯亲自审讯并将二人处死实情，揭露了清廷“预备立宪”中的政治丑行。

9月29日（光绪三十二年八月十二日），京师外城巡警部奉警厅之命查封报馆，停止《中华报》和《京话日报》出版，将彭翼仲和杭辛斋逮捕。

10月，警方对彭翼仲和杭辛斋作递解回籍的判决，拟于1906年10月30日起解。但因起解前夜突发手枪走火事件，遂将彭翼仲作为重刑犯押至大兴县拘留所。

1907年，44岁。淹禁半年之后，彭翼仲被加上“枪伤看管委员”的新罪，改判为“发新疆效力赎罪，到配后酌加监禁十年”。这是执权者在“莫须有”

借口的掩饰下，对彭翼仲肆意加罪加害。

4 月 17 日，起解离京，发往新疆，京城数千民众送别，段耘蓝及送报人苗凤梧陪伴同行。

经八个月的行程，抵达新疆迪化府，受迪化府知府汪步端优待，寄住在迪化典史署，未被拘禁。

1908 ~ 1912 年，45 岁至 49 岁。在新疆戍所度日。间或担当书记生、家庭教师等，略补生活之需。

1908 年 9 月，在京的夫人孙釦芗病逝。孙氏生二男一女，男为清杰、清仪，女为清缇。

1909 年 5 月，段耘蓝病逝。

大约在 1909 年年尾，娶湖北咸宁人侯燕玉。

1910 年 9 月，三子清恺生。

辛亥革命起，参加一些社会活动。被推举为新疆省城维持统一会副会长。

1913 年，50 岁。4 月返回北京。

北京社会和报界纷纷表示慰问和欢迎。6 月 2 日，《群强报》主办的欢迎大会在鹞儿胡同平介会馆举行，北京报界和社会各界多人与会。

7 月 6 日，《京话日报》复刊。出版仅 22 天，于 7 月 27 日又遭封禁。

11 月 1 日，《京话日报》第三次出版。

在友人诚厚庵提议和帮助下，撰成个人回忆录，旋由京话日报馆出版《彭翼仲五十年历史（上篇）》。

《京话日报》第二次、第三次出版，以及《彭翼仲五十年历史（上篇）》的出版，都得到友人陈干的倾力资助。

彭翼仲返京不久，醉郭去世。彭翼仲主持将醉郭安葬于陶然亭，碑阳的“醉郭之墓”为彭翼仲手书，碑碣文字为林纾撰写，祝椿年手书。

1914 年，51 岁。四子清亮生。

1915 年，52 岁。回京以来，袁世凯屡以重金厚禄和恢复《中华报》等为诱饵，迫使彭翼仲入其势力范围，为其专制统治效力，但彭翼仲坚拒不从。

1916年，52岁。五子清超生。

为取得收益用于办报和家用，彭翼仲大约于本年下半年到关外从事矿业，将《京话日报》交给吴梓箴主办。

1918年，55岁。5月2日，登上天津至烟台的轮船，决计蹈海，被同船人救阻，后被护送回京。

此后自号“寄归道人”，以示对寄身于浊世的痛忿。

11月，梁巨川在60诞辰前夕寄住彭宅，10日清晨自沉于积水潭。

11月29日，吴梓箴亦自沉于积水潭。

身处突发之变，彭翼仲义无反顾地回到《京话日报》主办者位置，尽力维持这一报纸的运作。

1919年，56岁。六子清仁生。

在彭翼仲主持下，1月（戊午年嘉平月，即腊月）在积水潭梁巨川殉道处竖碑，碑阳为“桂林梁巨川先生殉道碑”，碑阴则是彭翼仲拟写的碑文，全部文字均由从弟彭汶孙书写。碑文称梁先生“以幼之所学而殉”，并述吴梓箴亦殉于此。慨叹道：“嗟乎，厌世之同志者，皆救世之伤心人也”，表达了梁、吴、彭三君赴水殉志的共同心志。

1921年，58岁。12月15日病故，享年58岁。归葬于江苏吴县（今苏州市）五都九图柴场村。

其后，梁漱溟与其兄将《京话日报》接办至1922年上半年。再后，报人刘铁夫接办《京话日报》。

大约1923年年中或年尾，《京话日报》停刊。

主要参考文献

《京话日报》

《启蒙画报》

《中华报》

《大公报》

《群强报》

《北京女报》

《彭翼仲五十年历史（上编）》，京话日报社 1913 年出版。

《彭氏宗谱》，国家图书馆北海分馆藏本。

阮经伯:《报界创业大家彭翼仲》，京话日报社 1921 年 5 月出版。

英敛之:《北京视察识小录》，《大公报》第 1943 号，1907 年 11 月 26 日。

戊午编译社:《北京新闻界之因果录》，1919 年，载杨光辉等编《中国近代报刊发展概况》，新华出版社，1980 年第 1 版。

《周恩来旅日日记》上册，线装书局出版，1997 年第 1 版。

郭沫若:《我的童年》，《郭沫若选集》（一）卷上，四川文艺出版社，1994 年第 1 版。

梅兰芳:《舞台生活四十年》，中国戏剧出版社，1987 年第 1 版。

萨空了:《香港沦陷日记》, 北京三联书店，1985 年第 1 版。

梁巨川:《梁巨川遗书》，黄曙辉校注，华东师范大学出版社，2008 年 10 月第 1 版。

梁焕鼐、梁焕鼎:《桂林梁先生遗著》，载《梁漱溟全集》，山东人民出版社，1989 年第 1 版。

梁漱溟:《记彭翼仲先生——清末爱国维新运动一个极有力人物》，全国政协《文史资料选辑》第四辑，1960 年 5 月。

梁漱溟:《忆往谈旧录》, 中国文史出版社，1987 年第 1 版。

梁漱溟:《忆往谈旧录》, 金城出版社，2006 年第 1 版。

姜纬堂、彭望宁、彭望克:《爱国报人 维新志士彭翼仲》。大连出版社，1996 年第 1 版。

姜纬堂:《〈启蒙画报〉五考》。中国社会科学院新闻研究所编《新闻研究资料》第三十辑, 中国新闻出版社 1985 年 4 月第 1 版。

姜纬堂:《“彭翼仲案”真相》,《首都师范大学学报》(社会科学版)，1996 年第 5 期。

姜纬堂:《爱国报人 维新志士彭翼仲》, 中国新闻史学会《新闻春秋》第 8 辑，2004 年 3 月。

方汉奇:《清末的〈京话日报〉》,《辛亥革命时期期刊介绍》第 5 辑，1987 年 11 月第 1 版。

方汉奇:《爱国报人彭翼仲》,《新闻战线》1997 年第 1 期。

方汉奇:《铁肩担道义 热血荐轩辕——纪念彭翼仲诞辰 140 周年和〈京话日报〉创刊 100 周年》,《新闻与传播研究》, 第 11 卷第 1 期，2004 年 1 月。

方汉奇:《新闻史的奇情壮彩》, 华文出版社，2000 年 3 月第 1 版。

方汉奇、曹立新:《多打深井 多作个案研究——与方汉奇教授谈新闻史研究》,《新闻大学》2007 年第 3 期。

舒乙:《彭翼仲的时代价值》，中国新闻史学会《新闻春秋》第 8 辑，2004

年 3 月。

梁培恕:《眼睛向下的维新实干家》，中国新闻史学会《新闻春秋》第 8 辑，2004 年 3 月。

林培炎:《志同道合的启蒙文化先驱——彭翼仲与刘炳堂在报业活动中的亲密合作》，中国新闻史学会《新闻春秋》第 8 辑，2004 年 3 月。

佟立容:《文化之师，人格之师——彭翼仲对陈干的深刻影响》，中国新闻史学会《新闻春秋》第 8 辑，2004 年 3 月。

陈隽、佟立容编:《陈干纪念文集》，香港天马图书有限公司，2000 年 12 月第 1 版。

杨向奎:《清儒学案新编（三）》，齐鲁书社，1994 年 3 月第 1 版。

张学群:《源自赣江的苏州彭氏》，载《苏州名门望族》第 232 ~ 251 页，广陵书社 2006 年。

罗素:《论历史》，生活・读书・新知 三联书店，1991 年第 1 版。

沃尔特・李普曼:《公众舆论》，上海世纪出版集团，2006 年第 1 版。

克利福德・克里斯蒂安等著:《媒介公正：道德伦理问题真的不证自明吗？》，华夏出版社，2000 年 8 月第 1 版。

麦克卢汉:《理解媒介——论人的延伸》，何道宽译，商务印书馆，2000 年第 1 版。

G. E. Morrison（莫理循）图文:《1910，莫理逊中国西北行》，窦坤、海伦编译，福建教育出版社，2007 年第 1 版。

戈公振:《中国报学史》，中国新闻出版社，1985 年版。

方汉奇主编:《中国新闻事业通史》，中国人民大学出版社，1992 年第 1 版。

刘家林:《中国新闻通史》，武汉大学出版社，1995 年第 1 版。

张育仁:《自由的历险——中国自由主义新闻思想史》，云南人民出版社，2002 年第 1 版。

连燕堂:《从古文到白话——近代文界革命与文体流变》，中央民族大学出版社，2000年第1版。

陈玉申:《晚清报业史》, 山东画报出版社，2003年第1版。

朱健华:《中国近代报刊活动家传略》, 贵州民族出版社，1998年第1版。

郭庆光:《传播学教程》, 中国人民大学出版社，1999年11月第1版。

李孝悌:《清末的下层社会启蒙运动: 1901 ~ 1911》, 河北教育出版社，2001年第1版。

陈万雄:《五四新文化的源流》, 三联书店，1997年第1版。

李泽厚:《中国现代思想史论》, 东方出版社，1987年6月第1版。

程曼丽:《浅析新闻史研究中的"滤色效应"》,《新闻春秋》1996年第1期。

吴廷俊、阳海洪:《新闻史研究者要加强史学修养: 论中国新闻史研究如何走出"学术内卷化"状态》,《新闻大学》2007年第3期。

戴元光、陈钢:《中国新闻史研究的本体意识与范式创新》,《当代传播》, 2010年第3期。

吴文虎:《本体迷失和边缘越位——试论中国新闻史研究的误区》,《新闻大学》, 2007年第1期。

傅国涌:《笔底波澜——百年中国言论史的一种读法》, 广西师范大学出版社, 2006年5月第1版。

张中行:《文言和白话》, 黑龙江人民出版社，1997年第1版。

郝秉键、李志军:《19世纪晚期中国民间知识分子的思想——以上海格致书院为例》, 中国人民大学出版社，2005年第1版。

黄仁宇:《中国大历史》, 三联书店，1997年5月第1版。

汪林茂:《晚清文化史》, 人民出版社，2005年7月版。

马陵合:《晚清外债史研究》, 复旦大学出版社，2005年9月版。

吴福辉:《"五四"白话之前的多元准备》,《中国现代文学研究丛刊》, 2006年第1期。

袁进:《重新审视欧化白话文的起源——试论近代西方传教士对中国文学的影

响》,《文学评论》, 2007 年第 1 期。

朱恒、何锡章:《“五四”白话文运动的语言学考辨》,《文学评论》, 2008 年第 2 期。

李永胜:《戊戌后康梁谋刺慈禧太后新考——以梁铁君案为中心》,《北京大学学报》(哲学社会科学版), 2001 年第 4 期。

魏长洪,艾玲:《解放前新疆报学史纵述》,《西域研究》2005 年第 4 期。

刘秋阳、万丽:《论清末白话报纸对“下层社会”的启蒙》,《中南民族大学学报》(哲学社会科学版), 第 29 卷第 4 期, 2009 年 7 月。

冯天瑜:《近代中国人对新语入华的“迎”与“拒”》,《湖北大学学报》(哲学社会科学版), 第 34 卷第 3 期, 2007 年 5 月。

李斯颐:《清末 10 年阅报讲报活动评析》,《新闻与传播研究》, 1990 年第 2 期。

桑艳东:《契约华工在南非(1904 ~ 1910)——兼论南非华、印侨工之比较》,《华侨华人历史研究》, 2001 年第 1 期。

李楠:《京沪两地晚清、民国小报的语言文化现象》,《复旦学报》(社会科学版), 2007 年第 3 期。

王富仁:《平民文化与中国文化特质》,《文艺争鸣》, 2005 年第 01 期。

杨早:《清末民初北京的舆论环境与新文化的登场》, 北京大学博士研究生学位论文, 2005 年 5 月。

杨早:《启蒙的新形态——晚清启蒙运动中的〈京话日报〉》,《现当代文学研究》, 2003 年第 3 期。

杨早:《京沪白话报:启蒙的两种路向——〈中国白话报〉、〈京话日报〉之比较》,《北京社会科学》, 2003 年第 3 期。

杨早:《北京报纸对日俄战争的报道和评论:1904 ~ 1905——“开民智”与“开官智”的分野》,《中山大学学报》(社会科学版), 2008 年第 2 期。

程丽红:《清代报人研究》, 吉林大学博士学位论文, 2007 年。

李磊:《述报研究——对近代国人第一批自办报刊的个案研究》, 兰州大学出版社，2002 年版。

柯继铭:《 20 世纪前十年思想史中的“民意识”研究》，四川大学博士学位论文，2005 年。

马东华:《外债与晚清政局》，中国人民大学博士学位论文，2004 年 6 月。

朱淼炜:《明清苏州状元文学研究》，复旦大学博士学位论文，2004 年。

洪煜:《近代上海小报与市民文化研究（1897 ~ 1937）》，上海师范大学博士学位论文，2006 年 4 月。

梁绸:《传统年画概况及清末民初改良年画的出现》，《北京理工大学学报》（社会科学版），第 7 卷，第 2 期，2005 年 4 月。

章芝:《彭翼仲年谱》，南昌大学硕士学位论文，2006 年。

胡艳杰:《清代苏州科举世家研究——以长洲彭氏为例》，苏州大学硕士学位论文，2006 年。

刘疆辉:《启蒙、公民（国民）塑造与“公共空间”之构建——清末北京彭翼仲〈京话日报〉（1904 ~ 1906）研究》，宁波大学硕士学位论文，2009 年。

雷晓彤:《清末白话报的民间转向——以彭翼仲和他的〈京话日报〉为例》，《黑龙江史志》，2008.24。

王鸿莉:《〈京话日报〉的甲辰（1904）之困》，《北京社会科学》，2009 年第 2 期。

梁景和:《清末国民意识与文化启蒙》，《史学月刊》，2003 年第 4 期。

赵继红:《清末京华报界对北京下层社会的文化启蒙——以〈北京女报〉为例》，《现代传播》，2004 年第 2 期。

王立新:《1905 年抵制美货运动对中美关系的影响》，《美国研究》1999 年第 2 期。

贾艳丽:《〈京话日报〉与 20 世纪初年国民捐运动》，《清史研究》，2006 年 8 月，第 3 期。

彭秀良:《〈京话日报〉与国民捐运动》，《文史精华》2009 年第 5 期。

刘增合:《媒介形态与晚清公共领域研究的拓展》，《近代史研究》，2000 年第

2 期。

许纪霖:《近代中国的公共领域：形态、功能与自我理解——以上海为例》,《史林》，2003 年第 2 期。

许亚荃:《白话报刊与晚清公共舆论》,《南昌大学学报》(人文社会科学版),第 38 卷第 6 期，2007 年 11 月。

陈平原:《有声的中国——“演说”与近现代中国文章变革》,《文学评论》,2007 年第 3 期。

曾宪明:《旧中国民营报人同途殊归现象分析》,《新闻与传播研究》，2003 年第 2 期。

黄晓虹:《19 世纪末 20 世纪初的民众启蒙思想》,《南京社会科学》，2008 年第 10 期, 第 64 页。

丁苗苗:《〈安徽俗话报〉与同时期白话报纸的比较》,《淮北煤炭师范学院学报》(哲学社会科学版), 第 26 卷第 3 期，2005 年 6 月。

路况:《从当前传播媒体的发展看文学困境》，载《文学与传播的关系》，台湾学生书局，1995 年。

谢蕙风:《大众化・化大众：清末的白话报刊》，台湾《联大学报》第二期，2005 年。

任彩红:《20 世纪初年的女子国民捐运动》,《赣南师范学院学报》，2004 年第 1 期。

任云仙:《清末报刊评论视野下的“南昌教案”》,《保定学院学报》第 21 卷第 1 期，2008 年 1 月。

曾凡炎:《简论梁启超“开民智开绅智开官智”的思想》,《贵州师范大学学报》(社会科学版)，1994 年第 2 期。

刘琼、郭光华:《功在启蒙，囿于知沟——梁启超“开民智”新闻思想得失谈》,《湖南经济管理干部学院学报》, 第 14 卷第 3 期，2003 年 7 月。

田涛:《民间文化资源与清末社会启蒙》,《天津师范大学学报》(社会科学版），2004 年第 6 期。

赵静:《话语权力的交锋——对白话文运动的重新解读》,《西南民族大学学报》(人文社科版),总 24 卷,第 6 期，2003 年 6 月。

刘秋阳:《清末启蒙运动中的阅报讲报活动》,《黑龙江史志》，2008.18。

车冬梅:《论清末民初的“新国民”思潮》,《长安大学学报》(社会科学版),第 6 卷第 3 期，2004 年 9 月。

曹尔云:《关于现代白话文体的知识考据》,《涪陵师范学院学报》，第 21 卷第 1 期，2005 年 1 月。

朱恒、何锡章:《“五四”白话文运动的语言学考辨》,《文学评论》2008 年第 2 期。

孙杰:《白话报与近代白话文运动——从〈安徽俗话报〉考察白话报对五四白话文运动的影响》,安徽大学硕士学位论文，2007 年。

吴剑杰:《关于近代史研究“新范式”的若干思考》,《近代史研究》，2001 年第 2 期。

王永亮:《近代民营报刊的“文人论政”》,《临沂师范学院学报》,第 24 卷第 4 期，2002 年 6 月。

萧守贸:《清末“开民智”思想内涵新探》,《贵州文史丛刊》，2008 年第 1 期。

尤育号:《启蒙大众与清末社会文化变迁的大众化趋向》,《阴山学刊》第 19 卷第 3 期，2006 年 6 月。

陈冬冬:《“但开风气不为师”——试论近代演说体白话文的兴起》,《上海大学学报》(社会科学版),第 10 卷第 2 期，2003 年 3 月。

湛晓白:《从舆论到行动：清末〈北京女报〉及其社会姿态》,《史林》，2008 年第 4 期。

魏泉:《宣南人文环境的形成》,《北京社会科学》，2003 年第 4 期。

后记

写作本书，肇源于笔者对彭翼仲与《京话日报》的心理注意和情感牵挂。彭翼仲是我的祖父，笔者对他怀有敬佩之情。但是，本书不是简单地表达血缘情怀，而是努力以历史视角和文化心态对彭翼仲与《京话日报》进行梳理、发掘、考求和研究，因此，是在中国近现代新闻史和文化史的研究范围内，做了一次作业。

写作本书，笔者尽力搜求相关史料，阅读和梳理《京话日报》文本，以求尽可能地获知史实，了解事主的行迹、思想感情与《京话日报》的内容、意义，在此基础上认识和评价彭翼仲与《京话日报》为推动社会进步所起的作用。本书在全面揭示彭翼仲人生经历的基础上，着重考察和研究 1904 年 8 月至 1906 年 9 月这一时段的《京话日报》，因此，所做的是一项“个案”研究。

写作本书，仿佛进入百年之前的北京社会，在追寻彭翼仲和《京话日报》历史痕迹的过程中，观览到丰富的历史情景，认识到 1900 年代北京民间社会在“三千年未有之大变局”中的生动境况，感受到当时的启蒙知识分子和众多普通国人的情怀和心愿。笔者深切感悟到，历史终究表现为具体的过程，任何历史人物和历史事件都是在历史给予的条件下出现和存在。因此，彭翼仲和《京话日报》都由自在的内因和所处条件的外因决定了各自的状态，都不可能脱离自身和外界的实际境况，由此而具有后人所称的历史局限性，亦属必然。但是，回到1900年代的北京民间社会，探究当时的社会人心，便会看到世界大势对中国社会的影响，感受到中国民众走进现代文明的呼吸和脉动。那一时代饶有意义的诸多人文信息，对于当下中国社会和中国人民的继续前进，仍然具有丰富的启迪意义。

写作本书，笔者有以下感受尤深者：

第一，新闻史学是一门独立的学术，它既与社会史、政治史、经济史、文化史、阶级斗争史、社会运动史等等有着密切关联，又不能被这些学科代替和埋没；因此，新闻史学研究应该突出其本体属性。笔者注意到，过去对彭翼仲的研究侧重于贴近中国近现代政治的“主旋律”，植根于“反帝爱国”和“维新救国”两个基本点，形成了“爱国报人、维新志士彭翼仲”的人文概念。但是，形成这一人文概念并不等于研究的结束，重要的是须要揭示和探究与之关联的新闻史学内容，诸如媒体、舆论、传播、语言、社会环境、文化习俗和受众心态等等要素。笔者从这一理解出发，致力于考察、梳理、探寻和研究彭翼仲的人生经历、个人性情、思想意识和社会关系，《京话日报》的自身定位、语言策略、经营手段、传播方式，以及清末北京民间社会舆论状况，受众对彭翼仲与《京话日报》的态度和反响，《京话日报》运作过程中编者与读者的互动，《京话日报》发起和推动的种种社会运动，等等，以图从较广阔的视角去观照彭翼仲与《京话日报》，认识彭翼仲及其报纸在开启民智、开通风气、创造民间舆论环境和推动社会进步等方面的作为及意义。

第二，民间报人彭翼仲和民间报纸《京话日报》具有一种独特的“平民品性”，这种“平民品性”的厚重人文力量，使彭翼仲和《京话日报》植根于民间社会，获得民众信赖，赢得良好口碑，在促进社会进化和人心进步上显现了重要作用。几年前，笔者参加了中国新闻史学会会刊《新闻春秋》“纪念彭翼仲专辑”的编辑工作，曾与中国人民大学的谷长岭先生合撰了作为后记的《永远的彭翼仲》。这一标题之所以用了“永远”这一修饰语，就是出于这样的认识和感受：深得民心的报人和报纸，具有超越其自然生命的力量和影响。写作本书，沉浸于具体生动的历史素材，笔者进一步认识到：在悠悠百年之后的当下，彭翼仲与《京话日报》的“平民品性”依然具有不可等闲视之的社会意义和文化价值，它所体现的中国民间报人和民间报纸的优良传统，值得认真发掘、研究、梳理和张扬。

第三，在本题研究过程中，笔者将阅读和梳理《京话日报》作为重要的基础工作。最初感到报上的诸多表述显得浅、直、平、俗，与自来熟悉的述史话语，在逻辑范式和话语运用等方面显得颇为不同。但是，有这样一条历史学原理：人们身边每一件能够被言说、被感悟的事情如果获得历史的解释，就可能进入理性的思索之中[1]。笔者通过仔细地阅读和体味，逐渐从《京话日报》的许多鲜活信息中，认识和感受到百年之前北京民间社会的诸多历史意义。笔者还产生这样的认识：历史的主人是人，离开了人，就谈不上历史；历史过程中的“人”，既包括各种各样富有影响力的杰出人物，也包括大量默无声名的普通人，他们都存在于历史的日常生活，都以各自的面貌和方式存在于历史长卷之中，都是历史舞台上的角色。因此，揭示和研究历史过程中的普通人，正是历史研究的“题中应有之义”。但是，似为成规的历史叙述往往注重描绘历史“大图景”和关注历史“大人物”，用宏大的概念性话语归纳和解说历史，把历史表述得简捷直白、不蔓不枝。但是，这种做法却削减了许多朴实本色的历史信息，忽视了丰富生动的历史要素，忽略了真实、具体的人的作为和意志，弱化了历史过程的立体质感和沧桑气息。笔者由衷感到《京话日报》是一个本真的“历史信息场”，尝试着以“眼光向下”姿态去爬梳《京话日报》承载的历史素材，并对彭翼仲和《京话日报》的历史作用进行理性思辨。

“史实”与“史识”是史学研究中最基本的要素，“史实”是基本依据，“史识”则是思想、理念、意识及价值判断范畴内的认识和表说。笔者努力考求和梳理史料，并在行文中随处表达自己的一些认识和看法，以与学界交流和切磋。本书“附述三题”是本题研究中的三项史实性内容，其中第一项揭示了彭翼仲的人际环境，第二项和第三项则是报刊史考辨，对于较深入的学习者和研究者有所助益，因它们篇幅较长，故作为附录单独成篇。

第四，前辈学人如梁漱溟先生、方汉奇先生、姜纬堂先生等所做的工作，为我奠定了基础。方老先生多年来倾注热忱，扶助我进入中国新闻史学研究领域，对本书的写作给予指导和帮助。方老近年来对新闻史学研究提出“打深井”和多做个案研究的希望，指出：“现在的新闻史研究，并不是史料太多，而是史料不够。”“真正有价值的研究，应该在掌握资料的基础上，进行去芜存精，去伪存真，由此及彼，由表及里的研究，探寻资料背后的含义。”“打深井”，意味着开掘要深，要达到前人没有达到的深度，要有重要的新的发现和新的突破；多做个案研究，指的是要重视报刊原件、新解密的档案资料和口述历史的搜集整理工作，加强历史上有重大影响的报刊和报人的个案研究。“只有这样，才能提高新闻史研究的整体水平，开拓出新闻史研究的新局面。”[2]方老的这些教导对笔者影响甚大。

当今中青年研究者的成果对笔者多有启示，他们的一些研究结合时代、社会、文化思潮进行探讨，呈现了新的面貌。笔者同他们中的一些人建立了联系，中国社会科学院的青年学者杨早还与笔者成为亲密友人。

多年以来，因清末北京报业活动这一文化因缘，笔者与祖父志同道合者的后人，如梁漱溟先生的儿子培宽、培恕先生，刘炳堂先生的外孙林培炎先生，陈干先生的外孙女佟立容先生，以及中国新闻史学会的多位学者和研究者，亲切地切磋和交流。杨早君为本书撰写了序言，商务印书馆教科文出版中心主任刘雁、编辑刘嘉程热忱关心本书出版，并在出版过程中花费许多心血。

谨向各位支持、帮助本书写作和出版的热心人表示诚挚的谢意！

限于学力，本书多有不足，愿得到方家指点。

1　见张文杰、陈新为《历史的观念译丛》撰写的《总序》二。这套丛书由北京大学出版社在2008年前后出版。

2　本处多条引文，均引自方汉奇、曹立新：《多打深井多作个案研究——与方汉奇教授谈新闻史研究》，《新闻大学》2007年第3期。